笙の風

出口常順の生涯

出口善子

東方出版

和宗総本山四天王寺第百一世管長出口常順

●目次

1　ザボン

山茶花《さざんか》が、思い出したようにひとつふたつ返り花を咲かせ、早春のそよ風のかたちに薄紅色をそよがせていた。濃い緑の葉は陽の光をてらてらと反射し、畳ほどの大きさの長四角に伐《き》り整えられた樹は、その五十センチくらいの厚みごと縦長に支え、門衛の小屋の目隠しの役目を忠実に果たしていた。私たちが、モンヤと呼び習わしていた門番の住んでいたという小さな家屋は、正面の大門の左手にある潜《くぐ》り戸のつづきの白壁の一間ばかりを幅に、あとはすぐ北に折れ裏門までの長い板塀のほんの二間ほどを奥行きにして、その内側にそって造られていた。

門衛の小屋の北側に並ぶように八つ手が繁っている。ここまで来ると中玄関は真正面になり、これも綺麗に膝の高さに四角く揃えられた米栢植《こめつげ》のグリーンベルトが、細い石畳の路を挟んで両側につづき、おのずから入り口へといざなっている。

中玄関の大きな引き戸が、内側からガラリと開いた。

私は、驚いて立ち止まった。

黒い衣をひるがえして高い敷居をまたぎ、颯爽と出て来たのは、父の一番弟子の若い僧である。

私は、無愛想に突っ立っていた。

彼は、私を認めると、しゃんと背筋を伸ばしたまま、高校の制服の胸のリボンのあたりを、切れ長のまなじりに笑みをたたえながら見下ろし、少し鼻にかかったよく通るテノールで、

「お嬢さん、お帰りなさい」

と、姿勢をくずさず腰を後ろに引いて、上体を傾《かし》げるような格好でお辞儀をした。そして、私がまだ何も言わない内に、

「早くお入りなさい。面白いことがありますよ」

と言いながら道を譲り、私を中玄関に招き入れると「それでは、ご無礼いたします」と、家の奥へ声をかけ、重い引き戸を軋ませながら一気に閉めた。足早な下駄の音が、くぐり戸へと遠ざかっていった。

私は、強く打ち始めた動悸を鎮《しず》めるために、ゆっくり深ぶかと息を吸った。急な胸の高鳴りの原因が、彼の言った「面白いこと」を期待してのものではないことを、私自身が一番よく知っていた。思いがけず、彼とすれ違ったことが、当時の私にとっては、充分に息苦しい出来事だったのである。

中玄関で息を整えると、その奥にある内《うち》玄関の黒塗りの格子戸を、出来るだけ静かに開けた。

内玄関といっても、優に十人の履物は並べられる上《あが》り框《がまち》で、広い板縁が二段にあがり、それに四畳の間がつづく。黒塗りの格子戸は、どんなにそっと開けても、カラカラと軽やかな音を立てた。中は暗い。二百年以上も太陽の差し込んだことのない、纏《まと》わりつくような澱《よど》んだ暗闇に、外の明るさに慣れた眼が急に投げこまれると、しばらくは眩《くら》まされるのが常であった。眼が慣れると、珍しくにぎやかな声が、居間のあたりから溢れ出ていた。

居間の障子を開け放つと、父と母、おばあちゃん、女中の浪さんまでが揃って、まるくなって、楽しそうに笑っている。兄は、まだ高校から帰っていないようだった。

飛びぬけて響いていたのは、浪さんのきゃっきゃっとはしゃいだ、甲高《かんだか》い声だ。

浪さんは、二十歳を過ぎたばかりの娘で、小づくりな顔に下唇がいつも不満げに突き出し、受け口というのだろうか、見ようによってはなかなか愛嬌があり、ときにはびっくりするほどの色気も感じさせた。なんでも、新世界の通天閣あたりのたばこ屋に奉公に出ていたのを、徳島の両親がようすを見に上阪して、若い娘の勤め先にしては周囲の環境がよくない、お寺さんなら行儀見習に出しても間違いはあるまい、是非にと、人づてに頼みこんできたのだ。ところが、我が家に来たときには、すでに新世界時代に付き合っていた男友達との仲がつづいていて、お使いに行ってきまぁす、と出ていっては、寄り道をして遅くなり、よく母に叱られていた。その度に浪さんは、畳に両手をつき、すみません、すみませんと、バッタのように頭を何回も上げ下げし、泣きながらいつもの甲高い声で謝る。首のうしろで一つにくくったパーマネントの髪が、その度に前後に大げさに揺れて、その場面だけに出くわすと、母が、まるっきりいじめにまわっているかのような印象を与えるのだった。しかし、一通りお説教を聞き終わると、ケロッとして浪さんは、得意の流行り唄を歌いながら、はたきをかけたりしていた。

おばあちゃんは、すでに隠居の身で、東光院の裏庭にある離れを棲家に、お天気がよいと、きまって百貨店巡りを楽しんでいるのだった。

それが、珍しく昼間の東光院の居間にいて、みんなと一緒に楽しそうにしている。

その集まりの中から、かすかにクンクンと仔犬の鳴き声がした。

「犬、貰《も》ろたん?」

思わず、私の声も弾んだ。

浪さんが、

「お嬢ちゃん、ほら、可愛いでしょ」

と、それまで抱いていた、黒い毛糸のかたまりのような物を、私に押しつけた。

見ると、まるまると太った仔犬で、抱き上げると人懐っこそうな丸い目で、いきなり鼻をペロペロと舐めにきた。顔も真っ黒で、小さな耳がちょこんと垂れている。

「可愛いなぁ。これ、なに犬《けん》?」

「純粋のシェパードの仔やそうな」

父も、はやばやと普段着の袷に着替えていて、嬉しそうに懐手をしながら、みんなの後ろに立っている。いつもは「動物は、あんまり好きやない」と、言っていたおばあちゃんまで、「これは、愛《か》いらしいわ。ちょっと、わたいにも触《さわ》らしてえな」と言いながら、こわごわ手を伸ばして、仔犬の頭をそおっと撫でたりしている。

仔犬は、金剛組《こんごうぐみ》の奥さんが呉れたのだという。なんでも、境内《けいだい》を金剛の若主人が、立派なシェパード犬を連れて散歩しているのを見た父が、「いい犬だね」と褒めると、それをしっかり者の女将《おかみ》が聞きつけて、管長さんは犬がお好きですか、仔犬がもうすぐ生まれますから、一匹さしあげましょう、ということになったのだそうである。金剛組では若主人は婿養子で、実権はこの先代の未亡人がしっかり握っていると、もっぱらの噂だった。

金剛組の女主《おんなあるじ》は、眉が濃く、くっきりとした生え際が額に迫り、男のようなオールバックにした嵩の多い髪は、襟足のところで短く刈り上げていた。化粧気のない素顔ながら、色白で鼻筋が通り、男勝りは顔にも現れていて、笑うと金歯が目立った。

金剛といえば、四天王寺創建《そうこん》当時に高麗から渡ってきた、由緒ある宮大工の家柄で、早くに夫に死なれ、女主が伝統の家系を守っている。先代の主だった夫なる人は、金剛一族の墓の前で白装束に身を固め割腹自殺をして果てた、と言い伝えられているが実際には、ノドを剪定バサミで突いたらしい。倒産の憂き目にあってのことだ。その後、このしっかり者の女将が、現場の荒くれ男たちを取り仕切って立て直した。女将は目端が利き、戦後の物のない時期に、私が日本舞踊を習っていると伝え聞くと、すぐ自分の一人娘の豪華な二枚重ねの着物を、もう娘には派手になりましたのでどうぞお使いください、と持ってきてくれたりした。二枚重ねの下着の方だけでも、じゅうぶんに着物として通用し、おさらえ会に着せてもらったのを覚えている。当時は、日本中が敗戦からなんとか立ち直ろうとしていたところで、生活するのに精一杯だったし、まして私たちは、日頃から「始末ようせなあかんで」と躾《しつけ》られていて、そんな贅沢な着物など、普段は決して着せてもらえなかった。

ただ、住まいばかりは、東光院という四天王寺の山内の僧院だったので、建物も庭も広かったのである。

東光院は、L字型に建物があり、大門はちょうどLの字の直角に曲がる正面に、前庭をへだてて南面していた。門から真っ直ぐ北へ敷石路が伸びていて、突き当りが大《おお》玄関。この大玄関は、往時、お駕篭が横付けされたという名残の広さのスペースを、今でも残している。ここから、東へ伸びる棟が客間や仏間で、南に面して日当たりもよく、夏は涼しい風が南北に吹き抜けた。L字の縦軸にあたるところが、私たちの居住区で、朝夕の短い時間しか陽が射さず、年中暗くて寒かった。庭は、すべての建物を取りめぐっている。南の庭から北の庭へは、東側の瓦塀の内側に通じている細い路地を伝って行き来できたし、まして、犬なら高い床の下を通って、自由に動き回れる。

仔犬は、中庭に放された。

ところがいざ放されてみると、私たちの予想に反して、仔犬は、広い庭をあちこち走り回って

母は教育熱心な人で、愛犬シェパードにもよく行儀を仕込んでいた

遊んだりはせず、人恋しそうに茶の間の縁側の庭にずっといて、家族の集まる部屋を見上げている。居間は、客間と住居の継ぎ目のかなめにあって、そこにはコの字型に庭が入り込んでおり、棕櫚竹《しゅろちく》がさやさやと風を伝え、日が照ると薄い緑色を透き通らせて縁側を彩《いろど》っていた。

仔犬は、そこにいて縁側を誰かが通るのを待ち構えていて、小指ほどの尾を懸命に振る。そのようすが、いかにも可愛いので、つい立ち止まって、自然に居合わせた家族は、居間の縁側に集まることになった。

「これ、ほんまにシェパードかいな?」

まず疑いをもったのは、例によって母である。

母は、生粋の大阪商人の娘で、実家は呉服問屋であった。姉が三人、兄が一人、妹も弟もいる七人兄弟の四女である。

長女の伯母は、再婚だということだったが、二度目の旦那さんは、いつも伯母の行きたいところに一緒に行っては、至れり尽くせりの心遣いをする人だった。屋敷の裏庭に石造りの地下墓室があるような、大阪郊外の石津の豪邸に住んでいる〝石津のおばちゃん〟は、傍目《はため》にも幸せそうだった。二番目の伯母は、当時でいう絵描きと結婚したが、その人は早くに亡くなり、長男、すなわち私の従兄は、得度《とくど》をして父の弟子になり、後年、四天王寺の支院の一つ、正善院《しょうぜんいん》の住職になった。正善院は、庚申堂の隣にあり、伯母も晩年はここに移り住んで、盆踊りなどには楽しそうに自分から輪の中に入る、磊落《らいらく》な性格の人であった。母のすぐ上の姉さんは、五人姉妹の中でも、抜きん出て美人で頭もよく、銀行に勤めている資産家のダンディな紳士と結婚していた。浜寺に住んでいたので、私たちは〝浜寺のおばちゃん〟と呼んでいた。母は、特にこの姉に対抗意識を燃やしていたようで、自分だけ清水谷高等女学校へ進学して、優等生の皆勤というのが自慢の種であった。

また浪速の商家に育ったせいか、人の言動に惑わされることなく、自分の目だけを信じていたようなところがある。呉服にたいする鑑識眼も確かなもので、それには誰も一目置いていた。

その母が、仔犬の血統に不審感を抱いたのも、無理はなかった。シェパードのイメージとは程遠く、ずんぐりとした体つきで、色も真っ黒だったからだ。

「そう言えば、耳も立ってぇへんしな」

私も、ちょっと不安になる。

と、その翌朝、仔犬の耳が片方、いきなりピンと立った。その立った方の耳は、顔に不釣合いなほど大きく、耳の内側には白い産毛がふんわりと光っていた。

「きっと聞いてたんやなぁ」

父は、いとおしそうに仔犬に話し掛けたあと、私たちに向かって、

「お前たちが、阿呆《あほう》なことをいうから、仔犬が頑張ったんやがな」

と、変身に大いに感動したようすであった。

父の「アホウなこと」はいつもの口癖で、温和な口調ながら、あきれて物が言えない、といった場面などでよく口にした。

父は、愛知県の知多半島の生まれだから、本来は名古屋弁の筈だった。しかし、十歳で大阪に出てきて、中学時代を過ごし、あと三高、京大、大学院と京都に下宿している。それで、大阪弁に京都言葉まで混じる。大学院を出てから、往時で言う外遊、すなわちフランスに留学しているので、帽子のことはシャッポン、石鹸はシャボンであった。そのわりには、馬鹿らしいは「たあけらし」で、私たちの小さい頃は、そんな父の言葉が面白くて、「クソタアケ」なんぞと叱られているときでも、きゃっきゃっと笑いころげて、兄妹で父にじゃれついたものである。

仔犬は、父の言葉がわかるかのような表情をして、じっと見上げていたが、目が合った途端、嬉しそうにワンワンと吠えた。それまでは、キャンキャンと鳴いていたが、急に成犬のような地

面を這って響いてくる力づよい声になっていた。

父は、仔犬を抱き上げたり撫でたりは、決してしない。いつも、少し離れたところから、にこにこと静かに眺めている。しかし、仔犬のほうが父をそっとしておかないのだ。朝といわず夜といわず、庭中を走り回って、父の居る気配を捜し当てると、必ずその部屋の前の庭石に坐って、懸命に尻尾を振っている。

東光院は、部屋数も多く、廊下も入り組んでいて、父が帰院していても、どこに居るのかわからないことがしばしばあったのだが、犬が来てからは、父の居場所はすぐに知れた。犬が、キュウンキュウンと、甘えた声を出しているところの近くに、必ず居たからである。

父は、毎朝、冬なら羽二重の、夏なら麻の、白い着物に白い細帯をきちんと巻いて、居間の大きな低い机の北側に南面して坐る。そこが、父の定座《じようざ》であった。

食事の前に必ず合掌し、それから先ずご飯を箸で少し取り分けて、茶碗の蓋にのせておく。食後、そのご飯を、庭に撒いた。餓鬼に施すのだそうである。食事が終わると、白衣《はくえ》の上に、私たちが四つ紐と呼び慣わしていた黒い衣《ころも》を、下前と左脇の紐を、上前と右脇の紐を、それぞれきちんと蝶結びに結んでから、輪袈裟を襟にそわせて掛け、数珠を左手首に、右手に中啓《ちゆうけい》を持って、「では、行ってきます」と、涼《すず》やかな声で誰にともなく言ってから立ちあがる。それは、あたかも家霊にでも挨拶しているかのようであった。

内玄関の畳の間を、父の白足袋は音も立てずに横切り、中玄関から白い鼻緒の下駄をはいて、歩いて三分とかからない本坊《ほんぼう》に出仕する。中玄関から出入りするのは、院主である父だけで、あとは来客用であった。大玄関を開くのは、特別な法要のあるときだけで、年に一度か二度しかなかった。

父の帰宅は、きまって夕方の五時過ぎだった。もっとも、伽藍復興の企画が具体化するにつれて、本坊に遅くまで来客があったり、東京方面へ出かけることが多くなっていったが、まだこの頃は、定時に帰る日のほうが多かった。

犬の耳のことがあってから間もない或る日、父が、帰院してすぐ、

「あれに骨を買ってきてやれ」

と、母に言っている。言葉は命令形だが澄んだやさしい声なので、威圧感は少しもない。だから父に言われると、私などは、かえってすぐにやる気になるのだった。

骨の話は、例の金剛組の女将が、犬の顎を発達させるために大切なことだと、教えてくれたらしい。それから、もう少し大きくなると、散歩に連れていくのも必要な運動で、前脚が後ろ脚より長くなるのが、理想的なシェパードのスタイルらしかった。

この年、昭和三十一年、四天王寺は第二期復興期に入り、いよいよ主要伽藍の再建計画が、具体化されようとしていた。

太平洋戦争の末期、昭和二十年三月十四日の大阪大空襲で、四天王寺は炎上、七堂伽藍をはじ

めほとんどの寺堂を焼失した。かろうじて、亀の池で延焼は止まり、以北の六時堂、食堂《じきどう》、本坊、各僧院は罹災をまぬがれた。

寺では、ただちに食堂を解体移築して仮金堂《こんどう》とし、多くの庶民の戦争犠牲者を弔い、また慰霊に訪れる遺族たちの要請に応えるべく、北鐘堂を臨時に造営した。戦時下に鉄として解体、供出させられた大釣鐘のなきあと、がらんどうとなっていた大鐘楼を、平和祈念英霊堂としたのもこの時期である。

これら暫定的な、寺堂の応急処置を第一期復興と称している。

しかし、本来の四天王寺の様相とは程遠いもので、かつての伽藍の中心基壇には焼け爛《ただ》れた礎石が整然と遺《のこ》るばかり、寺域は荒涼たる瓦礫の焦土と化していた。

聖徳太子創建にかかる千四百年の歴史の流れの中にあって、雷火や風禍などの天災に、戦火や火災などの人災に、幾度となく遭難し、焼失、倒壊した信仰の拠り所が、廃寺遺跡となり果てることなく、不死鳥のように甦り、いつの時代にも、誰かの志により信仰の力が結集され、伽藍は再建され、今日まで、生きた信仰の場として存在しつづけてきた。

このような例は、世界に類をみない。

昭和の代で、この由緒ある信仰の聖地を廃墟とすることは出来ない。すでに、終戦後十年の歳月が流れてしまっている。

目下、父は管長としてその責務の中心にあり、伽藍復興へ人びとの協力を募るべく、あちらこちらと奔走しはじめていた。しかし、仔犬の骨の発育など些細なことも、決して忘れたりはせず、大切に考える人であった。

仔犬は、貰った太い骨を懸命に噛んでいたが、何を思ったのか急に咥《くわ》えて走り去った。もういちど、居間の縁側に現れたときは、もう骨は咥えていなかった。

翌朝、父と裏庭に蕗《ふき》の薹《とう》を摘みに出てみると、あたりが掘り返されていて、蕗の薹はすっかり萎れてしまっていた。仔犬が、このあたりの柔らかい腐葉土を掘り返して、貰った骨を埋めたのだ。父は、笑いながら、

「これは、良《よ》う言《ゆ》うて聞かしておかないかんなぁ」

と、まるで自分の失態のようにつるりと頭を撫でた。仔犬は、私たちのあとを追って、走ってきたが、なんとなく雰囲気がまずそうだと感じたらしく、すぐに縁の下にもぐってしまった。その朝の味噌汁には、蕗の薹を刻んだ香ばしい季節のにおいは、添えられていなかった。

仔犬は、急に前脚が太くなったかと思うと、不釣合いに長くなり、両方とも立った耳だけが、顔におかまいなしに大きくなったりした。そんな目立ってアンバランスな成長を重ね、そのたびに、私たち一家のおどろきの歓声をあびながら、仔犬は無事に育っていった。

春には、すっかり青年になり、シェパード特有の、引き締まった精悍な体型を呈してきた。脚が長くなると、さしもの高い東光院の縁の上にも、頭を載せられるようになる。彼は、相手が母だと、縁先に顎を載せる以上の無礼は決して働かない。私の場合だと、前脚を縁に載せ、それを

精一杯のばして近づき、後ろ脚がかろうじて地についているといった格好で、遊んでもらおうとする。これが父となると、あっというまに縁先に駆け上がり、座敷まで上がってくる。そうして、父の懐に飛び込みかねない勢いで甘えるのだ。早朝、自分で脚を巧く使ってガラス戸を開け、父の寝室に入り、蚊帳を押して布団の上まで踏み入って、父の顔をぺろぺろと舐めたこともあった。父も、いちおうは「これ、これ」と咎めてはいるのだが、こっぴどく叱られたりはしないことが、犬にはすっかり判っているのだ。

「こら」などという言葉を、父が使ったことは一度もなかった。犬のすることは、大抵のことは「まあ、ええがな」と、にこにこしながら許してやっている。犬が家に上がってくるのも、「まあ、ええがな」なのである。母がひとりでぶつぶつ言いながら、縁側の梅鉢模様の泥の足跡を、雑巾で拭いてまわるのだった。

当時の父の日記に、こんな記述がある。

「四月七日、曇後雨。
中川(父の弟)と南の部屋に庭を見つつ朝食。コニーとガラス障子越しにたわむる。
二時半、本坊洗心亭に東大・藤島、京大・村田、藤原氏、外、金剛陪席、伽藍再建につきおおいに会談。」

犬と戯れるのは、ガラス障子越しでなければ、どうにも収拾がつかなくなったろう。少しでもガラス障子を開ければ、部屋に上がり込んで、叔父さんの朝食など、踏み散らかしてしまっただろうから。

また、ここに書かれている人たちの名前は、伽藍再建にあたって、廃墟と化していた寺院址を発掘調査し、創建当時の姿を模索して、出来うる限りの正確さを期して復元するために、知識を結集して尽力した古建築の権威、藤島亥治郎博士、村田治郎博士、藤原義一博士のことである。

それにしても、この犬の名前がコニーだったことを、私は、父の日記でようやく思い出したのだった。

コニーは、成犬になっても、人懐っこい性質は変わらず、私たちの動静をいつも観察していた。夕方になって、父が、

「コニー、散歩に行くか？」

と、言い終わるか終わらないうちに、中庭の土を蹴って、裏庭を回り、台所の三和土《たたき》をめざして疾走する。台所の裏口には、いつも散歩用の鎖が掛けられていて、それを首輪に繋いでもらうのを、きちんとオスワリをして待つのだった。散歩は、裏門から出る。裏門といっても、門とくぐり戸があり、門は、荷車くらいはらくらくと引き込めるほど広く、やはり日頃は閉じられていて、裏の出入りにはくぐり戸を使う。鎖を繋いでもらうと、コニーは、おとなしくご主人のペースに合わせて、必ず左側を歩く。これは、成長の具合を見計らって、金剛の奥さんが、二週間ほど訓練士をつけてくれたお陰であった。

シェパードのような大型犬が、力任せに鎖をひっぱったりしたのでは、とても素人が散歩など

に連れて歩けない。あとで聞いた話だが、訓練士さんはコニーを扱って、とても呑み込みのよい利口な犬だ、と評したそうだ。「行く」という人語を、敏捷に聞き分けるようになったのも、この頃のことだ。

桜が満開の夕暮れ、居間の縁側に立った父が、

「そろそろ——」

と言いかけると、もう次ぎに来る言葉が「散歩」だと確信したコニーは、尻尾を大きく振りながら、いつでも駆け出せるよう身構えて、次ぎの一言を今か今かと待っている。

「散歩にィ……」

コニーの姿は、あっという間に中庭からかき消され、台所の三和土にダダッとダッシュしてきた足音が聞こえた。私たちは、居間の隣の台所のガラス戸一枚をあければすぐだが、コニーは、L字の縦棒の居住区をぐるっと取り巻いている庭を、大回りしなければ台所には行けないのだ。それでも、居間からの私たちと、コニーが土間に現れるのと、大して時間差はなかった。それどころか、ときどき犬の方が早く、はぁはぁと息を切らせ舌をだらりと垂れながらも、すでにオスワリをしているのだった。

「私も行く」

父に声をかけると、

「靴を持ってくるから、ちょっと待ってて」

と言い残して、内玄関に急いだ。

父は、台所用の庭下駄をはいて、おとなしくしているコニーに鎖を繋ぐと、

「さぁ行くぞ」

と、促している。靴箱から運動靴を取り出すと、私は、大急ぎで父のあとを追った。

裏門のくぐり戸を出るとすぐ右手に、戦前までは花屋があった。この花屋のおばさんが、死んだ姉の魂を見た、という話を聞いたことがある。花屋の裏手は墓地で、墓参の人のために供花を商っていた、この花屋も、戦後は無住になり、いまでは物置小屋に代わっている。

花屋の跡を見て思い出した話は、父には黙っていた。

「以前は、ここが花屋やったなぁ」

ふいに父が、思い出を辿るような口ぶりで言った。ひょっとしたら、同じことを思い出していたのかもしれない。

私は、気分を変えようとまっすぐ南へ、亀の池をさして歩き始めた。

戦災を免れた六時礼賛堂、通称六時堂の高い縁《えん》を左に見ながら行くと、真正面に亀の池が見える。石で縁取られた大きな長四角の池で、真中に石の橋が掛かり、その上に真四角の石舞台《いしのぶたい》が載《の》っている。

聖徳太子の命日である四月二十二日の聖霊会舞楽《しょうりょうえぶがく》は、ここで演じられる。舞楽は、聖徳太子を父と仰ぐ親鸞聖人を開祖とする西本願寺の信者たちの手で、終戦後いち早く復活し、灰燼と化

した楽舎も、第一期復興時には、すでに再建されていた。しかし、ここから南を見渡すと、ただ堂塔址の焼けた礎が、四天王寺式と称される南北一列の伽藍様式を、無言の内に伝えているのみであった。

池の水は、緑色に澱んでいて、それを前足で掻き分けながら、亀がよたよたと泳いでいる。池の中ほどの、石の山によじ登って、甲羅を干しているものいる。

池を一周すると、父は、今はただ虚しい空間となっている七堂伽藍の方に向かい、しばらく合掌してから、

「これから、わたしは、たくさんの仕事をせなならん」

と、独り言のようにいった。

夏休みになった。

朝から、父が裏庭に出て、石を運んでいる。コニーの喜びようは、尋常なものではなかった。裏庭と前栽《せんざい》の境には、大人が二人がかりでやっと抱えられるほどの楠の大樹があった。枇杷《びわ》やグミ、無花果《いちじく》、ザボンの木などは裏庭や住まいの方に植えられていて、客間の庭には、椿や梔子《くちなし》など花の咲く木が、常緑樹とともに植わっていた。

コニーは、父の周りをぐるぐる回ったり、行く先ざきに先回りして、楠の老樹の洞のある太い根の周りを何回も走り回り、瓦塀のそばの灯籠の後ろまで通って、また父の足元に戻ってきたりした。暑い最中で、長い舌を垂れて、荒い息をしている。

父は、石灯籠を動かそうとして、

「おーい、善子。ちょっと手伝ってくれ」

と、縁側で見物していた私を呼んだ。

石灯篭の屋根の、直径一メートルもある丸く分厚い石が、父ひとりでは持ち上げられないのだ。私は、急いで男物の庭下駄をつっかけると、庭に降りていった。

コニーは、今度は、私に纏《まと》わりついて来、立ちあがって胸に飛びついた。もう随分大きくなっていて、コニーが立つと脚は私の肩を越す。

「ちょっと、あっちへ行っててよ」

と、牽制するのだが、コニーの興奮は、なかなか収まりそうにない。

父と二人で持ち上げた石灯篭の屋根は、思いのほか重かった。父が、後《あと》ずさりする格好で、私はそろそろと前に進むのだが、そう簡単には移動させられない。じりじりと、少しずつ動く。犬が纏わりつく。

「キャオン」

犬が鋭い悲鳴をあげたのと、

「痛いっ」

と、私が叫んだのと同時だった。

一瞬、何が起こったのか判らなかった。が、どうやら私の庭下駄が、コニーの足の先を踏んづけ、それを退けようと、コニーが私の足を噛んだのだ。私は、びっくりした拍子に、石を取り落した。石の端が、私の左足の親指の上を叩いた。下駄を履いていたから、痛みは脳天を貫いた。

犬は、自分の足に激痛を与えた物体をのけようとして、反射的に私の足の甲を噛んだのだ。が、すぐ我に返り、私を噛んだことに仰天して飛びすさった。

「どうした、大丈夫か」

と、片方は土に落ちた灯籠の石屋根を、父は一人で両手で支えていた。

私は、石が落ちた親指の爪が痛むのか、犬に噛まれた牙の痕が痛むのか、よく判らないでいた。すると、みるみる牙の痕が腫れ上がった。父は、心配そうな顔で、すぐに病院に行くように言い、浪さんを呼んでくれた。足の痛みは、まもなく治まってきたのだが、腫れがひどいので、浪さんの肩を借りて、片足を引きずりながら、境内をななめに突っ切って、四天王寺病院へ行った。この病院も、聖徳太子の開かれた社会福祉事業の一端の施薬院を、現代までその主旨通りに永永《えいえい》と受け継がれてきたものだ。

父の電話で、準備万端ととのえられていたらしく、待ち構えていた外科の先生がすぐに診てくれた。牙の痕は、左の足の甲に二つあったが、足の外側の顎の牙の傷のほうが深く、一針、縫うことになった。私は、左足を伸ばした格好で、ベッドに坐らされた。傷口は、消毒液がぬられ、じゅわじゅわと白い泡が立った。針は、釣り針のように曲がっていて、端からは半透明の糸が垂れていた。私は、観念して天井を見上げ、なすがままにされていた。

と、ドサッと、大きな物の倒れる音がした。

浪さんが、失神して床に倒れたのだ。

医者も看護婦さんたちも驚いて、浪さんにカンフルを打つやら、担架に乗せて病室へ運ぶやら、ひと騒動になった。浪さんの看病にかかっている間、私の足は忘れられ、放って置かれた。しばらくすると、浪さんの詫びをいういつもの甲高い声が聞こえ、ようやくみんながドアから現れて、私の足の治療のつづきをしてくれた。

私の左足には、大仰な包帯が巻かれ、はずれないように足首まで巻きつけられていた。さしたる怪我でもなかったのだが、コニーは、私を見ると、済まなそうに首を垂れ、上目遣いになって後ずさりしていく。悪びれているらしいのが面白くて、包帯の足を縁側から伸ばして見せつけてやると、ますます逃げていく。私が庭に出ていくと、裏門のそばの自分の小屋に入ってしまった。小屋の前に足を差し出して見せると、キュウンと鳴いて、奥のほうに縮こまってしまった。

その日の父の日記。

「七月十七日（火）快晴、夕方やや涼
十時、赤松雲嶺氏来寺。

金堂、夏法要　出仕。墓参。

本日、東光院　裏庭等　整理。

一時、大阪スタジアム浅野氏来寺。ロータリーの外人接待の為ガーデンパーティのため本坊の庭園を借用申し入れ。……」

父の日記は、裏庭の件については、これ以上なにも語っていない。しかし、実際は心配をし、私が病院から帰るのを待ち構えて、いろいろと聞いてくれた。そして私が、自分のことより、浪さんが卒倒した話を面白おかしくすると、安心したらしく、本坊に待たせてあった来客に応対するために、急いで出かけていった。

出かける前に、ザボンが一つ落ちていたから、お前の机の上に置いてあるよ、と言った。

なるほど、まだ青く小さなザボンが一つ、私の勉強机の上に載せられていた。風に吹かれてて落ちたのだろうか。両手で包むと、それでもじゅうぶん爽やかな香りがした。

父は、私が殊のほかザボンが好きなことを、知っていたのだ。

でも、そんなことを私から言った記憶はなかった。

秋になると、大きく熟れたザボンが、一日にひとつかふたつ、庭土の上にそっと置いたように落ちる。私は、それを拾ってきて、きれいに水で洗い、包丁で切り分ける。皮は厚く、内側は白い綿のようなふわふわとした繊維が二、三センチもあり、その中にしっかりとした象牙色の袋に包まれたザボンの実は、蜜柑よりもさっぱりとした味で、酸味も強くなく、口中に爽やかな香りが溢れた。私が、せっせとザボンを剥いて食べていても、家の者はなぜか誰も一緒に食べようとしなかった。まして、そんなときは大抵、父は留守だったはずだ。

どうして、父は私がザボンを好きなのを知っていたのだろう。

ひょっとすると、私が、あの一番弟子とすれ違っただけで、ドキドキしていたことも、とっくに知っていたのかもしれない。私は、気恥ずかしいような、それでいて、ほっとしたような気持ちになった。

季節はずれの青いザボンは、その夜、ずっと私の掌の中で強い香りを放っていた。

2 干し柿

おばあちゃんが、襟にかけてた手拭いをはずして、涙を拭いてはる。大きな木の洗濯盥《たらい》にしゃがみこんで、「泰《や》っちゃんが死んで悲しい悲しい」といいながら、お線香をぎっしり立てて拝んではる。お線香は火もついてないのに烟がもくもく登ってる。こんどは、お焼香をはじめはった。盥の縁に沿ってまあるい円を描きながら、お香の粉をぱらぱら撒きはるから、烟がどんどん出てくる。煙たくて目がしょぼしょぼする。ドラム缶みたいな太く黒い烟が、ゆらゆら揺れながらもあもあぐんぐんのびていって、みるみる空へ大きく伸びたかと思うと、風に吹かれて二つにも三つにも分かれ、あっと言う間に真っ黒な大鬼になった。すると、あたりは真っ暗なのに、空を飛び回っていた鴉や蝙蝠や蛾などが、いっせいにその大鬼の指や腕や背中に吸い寄せられるように集まって来た。大鬼は体をゆさゆさ揺すりながら、両手を広げて私を摑まえにきた。うわぁっ、怖いっ。

「善子、善子」

母に、肩を揺すられた。

「寝たら、あきませんで。我慢して起きてるんやで。ええ子やからね」

切羽詰った、しかし、やさしい労りのある声色であった。

「ちゃんと起きてる」

私は懸命に答えながら、見上げるとやはり大鬼が体にいっぱい小さな黒い尖った翼をつけて頭の上に立ちはだかっている。

「この子、寝惚けてるわ。無理ないわなぁ、小さいのに、今時分、急に起こされて」

母の声が、頭の上を通りすぎる。

「それでも、起こされたらすぐに起きて。えらい、えらい」

父が、頭をなでてくれた。

「眠たいやろけど、寝たら風邪引くから、我慢して起きてなさいや」

母が、背中に毛布を掛けてくれた。

眠くて朦朧としていた眼に、その大鬼が手先からしだいに固まって、たくさん葉をつけた枝になり、胴体は鱗のような皮を貼った太い幹になり、そこから大地を摑みだしたように根を張った大きな樟《くす》の木になった。おばあちゃんの姿は、そのまま樟の根元の洞をおおっている瘤になっていった。それから、しだいに自分が今どこにいるかが判ってきた。

そうや、ここは東光院の庭やったんや。

「空襲警報や。起きなさい」

母の鋭い声に、飛び起きた私は六つ（満五歳）だった。

昭和二十年三月十三日、午後十一時半、大阪大空襲のはじまりである。

私にすれば、ぐっすり眠っていた真夜中に、たたき起こされたのである。立っていても眠くてしかたがなかったのだ。しかし、寝ている時にいきなり起こされるなどということは、これが初めてではなかった。これまでにも幾度もあったが、すぐに警戒警報解除や、空襲警報解除になったものだ。それでも、いつも枕元には、防空頭巾と、下着の替えが入った小さな赤いリュックサックが置かれていた。

私の防空頭巾は、白地にしだれ桜模様の縮緬《ちりめん》で、綿がたくさん入っていてふっくらとしていた。初めて作って貰ったとき、薄紅色の小さな花が風に吹かれているようすが綺麗なので嬉しくなり、すぐに被って外へ出た。すると、裏の花屋のおばちゃんが、

「とうちゃんの防空頭巾、かいらしいねぇ」

と、褒めてくれた。当時、地元の人は、私のことをとうちゃんとかとうさんと呼んだ。幼い時は、これがいとさんの訛った呼び方だとは知らず、父ちゃんみたいで嫌いな呼ばれかただった。

　でも、その日ばかりは少しも気にならず、

「お母ちゃんが、縫うてくれはってん」

と答えながら、思わずほっぺたがニコニコするのが自分でわかった。

　その夜も空襲警報という呼び声に飛び起き、急いで寝間着から服に着替えて、リュックサックを背負い、大好きな防空頭巾を被って、母について東光院の庭に掘ってあった防空壕に入ったのだった。

　防空壕は、八つ手を目隠しにした裏庭の入り口近くに掘ってあった。戦争が始まってから、最後まで東光院に残っていたウエヤマさんというお弟子さんが、一人で掘ってくれたのだ。この人は、そこだけ空気が薄くて伸び放題に伸びたみたいに、にょっぽりと背が高く、おまけに寸胴で、顔も長かった。私が、ウエヤマさんの顔をみようと思えば、天井を見上げるようにアゴを上げなければならないほどだった。

　その防空壕は、親子四人が首を縮めてかろうじて坐れる畳一枚くらいの広さで、深さはウエヤマさんの喉のあたりまでで、穴の上に材木を梯子のように組み、そこに板を渡して上から土をかぶせたものだ。入り口にはトタン板の扉を乗せ、鍋の蓋のように取り外して開けると、二段ほどの土の階段がある。ウエヤマさんが一人で鍬を振り上げたり、鋸で木を切ったりしているのを、私は始めから終わりまで眺めていた。鋸で木を切ると、オガクズというものがこぼれ落ちることも、ウエヤマさんに教えてもらった。最後に屋根がわりにかぶせた土の上に枯れ葉をのせるときは、私も一緒に手伝った。ドングリものせた。

去年の秋のことだ。

しかし、その夜は箪笥が庭に運び出してあって、上から古い布団が掛けられていた。その布団は、なぜか水が掛けられていてびしょびしょだった。

「危《あぶ》のなったら、すぐここから逃げ出さなあかんから、防空壕の外に出てなさい。様子を見て、また報せに来てあげるから」

壕の外から父の声が聞こえたかとおもうと、足音はあっというまに暗闇へ遠ざかった。

それで、母と私は壕から這いだして、庭に出て立っていたのだ。

「今度の空襲警報は、えらい長いなぁ」

不安そうな母の独り言に、子供の私のほうが神妙になって胸がどきどきした。

毛布を掛けてもらったので、ふうわりと温かくなって、あたりがもあもあと烟りはじめ、また、おばあちゃんが屈んでいるのが見え出した。

「泰っちゃんはなぁ、頭のええ子ぉやった」

おばあちゃんの声が聞こえてくる。

こんなときは、私はいつも聞き役だった。

「かわいそうに、四つで亡《の》うなってしもてなぁ」

「病気やったん？」

「そうや。風邪をこじらしてなぁ。肺炎たらいう病気になってしもうてなぁ」

「ふうん」

「おばあちゃんが看《み》ててやるとな、小さい声で、おばあちゃん、泰っちゃんは、ほんまはしんどいねん言《ゆ》うてなぁ。おばあちゃんが、かわいそうに、かわいそうにといいながら背中を撫でてやったんや」

「ふうん」

「泰っちゃんが、もういよいよ悪いという時にな、裏の花屋のおばさんが、東光院の一番高い天窓から、大きな人魂《ひとだま》が出てきて、ぐるうっと大屋根を一回りしてから、東の空へ飛んで行ってしもうたのを見たんやて。それで、もう、東光院さんのとうさんも長《な》ごぅないなぁ、と思てましてん、て、あとから言わはったんえ」

「へぇえ。ヒトダマて、どんなん？」

「人の頭くらいの大きさでな、黄色うて、ぼぉっと光って、長ぁい尾を引いてるんやそうな」

「ふうん」

そうして、お終《しま》いにはきっと、

「ほんまに泰っちゃんは、賢い子ぉやった」

といいながら、おばあちゃんは遠い眼をするのだった。

私は、そんなおばあちゃんを見るたびに、私では慰めてあげることも出来《でけ》へんのやろうなぁと、と淋しく思うのだ。そんな気持ちが、おばあちゃんに伝わるのか、

「善《よ》っちゃんは、きさんじな子ぉやなぁ」

と、私に微笑みかけてくれるのだった。

「キサンジ」というのは、漢字では「気散じ」と当てられ、『大阪ことば事典』には、明朗、快活などという解釈がついているが、おばあちゃんの使うときの印象では、よく言う事を聞くおりこうさん、ぐらいの意味で、とにかく私には、よくは分からなかったが、きさんじな子と言われれば、褒められたのだと思い、素直に嬉しかった。

おばあちゃんは、今もそう言《ゆ》うてくれたんや。

つぎの瞬間、大鬼がギラリと光って、立ち上がった。いや、空が真昼のように明るくなって、大樟の輪郭がくっきりと浮き上がった。

「照明弾や」

短い母の声がした。

ブウゥーーウワァーーン、地面が震えて、体中の内臓もビリビリふるえる厭《いや》ぁな音をたてて、空いっぱいが熊蜂の大群の羽音のような響きになっている。

「B29や」

幼い私にも、それくらいの知識はあった。

頭上にのしかかってくる大きな機影は、夜目にもきちんと編隊を組んでいて、ゆっくりと西の空から現れ、ちょうど私たちが見上げている真上で、いきなり赤い筋状の火を一斉に放出する。それは輝く真っ赤なリボンになってパァッとひろがり、風に流される花火のように弧を描いて、機影につられて滝のように流れ落ちていく。

「あれ、何？」

「焼夷弾や」

「うちらの真ぁ上で落としてるなぁ」

「ほんまやなぁ。そやけどみんな東へいってしもて。この調子やったら、ここらへんには、落ちてけえへんかも知れへん。それやったら、助かるんやけどなあ」

母はしゃがみ込み、私と同じ目線になって、空を見上げながら言った。

「正元《まさもと》が疎開しててよかった。子供二人つれて、もし家でも焼けて逃げんならんようになったら、えらいことやった」

正元というのは、兄の得度《とくど》前の名前である。

昭和十九年春、小学一年生になった兄は、学童疎開のいわゆる縁故疎開をした。

私たちが、浜寺のおばちゃんと呼んでいた母のすぐ上の姉の玉置の伯母は、ダンディで素封家の銀行員と結婚していて、持家が沢山あった。その貸家用の長屋の端の一軒を空けてもらい、そこから、浜寺小学校に通うことになった。

長屋は、板塀つづきで、入口の格子戸を開けると自転車が置けるくらいの前庭があった。玄関のすりガラス戸はカラカラと音をたてて、子供の力でも軽々と開いた。

戸ひとつ取っても、この疎開先の小さな長屋の生活は、私には楽しいことばかりだった。一番はなんといっても、東光院にいる時よりも母がゆったりとしていて、オジャミ（お手玉）やお人形のお布団などを縫って、よく遊んでくれたことであった。また、家が狭いので家族の声がすぐに聞こえたし、二階にも日当たりがよい部屋があって、自由に走り回れて気持がのびのびした。

東光院は、お納仏《ないぶつ》という六畳の仏間につづく四畳部屋だけが南向きで暖かかったが、私たちは風邪を引いたりしたときだけしか、寝かせてもらえなかった。襖に菊の絵が浮きでている八畳の客間も南に面していたが、外側に廊下があり、その先に竹の濡れ縁があったので、太陽はそのあたりまでしか差し込まなかった。

長屋にいって、私にとってもっとも画期的な出来事は、初めてお友達ができたことであった。同い年ぐらいの女の子が近所に二人いて、いつも三人で遊んだ。近くの土手に土筆を採りに行ったり、母が作ってくれたオジャミで遊んだりした。そのうちの、もっちゃんという子のほうは泣き虫だった。

ある冬晴れの日曜日のことだった。

宿題をおえた兄が、家の外に私をつれだして、道に絵を描いて遊んでくれた。

兄は、幼稚園のころから絵が上手で、ヒコーキの絵などを描いてよく褒められていた。自分の絵をさっさと描き上げ、後ろを向いて友達の絵まで手伝ってやっていた、と参観から帰った母は、誇らしげに父に報告しているのを聞いたこともあった。

その日も、家の前の道にしゃがみこんで、得意のヒコーキからはじまって、戦車、軍艦、流線型の競争自動車など、格好よく描いてみせてくれていた。それから、私が、お花描いてとか、お人形さん描いてというと、すぐ描いて嬉しがらせてくれるので、私は兄のことをスゴイと思っていた。

ふいに、兄が、

「よっちゃん、世界地図を識ってるか」

と訊いた。

「うぅん」

私が、首を横に振ると、

「あのなぁ、これがニッポンや」

兄は、そういいながら、ちょっと身をくねらせたイモムシのようなかたちを描いた。

「へぇえ」

私は、この広い地面がなぜそんなに小さいのか分からなかったのだが、黙って兄の手元を見つめていた。

すると、今度は、イモムシからずうっと右に離れたところに、手いっぱいに大きな三角形を逆さにしたかたちを描いてみせて、

「これが、アメリカや」

といった。

「ふうぅん、大っきいんやなぁ」

「そうや。よっちゃん、分かるか、ニッポンはなぁ、こんな小っこいんやで。アメリカはこんな大っきいんや。こんな小っこいニッポンが、こんな大っきいアメリカと戦争して勝つと思うか？ぜったい勝たれへんぞ。ニッポンは戦争に負ける。ぜったい、ニッポンは戦争に負け——ウッ」

いきなり大人の手が、兄の口を塞いだ。

隣のおばちゃんだった。

おばちゃんは、そのまま、兄を抱きかかえると、家の中へ走り込んだ。

そうして、とても怖い顔をして激しい調子で言った。

「ぼんぼん、そんなこと言うたらあきまへん、そんなこと言うたら、憲兵につれて行かれまっせ、そんなこというたら、えらいことになりまっせ」

このおばちゃんは、太っていてエプロン姿がダルマさんみたいで、いつもアハハハと陽気な笑い声をたてていて、これまで私たちを叱ったりしたことは一度もなかった。以前、おばちゃんに、好き嫌いはあるかと訊ねられたので、子芋がキライと答えると「アハハハハ、じょうちゃん

は、あんな美味しいもんが嫌いでっか。アハハハハ」と大声をたてた。おばちゃんが、あんまり可笑しそうに笑うので、私はキライをがまんして、とにかくもういっぺん食べてみよう、と決心した。実際、灰汁《あく》があってエグイ、と思い込んでいたのが、そういわれて食べてみると案外おいしかった。おかげで、好き嫌いは何もなくなったのだった。

そんな、お隣りのおばちゃんが、見たこともない真剣な顔つきで、

「絶対にいまみたいなこと、二度と言うたらあきまへんで」

と、同じことを幾度も幾度も、くどいほどに兄に言って聞かせるのだった。

私は、あっけに取られてみていた。

この日、三月十三日は終業式の前日だったので、兄は一人で浜寺に残り、そんなときはいつも浜寺の伯母の家に寝泊まりさせてもらっていた。

後日、兄が、その日のようすを話してくれた。

夜、浜寺でも空襲警報のサイレンが鳴ったので、浜寺の本家（伯母の家を、兄はいつもこう呼んだ）の庭にあった広い防空壕に、玉置の伯父さん一家四人とともに入った。しばらくして、防空壕のそとに出てみると、大阪のそらが真っ赤になっていた。空の雲が、茜色に染まって、激しい夕焼けのようにみえた。

「大阪が燃えてる」

と、伯母さんたちが、夜遅くまで大阪の空を遠く眺めながら話しているそばに、兄はだまって

立っていた。

　ブウウゥーーウワァーンと、全身に電気が流れて痺れさせられるような爆音を先導させて、B29の編隊が、まるで頭の上すれすれのように、黒い影になって通り過ぎていく。見上げている真上で、サアッとまっかな筋状の火が、柳のように吹き出していく。私の頭のずっと後ろへ、その火の紐は広がって流れていく。まるで「土蜘蛛」が「千筋の糸を繰りためて、投げかけ」るときの細い紙テープを真っ赤な炎の色にしたようであった。

「きれいやなぁ」

と、見とれていると、国防色の警防団員の服に、戦闘帽を被りゲートルを巻いた痩身の父が、闇の中からふいに現れた。

「春子、善子を連れて本坊の防空壕に移りなさい。ここでは危ない」

　そして、私たちを連れて急ぎ足で東光院を出た。庭から土足のまま廊下に上がり、畳がすっかり揚げられて新聞紙が敷きつめられたままの居間を横切り、中玄関から表へ出た。私は、畳の下の敷板が踏むたびにがたがた揺れ、そのうえに真っ暗なので歩きにくくて困ったが、一所懸命についていった。

　東光院は、山内五ヶ寺の中でも、今ではもっとも本坊に近い。自院の門を出て左へすぐのところで、子供の足でも二分とはかからない。本坊の通用門は、北向きに開いており、自院から東に向かうと真正面に白壁が立ちはだかる。そこを、右に折れて大門を潜ると、蘇鉄の築山、ここを左へ正面に来賓用の玄関がある。防空壕は、この玄関の右手の前庭に掘られていた。通用門とは逆に、唐様の勅使門が南に向かって建っていたが、これは開かずの門でいつも錠が降りていた。四天王寺は官の大寺ということで、勅使が来るときだけこの門を開いたのだそうだが、私も一度もこの門が開くのを見たことはない。その夜も、唐門特有の厚みとうねりのある屋根が黒々と鎮もっていた。

本坊の防空壕の入り口までくると、父は、

「ここにいなさい。また、危なくなったら来て上げるから。私は境内を見回ってくる」

というと、そのまま立ちさっていった。

私は、母に手を取られながら階段を八つほど降りると、洞穴のような長い道が続いていた。奥の方にぼおっと明かりが見えた。洞穴はびちょびちょと濡れていて滑りそうだ。奥には部屋がある様子だが、母は、そこまでは行かず、途中の薄暗がりの中に私を立たせた。そうして、

「お母ちゃんが呼んだら、かならず大きな声で返事をするのですよ」

と、私をのこして防空壕を出て行った。丸太の支え棒が所々にあって、土の暗い天井からは、ぽとんぽとんと滴が落ちていた。

やがて、壕外から母の声がした。

「善子、聞こえますか」

「ハイ」

教えられた通りに、大きな声を出した。

奥の部屋のひと気が気になったが、私は言いつけられたとおりに通路の途中に立っていた。足元がぬるぬるする。地の底に居る、という感じがした。地面の下はいつも水があるんやと思った。じめじめした足元が厭わしかった。

通路の真ん中が凹んでいるので、そこへ斜めに落ち込みそうになる。丸太の柱を掴んで、じわじわと足をまっすぐ元に戻す。誰も来ない。奥に誰か居るのかいないのか、咳ひとつ聞こえない。

足元といえば、私は生まれて初めて、大地がぱっくりと口を開いて、その中に吸い込まれるような不安を覚えたことがあった。前の年の暮れのことだ。

名古屋から、帰った父が、鞄もおかずに立ったまま話していた。

「えらいことや。名古屋は、焼野原や。新聞では、大したことはないように書いてあったが、そんなもんやない」

「ほんまでっか」

「名古屋駅から、何もみえへん。瓦礫の山や。すっかりやられて仕舞うとる」

名古屋が爆撃されたという報道に、尾張横須賀にあった実弟の中川仁智朗を見舞いに行き、現状をその眼で見て愕然としたのだった。

「ほんなら、新聞は嘘、書いてまんのか」

と、正直一遍の母は、話半分でもう怒り声になっている。

「この次は、きっと大阪に来る。そのつもりで覚悟しとかなあかん」

父が声を出して読んで聞かせたのは、毎日新聞であった。

「去る十八日約七十機をもって名古屋地区に来襲した敵B29は――。名古屋付近においては敵は生産施設を狙って投弾したがわが果敢なる迎撃戦闘によってほとんど盲爆に終り被害は最小限にとどめ損害軽微であった」

「ほら、損害軽微なんて新聞には書いてるが、そんなもんやない、えらいことになっておった。もう記事は、信用でけん」

いつもの穏やかな父とは打って変わって、語調は激しかった。その切迫感は、子供の私をも打ちのめした。

私は真剣に、父に尋ねた。

「ニッポン、負けるのん？」

父は、ゆったりと私に笑みかけると、

「お前は、なんにも心配せんでええ。お父ちゃんが、あんばいしてやるからな」

と、いつものように優しい声にもどった。

しかし、父の苛立った声は、いつまでも私の耳にこびりついた。私は、父の信用でけんといった新聞を、憎々しいもののように見据えた。

そのときの父の話しぶりを、私は、防空壕の通路の暗闇のなかで、なぜかふいに思い出した。心細さが倍増してくるようだった。

「善子、善子」

母の声に、私は教えられた通りに、また大きな声の返事をした。

「善子、善子っ」

母が、悲壮な声で呼んでいる。

「ハイッ、ハイッ」

私も、必死で大声を上げた。

すると、母が防空壕に入ってきて私の手を掴むなり、

「呼んだら来なさらんか」

と叱りつけ、ものすごい力で私を引きずって外へと連れ出した。

返事をしなさい、とは言いつけられてはいたが、出て来なさいとは聞いていなかったので、私は大いに不満だった。

外に出ると、父もいて、いつになく早口で、しかし、低い声で言った。

「五重塔がやられた。もう、ここはあかんから、あなたがたは逃げなさい、よろしいな、真田山公園が安全らしいから、そこへ逃げなさい」

そう言い残すと、また走り去った。本坊の大門の敷石が、赤黒く照らされていて歩きやすく

なっていた。

　母に手を引かれて本坊の門を出たとき、立ち止まった母が呻き声をあげた。

「……五重塔が燃えてる」

　すぐ左手の空中に、真っ赤な炎を吐き出して、燃えながら屹立している五重塔の姿があった。ぐわっと天空に燃えつくかと思うばかりに高々と却火を吹く九輪を突ったて、重層の屋根は切り絵そのままに真っ黒なシルエットをみせて、炎の中にくっきりと浮かび上がっていた。全ての伽藍から、狂ったように火が吹き出ていた。真っ赤な火の海に、塔は浮かんでいたのである。

　華麗なる昭和新塔と讃えられた五重塔を、私が見た最後だった。たった五年の命を業火と化し、そして幼ない記憶のなかに溶けていった。

　とにかく母と私は、しばし逃げるのも忘れて、茫然とこのありさまを眺めていた。


　石の鳥居の方へ、常順は急いでいた。

　ゲートルを固く巻きつけひときわ痩せてみえる脚を、いつもの癖の内股にして、急ぐ気持ちがそのまま爪先のめりの姿勢となって、せかせかと歩いて行く。

　空襲警報下の境内は、暗く人影もない。

　石の鳥居は、四天王寺境内の西南のはずれにあり、木造二階建家屋を優に超える高さで、中央の額には「極楽の東門の中心に当たる」と大書されている。春分・秋分の日、いわゆる彼岸の中日には、日想観《じっそうかん》の修行の場として、鳥居の真ん中へ太陽が沈むように建てられている。西に沈む太陽を観て、西方の極楽浄土を思い浮かべる修行で、観無量寿経に説かれている十六観の第一、謡曲の「弱法師《よろぼし》」にも扱われている。建立当時は、ここから西に海が広がり、芭蕉の時代でも白帆が見えたというが、今ではすっかり家並みに埋まった平凡な下り坂で、下りきったあたりから唐突に通天閣が聳えている。

石の鳥居を境内の方へ潜ると、すぐ右側にコンクリート造りの古風な洋館風の二階建があり、これが天王寺消防署であった。石の鳥居と遜色のない高さで、火の見櫓もあり、最新式の消防車が三台、真っ赤な車体をぴかぴかに光らせて並んでいた。

その夜も、当然、消防車が頼もしく待機してくれている筈であった。

常順は、その事を確認するために、妻子を本坊の防空壕に移してから、真っ暗な境内を横切って急いで来たのだ。

ところが、――消防署はがらんどうであった。

常順は、悪い夢を見ているのかと思った。しかし、どんなに闇に目を凝らしても、構内はもぬけのからで、向こうの電車道がうすぼんやりと見通せるばかりだ。

彼は苛立った。が、精一杯の冷静さを心がけながら、宿直室らしき暗闇に向かって声を掛けた。

「消防車はどこへ行きましたか」

建物はしんと静まり返っていて、人の気配はない。

「どなたか、おられませんか」

もういちど、こんどは少し声を荒らげてみたが、やはり答えはない。

胃がキリリと痛くなった。

常順はあせった。

石の鳥居を小走りに出て、電車道の交差点の東西南北を見通してみたが、門前の人たちは消灯して防空壕にでも避難したのか人影はなく、消防車らしきものはどこにも見当たらなかった。

呆然と立っていると、鳥居の際の暗闇から小柄な影がふいに現れて、しばらくこちらを窺っていたが、やがて近づいてくると、存外に馴れ馴れしく艶っぽい声で話しかけた。

「東光院さんのご院《いん》はん、違いまっか」

「そうだが、あんたはどなた?」

「わて、ここのうどん屋でんねん」

「屋寿名《やすな》のおかみさんかね?」

「へえ」

「空襲警報が出ているのに、あんた、避難しなさらな危ないがな」

うどん屋のおかみは、それには答えずに、常順の不安を見透かしたように言った。

「ご院さん、消防車さがしてまんねやろ」

「ああ。だが、どこへいってしもうたのやろ」

「上六に焼夷弾が落ちて、火事になったゆうて、さっきあわてて出て行きましたでぇ」

大阪は、西に湾を抱き、東の奈良との境には、生駒山脈を南北に横たえている。その山並みに平行して上町台地が半島のように大阪平野の真ん中を南北に盛り上げ、南の付け根に四天王寺、北の先端に大阪城がある。

上六というのは、上本町六丁目のことで、四天王寺からは、真北にある大阪城へ向かって電車の停留所で二つばかり行ったところにある。天王寺消防署は、境内と電車道の両方に出動できる造りになっていたが、上六は、天王寺区で管轄区内であったから、火の手が上がれば真っ先に駆けつけるのは当然の職責であった。

太平洋戦争も末期の様相を呈し、すでに東京・名古屋と大規模な空襲を受けていた。大阪もまぢかだ、と誰にも予想はついていた。常順は、名古屋の爆撃の惨状を目の当たりにしてから、新聞に掲載される大本営発表の決まり文句「損害軽微」の記事を信じなくなっていた。今度は、多分、大阪に大空襲があり、大阪は焼け野原になるだろうと覚悟はしていた。

しかし、実際の空襲を経験していなかった彼は、なんとか四天王寺の七堂伽藍を焼かずに守りたい、特に再建したばかりの五重塔や金堂、また唯一国宝の建造物・東門だけは自分の目の黒いうちは何としても焼失したくはない、と切に願っていた。大空襲の前にはひとたまりもないことなど、実感する由もなかったのである。

果たして、昭和二十年三月十三日夜、マリアナ基地を飛び立ったＢ29二七四機は、一路大阪目掛けて襲いかかった。

四天王寺の伽藍に万一のことがあれば、すぐにも消火してもらわなならん、上六の火災を早よう消して帰って来てくれ、常順は祈るように心の中でつぶやいた。

うどん屋のおかみは、相変わらずの調子で、あたかも常順の気持を代弁するかのように言った。

「天王寺さんが焼けたら、どえらいこっちゃ。消防はんに早よ帰ってもらわんと、どんなりまへんなあ」

天王寺消防署の消防車が、最初の火災で上六方面に出動してしまったことは、四天王寺にとっては不運の端緒であった。

同時に、天台宗の学僧として嘱望されていた出口常順の運命をも大きく変えることになったのである。

兵隊検査が丙種合格であったために、兵役は課せられなかったが、常順は、別段、どこといって体が悪かったわけではない。若い時はずいぶん痩せていて、体重が規定に足りなかったのが、丙種合格の理由であった。当時は、労咳、いわゆる結核の青年が多かったので、軍医は、この痩せてアバラ骨の一本一本まで数えられる青年を、そう長くは生きられないだろうと思ったらしく、「しっかり、長生きせえよ」と労るように肩をたたいて追い返してくれた。こうして兵役は免除された。しかし、往時では数少ない学士だったので、市当局が任命した翼賛壮年団大阪支部団長四名の中には組み込まれていた。

その夜の警戒警報は、たちまち空襲警報に変わった。

常順が、あたふたと石の鳥居脇の消防署にたどり着いたときは、すでに消防車は、サイレンを鳴らし半鐘を叩きながら、上本町六丁目方面に向かって出動してしまったあとだった。

まもなく、市内全域が無差別爆撃を受け、ここでも町の一角が燃えあがると、あとは火が風を呼び、風が火を運んで、たちまち町全体が火の海となり、消防車などあってもなくても消火のしようもなくなってしまった。

後日、私が父から直接聞いた四天王寺炎上の一部始終は、つぎのようなものである。

「あの空襲ではなぁ、境内にも十数発の焼夷弾が降って来たんや。第一番に、やられたんが西大門と経蔵（戦前は西大門の隣にあった）や。あっという間に燃え上がったから、すぐに消しに走ったんや。西大門は、ほれ、消防署に一番近いとこにあるやろ。ところが消防車はおれへんし、訓練してたバケツリレーなんか、人手もないし出来たもんやない。境内にも警防団があってな、消防用の手押しポンプが備えたあったんや。そやけど、警防団のポンプ係は自宅の消火に帰ってしもうて、肝心な時におらんのや。わたしたち素人が手押しポンプで何とか出火をくいとめようとしたんやが、結局、使い方があんじょう判らずじまいや。それでもバケツで水かけて懸命に消火したんやが、とっても追いつかなんだ。その内に焼夷弾が、回廊や、東重門、仁王門なんかに落ちて、あっちこっちで燃えだしたんや。回廊のところには警防団のポンプが十台ほどあったんやが、とうとう一台も活躍せずじまいやった。

五重塔は、焼夷弾ぐらいでは燃えんかったんや。そやけど、仁王門の東の切妻におちたエレクトロン焼夷弾が、六十尺（約一八メートル）の高さに燃え上がってなぁ。その火がすべりおちて、五重塔、金堂、講堂をつぎつぎに延焼してしもたんや。

つまり、仁王門の東の切妻に落ちたのが延焼して、とうとう五重塔の命取りになってしもた。それから、ぜんぶの伽藍が焼けてしもうたんや」


五重塔にも何発かの焼夷弾が命中した。

しかし、銅板葺きの屋根は、面白いようにそれらを跳ね返したという。

さすがは昭和新塔と頼もしく感じたのも束の間、仁王門の火柱が地獄の劫火のような炎の舌を伸ばして、五重塔を嘗めはじめた。五重塔に火が移ったのを見た常順は、もう四天王寺は助からないと思い、本坊へ走った。そうして妻子を真田山公園の方へ逃げるよう言いふくめると、また、あたふたと境内に戻って来た。

真っ赤な炎のなかに、五重塔は真っ黒な輪郭を浮き上がらせ、ごうごうと燃えていた。

赤不動とはこれのことか。

3月14日、大阪大空襲で炎上した昭和新塔

大日如来が、教化し難い衆生を救うために忿怒の姿を仮に現したとされる不動明王。右手に降魔の剣を持ち、左手に羂索《けんさく》（衆生摂取の索条、本来は鳥獣を捕るわな）を持って、怒髪天を突くその姿を仰ぎながら、常順は、あたかも自身が焚刑に処せられているかのように、仁王立ちになって硬直していた。後悔の念が、烈火のごとく身を焼いている。

七年の歳月を費やしてようやく再建した昭和新塔が、たった五年の命で戦火に奪われてしまうのか。思えばあの時、――しかし、と常順は思った。あの時は誰一人として、五重の塔を鉄筋で再建するなどとは思いも寄らなかった。

木造か鐵筋かの問題ほど再建工事で當惑したことはない。五重塔の再建と雖も市街建築法は百尺（約三〇m、筆者注）以上の建造物に鐵筋コンクリートを用ひることを冷やかに規定してゐる。太子讃仰の寶塔、本寺伽藍の中心塔、歴史と信仰の寳塔再建は是非昔のまゝの木造にありたい（『四天王寺』第七巻第一号・昭和十六年正月号「再建後日物語」出口常順）。

あれは、間違いなく当時の四天王寺一山僧侶の総意だった。いうまでもなく常順自身も、切に復旧を念じていた。

大阪府建築課との交渉は昭和十一年二月から始められた。それから當面の擔當者として、何十回となく府廳の階段を上下した。東京の本省へも何回となく出頭した。時には、貫主と共に雨の幾日を東京で奔走して遂に貫主の熱病の看護さへしたこともあつた（同前）。

あの努力は、何だったのだろう。

多くの人々の側面の協力もあつて初期の木造建築はその年の十月十四日に許可の指令が來た。不思議にも地鎭大法會の翌日であった（同前）。

まさか五年の後に戦火に晒されるとは夢にも思わず、あの時は貫主ともども一山僧侶こぞって喜んだものだ。

側面の協力の最たるものは、翌十二年、境内敷地内の天王寺消防署創設であった。これで木造建造物の最大の弱点、火災からも守られると、どれほど心強く思ったことか。

さらにその十年前には。

昭和九年九月二十一日、室戸台風が近畿地方を襲った。

この暴風雨で、四天王寺の五重塔が倒壊した。

大阪を中心に近畿一帯に襲來した大暴風は、（中略）佛教で云ふ劫末の劫風かくやと思はれる程であつたが、その猛威の極まれるに及んで、仁王門先壊滅し續いて五重塔も倒壊、この時金堂腰屋根と隅木に當り、堂の初層各柱北へ七寸七分、東へ二寸五分傾斜した。既に危険が豫想せられた建造物ならいざ知らず、嚴然とその靈姿、中空に聳え市民朝夕称讃仰の標識となつてゐた五重塔が忽然として倒壊するといふことは、未だわが国の記録にはなかつたことである。（中略）不幸にして時恰も彼岸の入りであつた爲早朝より參詣した善男善女は、この塔内に暴風を避難してゐた十名が塔詰員等と共に下敷となつた（『四天王寺』創刊号・昭和十年一月号「営繕課報告」出口常順）。

この時は『倫敦新聞』も、写真入りで報道した。

国宝大阪四天王寺五重の古塔颱風のため倒壊す。死者十五人。

ただ国宝というのは誤りで、倒れた塔は、幕末の文化九年（一八一二年）に建てられたものであった。

いずれにしろ世界に報道された大事件で、いうまでもなく寺にとっても国宝であろうとなかろうと、伽藍倒壊、特に五重塔が倒れたことは、長い歴史のなかでも特筆すべき一大事であった。時を移さず、四天王寺住職・木下寂善大僧正を陣頭に、伽藍復興の大事業にとりかかることになった。

当時、フランス留学から帰国したばかりの常順は、比叡山教学部長という重責を拝命し、加えて天王寺高等女学校の教学部長をも兼務、天台宗の学僧として仏教界でも嘱望されつつあった。四天王寺に於いては、住職・副住職・中之院に次いで、すでに座次順第四番目に位する若き東光院院主であった。

そんな折の災害である。

伽藍復興局営繕課長の命がくだったのは、昭和九年十月、常順三十四歳の時である。まず五重塔倒壊の余波を受けて半壊した金堂の再建にかかった。

常順は、慣れない任務の用材の購入に腐心していた。

金剛建築部で、大正區小林町の中山商會の濱に、約六年間石州日原産の欅で樹齢四百年を經た、長さ四十二尺直徑二尺六寸、重量千三百貫の巨材四本を探し當てたので、當山舞臺講の世話で全部の用材を併せて購入すること丶なつた（『四天王寺』昭和十年二月号「営繕課報告」出口常順）。

無口な材木屋の主が

「誠に、木の出世です」

と、いった。その声がいまも耳について離れない。

その金堂が燃えている。

仁王門の東の切妻に落ちたエレクトロン焼夷弾の猛火は、あの貴重な用材で修復した金堂をも情け容赦なく襲っていた。

五重塔再建の用材が「木造と定まると直ちに五重塔の特別御用材選定の為に高野へ走つた。海を渡つて土佐と伊豫との國境の熊の出るてう深い雪の山に分け入つた。木曾の御料林のすばらしい檜の木立の間から青空を仰いで歎稱したこともあった」(『四天王寺』昭和十六年正月号「再建後日物語」出口常順)。

桧は長持ちする、千年の星霜にも耐えられるという。これで聖徳太子の御遺徳を、後の世まで伝える事が出来るだろう。

敬虔な自負心を以て、決断して選んだ逸材であった。

あの桧の垂木が火を吹いている。

昭和新塔が燃えている。

紅蓮の業火を吹き上げていた五重の塔は、やがて銅板の屋根瓦が燃えだし、炎が蒼味を帯びてきた。

これが青不動か。

巨大な青不動を仰ぎながら、常順の頭の中に記憶は渦を巻いてよみがえってきた。

言ひ様もない恐怖の嵐の中に、今迄旗竿の様に揺れてゐた五重塔の九輪から忽然と倒壊して行つたその瞬間がこの目に映つた。それから七年(足掛け・筆者注)の歳月——騒然と混乱の中に自失した様な一山の顔、續いて應急處置への緊張と復興への歩み、勸進と托鉢、再建へ再建への努力、木曳、立柱、百萬の合力と共に一重づゝ大空への建立、輝かしき九輪の金色、まばゆき塔内の荘厳、豪華な落慶の繪巻とともに再び聳え立つ寶塔の雄姿をこの目に見る。――

今日しも二千六百一年の新春、なごやかな青空に美しい丹碧の塔を仰ぐと、再建七年の難業は今は法悦であり、歓喜の涙がとめどなく流れる。(中略)

「太子の御徳と御光に照されて、我等と衆生と皆供に寶塔を茲に建立せり」(同前)。

選びに選んだ逸材を、前後左右、井桁に一木でがっしり嵌め込み、組み込まれた建造物は、一旦は火がついてもなかなか崩れるものではなかった。

しかし、ようやく全体に火のまわった五重塔は、赤い炎を出し、やがて紫になり、最後には青い炎を一面に吹き上げた。炎を吹き上げながらも、塔はなかなか倒れず、立ったままであった。凄惨な美しさとでもいうべきか、名状し難い赤青の業火のなかに、赤不動や青不動を見た常順は、以来、生涯を通じて、この不動明王の忿怒の形相から目を逸らすことを自らに禁じたのである。

炎を吐き尽くした青不動は、そのまま崩れすわるようにバサッとへたりこんで、常順の視界から消え去っていった。

塔が崩れさり、金堂が燃えてしまうと、常順は急いで東光院へ戻った。前栽《せんざい》の防火用水に伏せてあったバケツに水を汲むと、家中を調べて回った。裏庭と中庭を隔てている垣根が、飛び火を浴びて燃えていた。急いで持っていたバケツの水をかけて消し止め、再び、境内へ戻ると、亀の池の手前で伽藍炎上の火は止まっていた。六時堂以北は燃えていない。池の水が、防火壁の役目を果たしていたのだ。しかし、火の塊は容赦なく飛んできて、六時堂の縁の下が、くすぶりはじめた。

このとき、ようやく出動していた消防車が逃げ場に窮して、境内に避難してきた。常順は走り寄って、消防車にしがみつきながら叫んだ。

「六時堂の縁の下が燃えているから消してくれ」

消防隊員たちは、すぐさま亀の池にホースを入れて水を取り、消火してくれた。あっというまに火は消され、ここから北側の食堂《じきどう》、東光院などは類焼をまぬがれた。

結局、焼け残ったのは、西門の石の鳥居、通用門、六時堂、大師堂、五智光院など、元和再建の重要文化財指定の建造物と本坊であった。また当時は文化財とだけよばれていた、今日での国宝、扇面写経など二百余点も、本坊の倉庫に保管されていて無事であった。

後日、父がなんともつらそうな面持ちになったことがある。

「国宝の東門が燃え落ちるのを、私は手をこまねいて見ていたのだよ」

めったにグチをいわない人だったが、この一事はなんとも無念だったようだ。

少年の日に上阪し、古刹・四天王寺の一介の小僧として弟子入りしたとき、朝日を光背にした国宝の東大門を見上げて、

「こんな立派なお寺で勉強させてもらえるのかと、私はとても感動したのだよ」

父は少年の眼差しになっていた。

「その、国宝の東門が目の前で燃えているのを、わたしは、どうすることもできなかったのだよ」

きっとこのとき、あの消防車がほんの少し早くきてくれていたら、と無念だったに違いない。それにしても、こんなぐちっぽい話をきいたのは、あとにもさきにも、このとき一回きりだ。


数え年六歳の私の記憶にも、はっきりと映像が残っている。

五重塔は、真っ赤な炎の中にくっきりとシルエットを描いて立っていた。やがて、ぐらりと東へ膝をついたかとおもうと、一瞬、空が暗くなった。つぎの瞬間、大きな炎の浪が、ガバリと左右に広がって、そこは一面の火の海であった。

それまで、燃えている五重塔を見上げてぼんやり立っていた母が、はっと我にかえったかのように私の手を掴むと、中門の方へ歩き始めた。広い境内には、誰もいなかった。とっくに逃げてしまったのだろう。母は急ぎ足で私を引っ張って、四天王寺を後にしたのであった。

電車道に出ると、人でいっぱいだった。まるで参詣人で混む縁日の四天王寺のように人が道にあふれ、みんなぞろぞろと淀んだ河のように流れていた。その暗い蠢《うごめ》きのなかに巻き込まれた母と私は、電車道通りを人の流れにしたがってついていったが、しばらくすると流れは大きく右へ曲がった。

母は、父に教えられた通りに電車道伝いに北へ、真田山を目指していたに違いない。荷物を担いだ人やら、おんぶされたおばあさんやら、とにかく前の人の背中に胸を押し当てるようにして後につき、のろのろとついていく。大人が肩から下げている鞄や水筒が、頭や肩にぶつかってきたり、背負われているおばあさんのお尻が、頭の上からのしかかって来たりした。前も後ろも避難する人たちであふれ、私は、暗い大人たちの脚の林の中を歩いているようだった。

大きな曲がり角に交番があった。その前で台に立った男の人が、メガホンを口に当てて叫んでいる。

「シラサギ公園へ行きなさい。シラサギ公園へ」

頭のうえの黒い人たちが、ざわめいた。

人の流れが大きく右に迂回しはじめた。

メガホンがわめく。

「シラサギ公園では、避難者に焚き出しをしている。テントも張ってあり、寝ることもでる。シラサギ公園へ……」

「シラサギ公園て、私、知らんわ」

不安そうな母の独り言に、前を歩いていた知らないおじさんが、振り返った。

「私は、白鷺公園を知っています。私に、ついて来なさい」

その人の脚は細長くて、やはりゲートルが巻いてあった。私は、その人の脚をみながら、一生懸命に歩いた。母は、どんどんと人込みをすり抜けていく男の人の後を、時々背伸びをして確かめながらついて行く。しかし混雑している上に、私の足が遅いので、だんだん離れていくばかりだ。

電車道の左側が燃えている。火に照らされて赤黒くなった人の河は、暗い方へ暗い方へとぞろぞろ流れていく。

父の指示した真田山公園は、四天王寺からはずっと遠く、大坂冬の陣で真田幸村が布陣したことでこの地名が残っているくらいだから、大阪城のすぐ近くだ。

しかも、電車通りの西側の家はみんな燃えていて、それより北の上六方面は、最初に炎上したところ、とても近づくことすらできなかった。

気がつくと、ゲートルの細長い脚がみえなくなっていた。

「見失うてしもたわ」

母が、不安そうにいった。

私がしっかり歩かへんかったからや。途方に暮れている母に、とても悪いことをしたと思った。そして、これは叱られるな、と密かに覚悟していた。ところが、案に相違して、母は私を気づかってくれた。

「よっちゃん、しんどいことないか？」

「うぅん、だいじょうぶ」

口ではそう言ったものの、私は疲れてふらふらしていた。母は、私の前に屈んで背中をみせた。私は母の背中に倒れ込んだ。母は、六歳の私を背負って立つと、二三度揺すり揚げた。

母におんぶされて、どれくらい経ったのだろう。

私は板の上に下ろされた。

そこはガランとした建物の中で、待合室のような長い木の椅子が、土埃だらけで壁にくっついていた。知らない人が五、六人、影のように同じように椅子に腰掛けていた。地面のコンクリートが抉れて、土が掘れていて凸凹になっていた。きたないとこやなぁ、と思いながら、私は母の膝に凭れていつのまにか眠りに落ちた。

目をさますと、私は母の背中におぶさっていた。

母は、夜明けを待って、焼けていない細い路地を伝って、東光院の方角目指して歩いていた。

私は、なにか少しでも母に役立つことをしなければならないと思った。

「お母ちゃん。よっちゃん、もう自分で歩ける」

「目ぇ、覚めたんやなぁ」

「ふん」

「そんなら、歩いてくれるか」

母は、いつものやわらかい調子でいうと、しゃがみこんで、私を擦り落とすように道に下ろした。

あたりはほんのりと明るくなっていた。

目の前に、本坊の北側の白い高い塀があった。細い路地を本坊の塀に沿って左に折れると、見覚えのある景色になった。広い道に面して、右は――。

「裏のお墓や」

ここなら、私にもわかる。家はすぐ近くや。

墓場につづいて、東光院の瓦屋根の白壁がある。長い白壁をたどって右へ曲がると、門がある。

「家があった。焼けんと家があった。よかった、よかった」

母は、泣いていた。

身をくの字に曲げ捩りながら、涙をぽろぽろ落としていた。私は、家に帰って来たのやから、家があるのが当たり前やのに、何ゆうてはるんやろ、けったいなお母ちゃん、と、まるで初めての人を見るように、しげしげと母を見上げた。しばらくモンペの袖で涙をふいていた母は、ようやく顔をあげ、ゆっくりと東光院の門をくぐった。それから薄暗い玄関を通りぬけると、私たちは土足のままで居間にあがった。

「よっちゃん、えらかったなぁ。よう眠たいのんを我慢して、歩いてくれたなぁ」

母は、大きな黒い納戸を開けて、中から干し柿を取り出すと、私の掌にのせてくれた。

「お腹が空いたやろ。これ、お上がり」

それは、白い粉を吹いていて、ぽってりとやわらかく、しっとりとした重みがあった。

板の間になってしまっている居間に、私は靴をはいたまま、母は下駄のままで坐っていた。足を両脇に跳ねだして坐った格好が、まるで絵に描いた鳶の羽の形のようだったので、

「トンビみたいやね」

と、母と顔を見合わせて笑った。

お母ちゃんが笑いはったん見るのん、ひさしぶりや。

私は、はしゃぎだしたいような嬉しさに胸がふくらんで、風船のようにふわりと身体が浮き上がりそうだった。はれやかにほほえんでいる母と向き合いながら、その大きな干し柿を、大切に少しずつ味わいながら食べた。

それは、やわらかく瑞々しく、からだ中がとろけるように甘かった。

3　べんずりさん

翌日は、快晴だった。

目を覚ますと、なんだか縁日のように、東光院の中がざわざわとしている。どないしたんやろ。お母ちゃんに聞いてみよう。私は、台所へ走って行った。

三和土《たたき》のあたりが妙に明るい。

擦りガラスの引き戸が開け放たれて、真っ白な折り紙でつくったお内裏様の袴のような帽子を頭にくっつけた人が、四、五人、真っ白なエプロンをしてカンテキに火をおこしたり、井戸水を汲んでいたりした。

看護婦さんだ。

白い服に太陽が反射して、三和土全体が眩しいほどだった。

東光院の台所には、漆喰で固めた竃が二つあり、その間から煙突が突き出て、まっすぐ天井まで貫き、天窓のよこの板に突き刺さっている。八畳ばかりの板の間の中央には調理台があって、その向こうの壁際には井戸があった。井戸は木の蓋で塞がれていて、その上にみどり色に塗られたポンプが載っていた。鉄の長い柄をぎっこんぎっこんと上下に漕ぐと、ポンプの口からジャァジャァと井戸水が出てくる。水を受けるところは三和土になっていた。その朝は、看護婦さんたちが、白い光をまき散らしながら、おおきな笊で大豆をざくざくと洗ったり、カンテキのうえに鉄の鍋を載せて、その大豆をからからと煎ったりしていた。

台所に戻って下駄をぬぐと、目が眩んで、しばらくは家の中が見えなかったが、板の間にじっと立っていると、ようやくあたりが見えてきた。そこでようやく竈の前に屈んで、火吹竹をふうふうと吹いている母を見つけることができた。

「おかあちゃん、なんで看護婦さんがうちに居てはるのん?」

母は、煙そうな目をしょぼつかせながら顔を上げた。

「夕べの空襲でなぁ、病院が半分焼けてしもたんやて。それで、賄いの、あの――ご飯をつくるところがな、無いようになってしもたんやて。そやから、御飯の用意をする場所がないから、家の台所を貸したげてるんよ。看護婦さんらは、入院患者さんのご飯をつくりにきてはるんよ」

「ふうん、そやけど、看護婦さんは、ご飯なんか炊いてはれへんよ。お豆さん煎ってはるよ」

「そうや。あれが、患者さんのお昼ご飯やねんて」

「へええ」

母も、ひどいものを食べさせるものだと言わんばかりに、私に小さな声で言った。

「配給だけやったら、あんなもんしか無いんやて」

私は、もう一度こっそりと三和土に降りて行った。すると、看護婦さんたちは、煎った大豆を、丼鉢に一掴みずつ分け入れている。覗き込むと、丼の底に、ほんの少しの豆がザラリと入っているだけだ。丼鉢が、やけに大きく見えた。

そんな丼鉢を十も十五も戸板に並べて載せている。それを両端から二人で持ち上げては、白い眩しい光をひきつれて裏の門から出て行った。しばらくするとまた二人ずつ組になって、戸板だけを縦に提げて、帰ってきたりしていた。

病気で入院してる人が、乾燥しきってかちかちになっている大豆の煎ったのなんか食べても、もみない（関西地方の方言、まずい、うまくないの意）やろうなぁ、と思うと、ちょっと横っ腹が痛くなった。


雑誌『四天王寺』はB5判の月刊誌で、五重塔が室戸台風で倒壊した翌昭和十年に創刊（発行所・四天王寺事務局、編集兼発行人・奥田慈応）され、大阪の三月大空襲直前の二十年二月まで欠かさず発行されていた。初期は七、八十ページから百ページ、時には二百ページに近いときもあったが、十八年ごろからは、二、三十ページと極端に薄くなり、かつ紙質も落ちていて、戦時下の非常な紙不足を物語っている。

出口常順は、昭和十五年九月号から編集兼発行人を務めていた。

大空襲直後から半年間休刊し、終戦後は十月号から復刊している。その号の後記に「三・四月号が何れも印刷中に印刷所の焼失によつて発行に一頓挫を來し、爾来五・六・七号等編集の傍續刊に百萬苦心努力を續け來たり云々」と記しているが、次の発行は二十一年の三月と間隔が開き、この号で編集発行を坂本実哲と交代する。

内容は、普段は聖徳太子にかんする歴史や教義を中心に、戦前に再建された五重塔の設計から寄付者にいたるまでの細事などが主だが、昭和十五年には珍しく病院の記事が載っている。

「四天王寺病院乳幼児健康並ニ哺育相談會実況」の見出しで、執筆者は常務理事の森田潮應。

今や我國は聖戦第三年を迎へ新しい東亜建設の大事業に向かつて輝かしい大行進にすでに第一歩を踏み出して居る。此大事業の完成は實に將來第二國民となる乳幼児の健康に待つ事大で有る。斯如き見地より今回は當産院にて出産せる者に更に廣く一般乳幼児の健康並に哺育に就て相談を成し、哺育報國の誠を盡す事にした。

時局柄、病院はそれなりに国政に協力的な方向で活動していたようだ。記事には、看護婦さんが大きな赤ん坊を、にこやかに抱いてみせている写真が入っている。

生後一年の男の子で、体重は九、一三〇キログラム。標準体重は六、六六〇キログラムと記載されている（二〇〇一年の一歳児の標準体重は、約六、五〇〇キログラム）。

看護婦さんたちが、大豆を炒るために東光院の三和土に来ていたのは、病院が罹災した翌朝だけであった。間もなく、病院は閉鎖している。

雑誌『四天王寺』は、終戦後二十年十月、二十一年三・五・八月と発行しているが、その後長く休刊している。

復刊されたのは、昭和二十五年一月。B４判八ページの新聞形式で、ここに病院の消息が掲載されている。

天王寺病院は西門石の鳥居南方にあつて敷地五〇三坪、建坪二七〇坪、延坪数一〇二三坪、昭和六年開院以來着々施療の実を挙げてきたが、昭和二十年三月戰火にかかり休院の止むなきに到つたところ、終戰後國費並びに府費の補助をうけ二十二年五月まず別館の新装成り、内外科、小児科、理学的診療科をひらき、ついで同年十月本館の改装成り産婦人科を増設し、生活保護法による医療施設のほか一般外來患者の療養に当つている。

一晩中、空襲の中を逃げ回っていたことなど、けろりと忘れて、私は、その翌日の東光院のようすが面白くて仕方がなかった。なんや、奥の方でも音がしてる、庭から回って、見てみよう。台所の前の庭を通り、木戸を潜って裏庭にでる。それから、そっと座敷の見える前栽のほうへ行ってみてびっくりした。なんと、家中人だらけになっていた。奥の間にも、その縁側にも、隣の茶室にも、廊下にも、見たこともないような人たちでいっぱいだ。寝ころんだりうずくまったり、庭に出てカンテキを覗き込んだり……。大人も子供も、おじいさんやおばあさんも混じっている。なんとなくたくさんの家族が一堂に会して、たがいにひっそりと身を寄せ合っているようだった。そんな、暗い家族のかたまりが、東光院の座敷に急に湧いて出たように、いくつも蟲《うごめ》いていた。

大勢の人影にすっかり圧倒された私は、南の前栽まで行く勇気をなくし、そのまま母の元へ走って戻った。

「うわぁ、人だらけや」

「これ、静かにしなさい。焼け出された人が、来てはるのや」

「あの人ら、ずうっと、東光院に住みはるん?」

「みんな田舎へ帰ろ思てはるんやけど、電車の切符が手に入れへんのやろ」

「切符て、いつ買えるん?」

「毎日、朝から並びはるらしいわ。そやけど上六(上本町六丁目)の駅から電車に乗るのに、四列の行列が上七(七丁目)まで続いてるらしいわ。そやけど、並んでたら、その内に買えるやろ」

母の言った通り、四、五日すると人の群れは半分ぐらいに減り、いつのまにか、誰も居なくなった。

門衛にモリナカさんというおばあさんが住み着き、裏の離れにはヒノウエさんの家族とウダさん一家が残っただけだった。

東光院に人が沢山いたとき、母はその人たちの食べ物の買い出しにアベノの方まで、出かけて行った。私は、いつものように、母について行った。

アベノの大鉄の百貨店の形骸だけが、巨大な墓のように建っているのが、西門からすぐ近くに見えた。

西門からアベノまで、すっかり焼け野原になってしまって、視界を遮る建物など一つもなくなってしまったからだ。

四天王寺の伽藍とおなじように、あたりの町並みは焼け落ちていた。母に手を引かれて歩いていくと、瓦礫の中に、歪みながら首を出していた水道の蛇口から、ちょろちょろと水がたれながれていた。そのそばに、エプロンすがたのおばあさんが、片手にコウモリ傘を握りしめて、空を向いて倒れていた。その人は、水膨れのように顔も手足も膨れていて、ときどき、手と足がブルブルッと震える。向こうから歩いて来た小父さんが、ちらりとその倒れている人を見て、「もう、あかんなあ」と言いながら、知らん顔をして通り過ぎていった。私は、ぶるぶる震えているコウモリ傘の先に、つまずきそうになった。母は、黙って私の手を引っ張って歩き続けた。

アベノへ行く途中、死んでしまってゴロリと転がっている人はたくさん見たが、死にかけている人を見たのは、このエプロンをして、コウモリ傘を握ったおばあさん一人だけだった。

あとで聞いた話だが、父たちは、こうした行き倒れのようにして亡くなった大勢の人たちを大八車に乗せて境内に運んで来ては、とぼしい薪をあちこちで工面してきて六時堂の横で荼毘に付し、読経をし、くる日もくる日も弔いばかりしていたそうだ。

三月十九日には、四天王寺副住職・森田潮應が遷化（僧侶が亡くなること）する。葬儀は、無惨であったと、父の言葉は寡《すく》なかった。

大阪大空襲のあと、浜寺に疎開していた兄を、藤井寺に移すと父が言い出した。父は、浜寺は海が近いので艦砲射撃にやられるかもしれんと、心配していたのだ。藤井寺には、天王寺高等女学校の農園があった。その農園守の空き家を借りて、一家でそこに引っ越すことになった。一家といっても、はじめは浜寺の時のように、母と私は天王寺と藤井寺の間を行き来する筈だった。

その日、母は小さな風呂敷包みを一つ持っているだけであった。銘仙を仕立て直した、いつものモンペすがたで、私を連れて駅までやってきた。電車はもう着いていた。ところが人が大勢、乗車口に詰めかけていて、とても子ども連れでは近寄ることなど出来ない。

母は、私の目の高さまで屈んで言った。

「お母ちゃんが先に乗って席を取ってくるから、ここで待ってなさい。席をとったら連れに来るから」

「はい」

私は、母が人込みをかき分けながら、無理やりに電車に乗っていくのを見ていた。あとからあとから人が乗っていって、母の姿は見えなくなってしまった。ゲートルを巻いた小父さんが、乗ろうとしている人たちの背中を押し上げている。そうこうする内に、あらかた駅の人たちは電車に乗り込んでしまって、駅がガランとした。

発車のベルが、ジリリリリと鳴った。

母は、出て来ない。

ドアが人の背中を押しながら、両方から閉まろうとしている。私は一人で駅に取り残されそうになった。

「わぁーん」

私は、大声で泣いた。

すると、ゲートルを巻いた小父さんが、いきなり私を抱き上げると、車内に向かって高く差し上げて右左に私を見せながら、大声で叫んだ。

「どなたのお子さんですかっ」

ヒィッというような悲鳴が聞こえた。

「私の子どもですっ」

母の声が、電車の奥から聞こえて来た。

閉まりかけたドアが、また開いた。ゲートルの小父さんは、私を荷物のように、人々の頭の上に突き出した。満員であふれそうな人々は、みんな手を上に挙げて、私を取り込んでくれた。知らない人たちのたくさんの腕にリレーされて、私は電車の中へ中へと運び込まれていった。

ジリリリリ。電車は発車した。

私は、人々の頭の上から、席に坐っていた母の膝にすとんと下ろされた。無理やり乗り込んで、席は取ったものの、母は再び立ちあがることすら出来ずにいたのだった。母は、あちこちに向かって頭を下げ、すみませんすみませんを繰り返していた。

あの時、ゲートルを巻いた小父さんが、私を抱き上げて叫んでくれなかったら、私は戦争孤児になって、垢で汚れた顔をして昼は靴磨きをし、夜は地下道で震えながら寝ていたかもしれない。

そんなことがあってから、父は、私たちに東光院と疎開先の間を行き来させることを止め、代わりに、父自身が混雑を極める電車に乗って行き来するようになった。それで私は、藤井寺に移ってからは、夏休みになるまで一度も東光院には帰らなかった。

農園守の家は、山の中の一軒家といった風情で、斜め向かいに、同じ出口という名字の家が、ぽつんと一軒あるきりで、あとは広い池や桃の林があるばかりだった。

『四天王寺』昭和十五年第六巻・第八号（九月号）に、「夏の鍛練と生産に」と題して、「天王寺高等女學校報告」が載っている。

大鐵沿線藤井寺にある我が校の校外学園は、（中略）山を削って得た坦々たる三千余坪の高燥たる校地には、数十株の老松亭々として颯々たる松風は天籟を聞くが如く、一棟の瀟洒たる校舎は、松陰に蔽はれ、眼をあげれば、葛城・二上の連嶺は指呼の間にあり。北は芳草菌《ママ》（園の誤りか、筆者注）の如き大運動場を隔て、蓊蔚たる森林あり朝夕の爽快味は、都人士の想像も及ばぬ別天地である。また後庭に果樹あり、菜園あり花圃あり、四季折々の花は目を喜ばせ新鮮な蔬菜は常に口にすべく、夏季四十日間の鍛練修養は、全く『楽み』の一語に盡きると言つても過言ではない。

ついでながら、この修養道場に於ける献立は、

朝　味噌汁と香の物。

昼　交ぜ御飯とお吸物、香の物。又節米料理（蒸し馬鈴薯、麵類）

夜　牛肉と玉葱・馬鈴薯の煮付け、香の物。南京・がんもどき・ひき肉・隠元のカレー煮、香の物。

藤井寺へ行ってからは、食べ物も貧しくなった。ある時は、種芋だったジャガイモを分けて貰い、蒸して食べた。そのまま昼御飯だった。しかし、まだ何か食べられるだけましであった。敗戦後はときどき昼ごはん抜きなんていう日もあった。

兄はまた転校した。小学校は家からよほど遠かったようで、毎日、母が迎えに行っていた。

或る天気の良い日、母と私は、どこからともなく集まってきた近所の人たちと、野菜の買い出しに行った。なんでも、年寄りの男の人が班長さんとかで、四、五人で乳母車を押して、広い野原を横切って歩いて行った。

乳母車に南京や野菜やジャガイモなんかを山盛りにして帰る途中、また広い野原にさしかかった。その真ん中あたりを歩いていた時、ふいに後ろから敵の飛行機が急に現れたかと思うと、ギューンと音をたてて頭すれすれぐらいまで近づき、バリバリッと機関銃を撃って来た。機銃掃射や。逃げろ。班長さんが叫び、私たちは一生懸命、走りに走った。ずいぶん離れたところに小

高い山があり、山の端が削り取られて、赤土の地層が露出しているところに、黒い穴が二つ三つばかり見えていた。それが横穴の防空壕だった。班長さんは、あそこまで走れ、と叫ぶ。せっかく野菜がいっぱい積まれていた大切な乳母車を放り出して、みんなばらばら走り出した。母も私の手を引っぱると、一目散に駆け出した。幼い私にはまるで地の果てまで飛ぶような遠さに感じたが、とにかく一心不乱に走った。山肌に切り込んだ防空壕に飛び込むと、飛行機が戻って来て、また、近くの野原をバリバリと機関銃で撃った。土が抉れて跳ねた。

危ないところやった、助かった、と私を抱え込んでいた母が涙声でいった。

後年観た『禁じられた遊び』という映画は、この機銃掃射の場面からはじまる。あの時の私たちと同じ目に会っていると、ひしひしと身近に感じた。ひとつ間違えば私も、あの映画の主人公の少女ポーレットのように、見知らぬ土地で戦争孤児になってしまっていたのだ。

機銃掃射に遭って以来、父は私をどこへも連れて行かないように母に注意をした。それで、いつも一人でお留守番をするはめになった。母は、それからは天王寺へ行ったり、兄を小学校まで迎えにいったり、買い出しに出かけたりして、しょっちゅう留守をした。そんな時、私はいつも兄の勉強机の上の本立てに立てかけてある国語の読本を読む。それは私には楽しい遊びの一つだった。ある日、兄の本を読んでしまうと、つまらなくなってちょっと外へ出てみた。遠くへ行ってはいけませんよ、と言って聞かせられていたので、家の前の道をおそるおそる農園の方へ歩いてみた。すると、すぐ近くに大きな池があった。池のほとりに柳の木が生い茂っていて、そこに白いどろりとしたぼろぼろの袋が、いくつもぶら下がっていた。じいっと見ていると、その内の大きな袋の端が溶けて、とろとろと池の水の上に落ちている。近くへ行ってよく見ると、そこから丸い黒いものがうようよと動き出した。おたまじゃくしだった。池の縁はおたまじゃくしで、すっかり黒くなっていた。

翌日は朝から雨だった。私が寝坊をしていると、雨雨降れ降れ、田に畑に。子供はせっせと苗運び、小犬も駆けます田んぼ道――、と歌う声が聞こえて来た。楽しそうに母と兄が声を合わせて、歌っていたのだ。嬉しくなって、飛び起きて台所へ行った。雨なのに、なぜかとても明るい情景が記憶に留まっている。

その日の午後、私はまた一人でお留守番だった。

雨が上がったので、池まで行ってみようと表の道をあるいていくと、農園の入り口のあたりから、びっしりと小さな蛙が道にあふれていた。歩くと踏みつぶしてしまいそうになる。よく見ると、踏みつぶされて白いお腹をみせて伸びている蛙もいくつかいた。それでも、蛙たちは自分達で満員になっている道の上で、ぴょんぴょんと飛び跳ねていた。道全体が緑色になって、デコボコデコボコとお湯が沸き上がっているように見えた。

夜、お風呂に入ったら、タイルの湯船の縁に、小さな蛙が一匹、緑色の置物のようにちょこんと坐っていた。

そうして、戦争が終わった。

暑い日だった。

本坊から帰って来た父が、真剣な顔をして言った。

「これから、えらいことになるかも知れん。街はアメリカの兵隊が進駐してくる。女子《おんなこ》どもは安全な場所へ疎開したほうがええ」

私たちは、セザキという所に疎開することになった。

鉢巻きをした色の黒い船頭さんが、伝馬船をギイギイと漕いで、その度に私たちは右左に揺られた。

セザキという漁村は、本土とは地続きの半島の先なのだが、道がついていないので、孤島のように舟で渡る。

私にとっては珍しく、父も一緒の四人家族がそろった旅で、夏の日差しの中を、楽しく船に揺られて行った。戦争前に、東光院にいた織江さんという女中さんが、島根の半島の先、瀬崎の生まれで、是非、私たちに疎開してくるよう、奨めてくれたのだ。

織江さんが居たとき、私はまだ三、四歳ぐらいだったが、よく覚えている。出雲弁で、安木節が上手で、ときどき夜になってから私がせがむと、ドジョウすくいを踊って見せてくれた。その格好が面白くて、アハアハと笑ったものだ。

本土の海岸から、しばらく舟に揺られていると海のむこうに緑の島になったセザキが見えはじめた。つづいて海岸に大きな日の丸の旗がゆらめいていた。近づくに連れて、それは織江さんの弟の力男《りきお》さんが私たちを歓迎して、畳二枚ほどもある日の丸の旗を、全身で振っているのだとわかった。敗戦国になったのに、大きな日の丸の旗を振っていても、誰も咎める者もいないような、鄙びた小さな漁村だったのだ。

私たちが着くと、村中の人がまるで親類でもあるかのように集まって来て、にこにこして迎えてくれた。

みんな日に焼けて真っ黒な顔ばかりだ。

まっさきに、織江さんが飛び出して来て、私や兄を抱きしめて、よう無事でと、涙をながしてくれた。それから、父や母に、丁寧に頭を下げて、どうぞどうぞと浜から階段を登って、港のすぐそばの大きな家に案内してくれた。家は、がらんとして家具も何もない集会所のようなところだった。それでも東光院の奥の間より広く、明るかったので、走り回れそうで嬉しかった。

その夜は、村中の人が、その広い家に集まって来て、お刺身や焼き魚などを、大きなお皿に山盛り乗せて、酒盛りが始まった。私は、こんな御馳走は久しぶりだったので、お腹一杯たべた。織江さんが、そばにつききっていて、もっとたくさんお上がりと勧めてくれた。がつがつとした私たちを見るのが辛かったのかも知れない。

翌日、私はお腹痛を起こして、一日中寝ていた。私が元気になると、父だけ、また伝馬船に揺られて大阪へ戻って行った。浜で見送っている私たちの後ろで、力男さんは、父の船が見えなくなるまで、あの大きな日の丸の旗を振ってくれていた。

セザキの夏は、楽しかった。

ここでは、みんな働く。舟に乗せてもらって、底にガラスを貼った箱を、海の中へ突っ込んで覗くと、小さな魚や海の底のヒトデなどが見える。力男さんに、伝馬船に乗せて貰って、水族館のような海の底を見物した。力男さんは、銛《もり》で蛸を突いてみせてくれたりした。力男さんたちが舟に乗っているときは、かならず漁をしていた。浜には、おばあさんが坐っていて、藁で草履を編んでいた。漁から帰って来た男たちに、愛想よく、たばこにさっしゃい、などという。休憩《やすみ》なさい、ということらしい。ありがとう、はダンダンだった。とてもありがたいときは、ダンダン、ダンダン、とたくさんダンダンダンを言った。私は、そのおばあさんに、草履の編みかたを教わった。お陰で今でも、藁草履が編める。

陽気なおばあさんで、サマータイムになるという時、マッカサン（マッカーサーのこと）からッカサンか知らんけど、サンマタイムなんか勝手に決めてややこしい、などと大声で文句を言っていた。

そのおばあさんは、私を可愛がってくれて、村に一軒ある豆腐屋に連れていき、豆腐がどうしてつくられるのかを見せてくれたこともあった。湯葉が、豆腐の汁の上澄みからつくられることを、この時覚えた。

織江さんは、私に子供用の背負篭を背負わせて、裏山へ松ぼっくりを拾いに行く。山には松が生い茂っていて、足元に松ぼっくりがいっぱい落ちている。それを、手で拾って、ひょいと背中の篭に入れる。私は、なかなかうまく入らないで、こぼしてしまう。織江さんは、その度に、あははははと笑っている。その内に、いくつかはうまく投げ入れられるようになった。織江さんは、自分の篭が一杯になると、私の背中の篭に放り込んでいっぱいにした。松ぼっくりは、燃料にするのだ。

夏休みも終りに近づいたある夜、天井の上でネズミが大暴れをした。百匹もいるかと思われるような足音が、ザザザッ、ザザザザッと広い天井裏を端から端迄、走り回るのだ。まるで何かに怯えているようで、落ち着かない。こんなにたくさんネズミがいたのかとびっくりするほどの騒ぎようだった。

翌朝、伝馬船を漕いで連れて来てくれた漁師さんが、黒い顔でやってきて、ゆんべ、ネズミが暴れたやろ、嵐が来よるで、と言った。

その明くる日も、またその明くる日も快晴だった。

ところが、三日目に台風が来た。

山のような大きな波が、つぎからつぎへと堤防を乗り越えて、小さなセザキの漁港に入ってくる。私たちは、借りている家の窓から、昨日と打って変わって荒れ狂う海を、恐る恐る眺めていた。

その日、港には隠岐島へいく病院船が停泊していた。

漁師さんたちが、みんな浜に集まって来た。私たちを連れて来てくれた漁師さんも、力男さんもいる。強い風が吹き荒れ、ときどき粗い雨がザザッとたたく中で、小さな伝馬船に、力男さんが飛び乗った。その拍子に麦わら帽子が飛ばされて、空へ舞い上がった。兄と私は、わぁ、と思わず声を挙げた。

「あれ、力男さんやな」

　頼もしく思いながら私が兄に確かめる。

「そや。ごっつい、かっこええなあ」

兄も肩に力をいれ、窓枠を摑みながら見つめている。

力男さんは、小さな伝馬船を漕ぎだした。その舟を、波が高く持ち上げたかと思うと、つぎの瞬間、見えなくなった。口の中が、カラカラに乾いた。

するとまた大きな波が、力男さんと舟を持ち上げた。

兄と私は思わず顔を見合わせる。

少し進んだかと思うと、とんでもない後ろに舟が押し上げられたりする。それでも、だんだん病院船に近づいて行き、とうとう綱の梯子を摑まえて、雨合羽をばたばたとはたかれながら、登って行った。

　私たちは、思わず拍手をした。

甲板にたどり着いた力男さんは、一生懸命になって、黒い金属の鎖を手繰り上げている。おおきな錨が海から引き上げられていく。船を錨から解き放って、嵐の波に浮かべた。船を助けてから力男さんはどうするのだろう。私たちは、心配で目が放せなかった。

力男さんの乗って行った小さな舟は、どこかへ行ってしまっている。すると、力男さんは雨合羽をぬぎすてて、上半身裸になると、嵐の海にザブンと飛び込んだ。

抜き手を切って、堤防の先の岩にとりついた時は、また私たちは部屋の中で、力いっぱい拍手をした。

力男さんは、もともとがっしりとした骨格の人だったが、ますます大男のように見えた。それから、私たちは力男さんに、馴れ馴れしく物を言うのを、ちょっとためらうようになった。

台風が通り過ぎると、織江さんは私を連れて浜に出た。

海藻を拾うのだ。

台風のおかげで、荒い波が海の底に生えていた海藻などを根こそぎ刈り取って、浜に打ち上げている。その中で、食料になるものだけを選別して拾う。織江さんは、一本の長い茎の先に大きな茶色のカエデの葉が付いたような海藻を拾ってみせた。

カエデモドキの他にも、金魚鉢に入っているスギナのような藻も落ちていたが、そういうのは要らないんだという。

それにしても、台風が、こんなに海藻を運ぶなど役に立ってくれているとは。

「そうか。台風は悪いことばっかりするんやないんや」

私は、とても感心した。そして、少しでも織江さんの喜ぶ顔が見たくて、一生懸命歩き回って一本足のカエデモドキを捜した。浜には海藻だけではなく、木の枝やら瀬戸物のかけらやら、いろんなものが打ち上げられていたが、織江さんのいう一本足のカエデモドキの形をした海藻は、なかなか見つからなかった。織江さんが一、二本拾っただけだった。

海藻を捜して入り江を一巡りすると、二人で岬を回って隣の浜に出た。すると、そこには一本足カエデがいっぱいある。

「わぁっ、すごい」

思わず叫んで、私は足元の一本を拾い上げた。

織江さんはすぐ、私の手からそれを取り上げると、元のように浜に置いた。

それは、もう他の人が拾った一本足カエデで、浜いっぱいに干してあったのだ。

今度は、とても恥ずかしかった。世の中は、そんなに都合よく出来てるもんやない、とそのころから何となく分かってきたような気がする。

昭和二十年八月十二日の朝日新聞に「復興する四天王寺」の見出しで、つぎのような記事が掲載されている。

B29の劫火で五重塔をはじめ金堂仁王門など伽藍の大半を焼いた大阪の古刹四天王寺ではかねて五重塔ならびに仁王門の設計者京大名誉教授天沼俊一博士らが中心となって復興案を練っていたが大体成案を得たので近く着工することになった

同案によると焼失した五重塔、金堂、仁王門などの再建は当分望み得ないのでとりあえず五重塔跡に五重塔、金堂、仁王門などの瓦を集めて「塼塔」を建立せんとするもので同塔は五重塔が地上に現われているといった形を表象するもので基礎三十尺、高さ二十八尺、瓦で土饅頭のごとく盛り上げそのうえに請花と五層の九輪を設け四隅に龕をつくって四天王を安置せんとするものである（大阪）

三日後には戦争が終結するとも知らず、盂蘭盆会を迎える四天王寺は、それなりの対策を講じようとしていたようだ。室戸台風で倒壊した五重塔を、天沼博士の指導のもとに再建したときの責任者であった父は、この罹災後の伽藍も考え得る限りの最善の方策を以て復元したいと願い、再び同博士の指導を仰いだものと思われる。

父の性格から推し量って、古い伝統のある寺院の復興を、その場限りの応急処置で済ますなど、思いもよらなかったに違いない。

兄の記憶によると、私たちがこの島根県瀬崎の漁村に疎開していた期間は、夏の終り頃から秋の終り頃までかなり長期にわたったらしいのだが、正月は大阪にいたなぁという。兄は、国民学校二年のはじめから学校が閉鎖になっていて、勉強するような状態ではなくなってしまっていた。兄は、いわゆる早生まれだったので、同い年の人よりは一年早く学校に上がっていた。それで事実上学校が閉鎖されていた二年生を、もういちどきちんと学び直してはどうか、という父の意見で、新学期に入る翌年の四月まで、学校へはいかずにぶらぶらしていたという。

中途半端にしたまま進級せよなどと、父は決して言わない人であった。それで兄と私は一学年違いになった。

こんなところにも、父の生真面目な性格が反映されていたようだ。

手元に一冊の本がある。

タイトルは『欧米管見』、著者は市川圓常、昭和四年七月の発行である。

しかし、この本は、すべて父が代筆したものだ。

市川老僧が、昭和三年七月四日から十月二十六日まで、モスクワ・ドイツ・オランダのハーグのオリンピック開会式を観、ロンドン・パリ・イタリア・アメリカなどを歴訪した一代旅行記を見聞録としてまとめられたこの書物は、あたかも市川老僧自ら執筆した体をなしているが、老僧からの聞き書きや、手紙、日記などをもとに、また、同行した人たちから写真など資料提供を受けてつくったもので、著者に成り代わって執筆したことはつとに仲間うちでは知られるところだ。父の晩年の弟子など、きっと伴僧としてお供をされたに違いないと思い込んでいた程、臨場感にみちた内容で、写真一四二枚を掲載した、ケース付きのハードカバーの本である。

この本の出来ばえに僧正は大層喜ばれたと、父自らが語っていた。

父が、師匠になりかわってすべて書いた本だけに、序文には父の思想がはっきりと読み取れるので、一部を紹介しておきたい。

兩面を見よ、と申します通り日本の長所と短所を本当に知るのには、一度日本を離れて之を眺める必要があらうかと思ひます。成程種々な點で日本は著しく進出したと申しましてもまだ〳〵足りない點があります。又誠に皮相の見解のもとに誤つて彼等を摸倣してゐる所の多々あることを知りました。さうして動《やや》もすれば所謂新しい人々によつて忘れられようとしてゐる日本特有の點、これは日本の存立のためには一層助長さすことの必要を痛切に感じました。何と申しましても時の移りと共に世界の活動舞臺は半回轉致しました。その一方の支點は物質文明を代表する米國にあることは何人も否むことは出來ないと存じます。

師匠の外遊を詳細に記録し、後年には自分も二年間にわたり欧米に学んだ父は、大東亜戦争勃発には忸怩たるものがあったようだ。しかし、今日でこそ、軽々と、それではなぜ戦争に反対をしなかったか、と問責できるが、日本国民が戦争協力に積極的であった当時、世界情勢を良く識る海軍ですらまともな意見を通すことが出来なかった時代であった。異議を唱えただけで、非国民呼ばわりされた、ひとつ間違えば検挙されかねなかった。

それに、四天王寺は聖徳太子を奉じた教義に殉じていたため、詔をうけてはすなわち慎めという十七条憲法を、粛々と厳守するよりほかなかったのである。

後年、父は、「戦争がはじまったとき、おじいちゃんはどう思たの?」と、孫娘に質問されて、

「これは、えらいことになったなぁ。しかし、お上が戦争をはじめはった以上、ここはひとつ頑張らんといかんなぁ、と思うた」

と答えている。

往時としては珍しく欧米に留学し、それぞれの国力の実情を見聞していただけに、戦争をしか

けることの無謀さを実感しており、当時の一般の国民が、一斉に戦争協力に立ちあがったように、素直には賛同しかねていたというのが偽らぬ本音ではあったようだ。

だから、戦争が終わった時、四天王寺の七堂伽藍はことごとく焼き尽くされてしまったが、なんとか無事に家族を失うこともなく平和になったことを、心からほっとしていたことだろう。

さて、私たちが疎開先から東光院に帰ってみると、いつの間にか知らない男の人が一人住み着いていた。父とは、仲良しのお友達のようにみえた。

この人は浅野和男さんといい、翼賛壮年団の大阪市の四大支部長の一人だった。当時は、大政翼賛会が結成されており、大阪市二十二区を四区間に分け、浅野さん、中村広三さん、山田庄助さんと父・出口常順の四人がそれぞれ地区担当を命じられていた。当時は典型的な学歴社会で、山田さんは東大、父は京大なので、そんな事もあって、重責を担わされていたようだ。

食料不足の時代だったが、父は人を家に泊めることにはやぶさかではなく、むしろ楽しくて仕方がないような様子に見えた。

それでも食料の足しにするために、裏の庭に金網で大人が四、五人も入れるかと思われるような大きな小屋を造って、ニワトリを十羽ほども飼いはじめた。

朝、早く起きて裏庭に行ってニワトリの餌をつくるのは、父と私の役目だった。

母は、菜屑や草を混ぜたような緑色の葉っぱを私に手渡す。私は、それを菓子折の杉蓋を俎がわりにして、小さな先の欠けた古い包丁でトントンと刻む。父は、貝殻を庭の飛び石の上に載せ、金槌で細かく砕く。私が刻んだ葉っぱと混ぜる。

「もうちょっと糠《ぬか》をいれて……」

などという父の声はとても朗らかで、父と二人でせっせと働くのはとても楽しかった。

餌が出来ると、長い溝のような木の函に端から端迄まんべんなく分け入れ、ニワトリ小屋の戸を少し開けて、そっと押し込んで遣る。

アルミの盥《たらい》を小屋から取り出し、前日ニワトリが飲み残した水で内側を洗うと、父は、

「よっちゃん、水くんで来てくれ」

とデコボコの盥を私に渡す。

それから、小屋に入って行って、その朝産んだばかりの卵をそっと拾い上げると、待ち受けている私の掌に載せてくれる。私は、卵を受け取ると足元に置いた笊《ざる》にそっと入れる。鶏が逃げださないように戸を少しだけ開けて、小屋の中と外とでリレーのように卵を笊にいれるのだ。

「よっちゃん、落とさんように気いつけや」

「うん」

私は、卵に籠もっている父の温もりを、掌で大事に受け止めていた。

時々、田舎から自然薯が届いた。

そんな日は、朝早くから浅野さんと父が、芋をすってとろろ汁をつくる。父が擂粉木《すりこぎ》を回すと、浅野さんが大きな擂鉢を両手で支える。ときどき、擂粉木役を浅野さんと交代する。小学校

二年生を浪人中の兄は、冷えた出し汁をしゃもじで入れる役だ。

「そろそろと入れるんやぞ」

父の声に、兄は大きな玉杓子にいっぱいの出し汁を、慎重にすこしずつ擂鉢の淵へ流し込む。はじめは、つきたてのお餅のようにねばっていたとろろ芋が、だんだん薄く延ばされて、とろろ汁になってくる。

日本中が貧しく、生きていくだけで精一杯の毎日だったろうに、この頃の父は、ふっきれたように陽気だった。


この頃——、昭和二十年十月八日。

米国政府は今回日本の国教としての神道を廃棄せしめることに決定した旨正式に発表した、と新聞が報じた。

いわゆる信教の自由の宣言である。

「神道の特権廃止・個人の信仰は容認」と大きな見出しで、米政府公表を掲載している。

米政府は今回日本の国教としての神道を廃棄せしめることに決定した旨正式に発表した。今回の措置は日本を平和国家に改造するうへに最も徹底的な措置の一つであるが、それは個人として日本人が神道を信仰することを妨げないとされてゐる。しかしながら今後日本の神道は政府の支持を失ひ特殊献金を期待し得ず、諸学校における神殿を失ひ、国民に対して公に強制するやうなことはできなくなるわけである。右政策は国務省の極東部長ジョン・カーター・ヴインセント氏によって六日公表された（以下略）

つづいて、宗教法人令が同二十年十二月二十八日に公布され、即日施行された。

ＧＨＱ（連合国軍最高司令部）は、神道をもっとも警戒したと同時に、キリスト教の布教にも力を注ぐべく、宗派を問わず、あらたに教団を設立するのに便宜を計ったものと思われる。

宗教法人令（昭和二十年勅令題719号）

第一条　神道教派、仏教宗派及基督教其ノ他ノ宗教ノ教団並ニ神社（神宮ヲ含ム以下同ジ）、寺院及教会（修道会等ヲ含ム以下同ジ）ハ本令ニ依リ之ヲ法人ト為スコトヲ得

第二条　教派、宗派、又ハ教団ヲ設立セントスル者ハ教派、宗派、又ハ教団ノ規則ヲ作ルコトヲ要ス

（中略）

第七条　宗教法人成立シタルトキハ成立後二週間以内ニ主管者ニ於テ規則並ニ主管者ノ氏名及住所ヲ教派、宗派及教団ニ在リテハ文部大臣ニ、神社、寺院及教会ニ在リテハ地方長官ニ届出ヅベシ（この法人令は十八条からなり、昭和二十六年四月三日の宗教法人法の制定により、廃止された。）

宗教法人令が勅令七一九号として公布されるや、四天王寺は直ちに、比叡山から独立するべく動きはじめていた。

当時、貫主は田村徳海、山内《さんない》は事実上四ヶ寺（中之院・森田潮應は四月大阪空襲の直後遷化、一音院・坂本実哲、浄専院・吉田秀映、吉祥院・塚原徳応、東光院・出口常順）で協議された。始めは、聖徳宗や太子宗などの案も出たそうだが、結局、十七条憲法の第一条、和を以て貴しとなす、からとった「和宗」の案が、田村貫主の決裁により採用されることになった。

年明けて、一月二十二日、四天王寺は天台宗からの独立宣言を発表する。

これは、英文と日本文で書かれているが、ここでは日本文のみを転載する。

「四天王寺独立宣言」

一、四天王寺は、和国の教主聖徳太子の建立にして日本仏法最初の霊場なり、故に、本寺草創の精神に顧み、中古以来の宗派竝に本末関係を離脱し、新しき時代の進展に順応して、自由民主の立場より独立寺院として立つ。

二、四天王寺は、聖徳太子の創始に係る四小箇院の社会事業の継承発展に努め、以て在家菩提道の成就に直往邁進すべし、而も純真なる伝統的信仰は之を尊重し、厳粛なる公私法要、清新なる布教講演にはもとより是に力を致し、新日本建設のための文化運動に尽瘁す。

三、四天王寺は、聖徳太子を始祖と仰ぎ、太子の恭敬礼拝せる救世観音を本尊に戴き、太子講讃の三経典竝に十七条憲法を始として一切の大乗経典を自在に所依とし、真俗一貫以て真実の信仰に生くべし。

四、四天王寺は、以上の如く自主独往すれども、汎く天下の寺院教会その他の諸団体と、明朗闊達なる民主主義的立場より、連盟協和して活動すべき用意あり。右宣言す。

昭和二十一年一月二十二日

これとほぼ同時期に「四天王寺寺院連合綱領」をも発表した。

一、封建専制主義を排して時事自由民主主義を採り、本末宗支の搾取隷従関係を打破して連合協和の公議興に基くを旨とす。

にはじまる、四箇条の主旨を纏めたものである。

比叡山延暦寺の末寺として、その配下にあった四天王寺の独立宣言は、仏教界を震撼させるに足る出来事であった。

昭和二十一年一月二十五日の朝日新聞は、「四天王寺天台宗脱退」をつぎのように報じている。

〔大津発〕大阪四天王寺が突如天台宗から分離の声明をした、表面の理由は封建仏教の開放であるが、同寺住職専任法が由来同寺の希望通りゆかないためである。なお同宗には延暦寺、円城寺、西城寺三法流があり、その分離も必至の実情、総本山延暦寺では末寺の四天王寺脱退に関し二十二、三両日も協議会を開いているが結論には達していない。

大津支局が得た、地元延暦寺からの情報は、かなり具体的、かつ内情に通じた内容といえよう。また、総本山として君臨していた延暦寺側のうろたえぶりも、よく読み取れる。

田村貫主は、昭和十八年に青蓮院から四天王寺に、唐突に赴任してきた人である。

それより前に、四天王寺では次の貫主は市川圓常大僧正と内定していた。にも関わらず、突然の田村徳海の貫主就任は、東伏見家から出家者が出来《しゅったい》し、直ちに青蓮院の住職に着任したために、先の住職であった田村僧正の居場所がなくなったからだ。そこで、同じ天台宗の末寺の四天王寺貫主に移行されたかたちになったのである。

父の師、市川圓常という人は、その清廉潔白、誠実真摯な資質にもかかわらず、よくよく四天王寺管長には縁のなかった人のようである。

エピソードは多い。

質素倹約・質実剛健という言葉がまだ実際に生きていた頃、その実践者の権化のような人でもあった。母が嫁いできた頃、市川僧正は東光院の北西の一画に住まいし（私たちはここを離れと称していたが、東光院とは同じ屋根の下にあった）、質素倹約の毎日を送っていた。僧正の食事は黒塗りの猫足膳にのせて、この離れに母が運ぶ。僧正は南面して一人で召し上がる。その膳と僧正の坐る座布団の下は、畳が傷んだり汚れたりすることを惜しんで、古新聞を敷いて置くのだそうだ。食事が済むと、その敷いていた古新聞を畳んで、翌日のためにしまっておく。数日して、その敷物の古新聞が傷んでほころびると、その古新聞のほころびを、小さくきった古新聞で繕う。

裕福な呉服問屋から嫁いで来た母は、かなりカルチャーショックを受けたようであった。小学生だった父の着物が、柔道着のように繕いで分厚くなっていたのも頷ける。

その市川僧正は、往時の四天王寺貫主・吉田大僧正を扶けて、毎晩遅く迄出仕していた。東光院から、小僧の父が使いに出される。もう、夜のご飯を頂いてもよろしいでしょうか、と本坊の貫主の部屋まで師匠にお伺いをたてに行く。すると、「子供達（弟子達のこと）は、晩御飯を先に食べ、寝てもよろしい。岡田さん（夫人を師匠は終生苗字でよんでいた）は、待っているように」と、判を押したように答えたという。

吉田大僧正も、四天王寺のために昼夜を分かたず努力した人で、市川僧正を側近として非常に信頼されていた。それほど尽力した人だが、あまりに質実剛健で周囲の僧侶からは煙たい存在であったようだ。したがって、吉田大僧正が遷化されると、山内の僧侶達がこぞって市川僧正をあげつらい、排斥するようになる。

市川僧正が、四天王寺東光院院主と谷汲山華厳寺住職を兼務していたことから、どうしても月の内、二日間は岐阜の山奥の谷汲山に出向かねばならない。谷汲山は観世音菩薩が本尊で、その縁日の十八日には、華厳寺での法要を欠かすことは出来なかったのである。

吉田大僧正遷化の後、春の彼岸の十八・九の両日を空席にしたかどで、一山僧侶は市川僧正を弾劾する。市川僧正は、やむなく谷汲山華厳寺の住職のみを自らの職責とし、弟子の出口常順を東光院院主に推挙し、その許可を唯一の条件として東光院院主を辞職した。

時に出口常順、満二十八歳。京都大学大学院に入学した許りであった。

市川圓常は、明治六年四月二十二日、愛知県知多郡西浦町大字西阿野に生まれ、幼名を常太郎といった。明治十七年、十一歳で得度をしている。得度戒師は、親類縁者でもあったのだろうか、同じ市川姓の高讃寺住職・市川慈明という人である。翌十八年に尾張国の天台宗中学林に入林、翌年廃林につき退林、そのあと、つぎつぎと中学林に進学するも廃林など相次ぎ、ついには京都の関西聯合中学林に入り二十五年、実に八年もかけて全科を卒業、すぐ尾張中学林助教授として入林し、ここが廃林になるまで「傍ら学業研究をなす」と記録されている。

住職歴は、生家近くの高讃寺が最初で明治二十三年に就任。圓常数え年二十歳から、この寺に十六年奉職する。明治三十九年に、大阪市南区天王寺元町の四天王寺東光院院主を拝命する。これ以後、父壹平を始め、多くの弟子を育てるのである。

特筆すべきは、その弟子の多さであろう。

天台宗総本山総務庁の書類には、十二人まで記載欄が設けられているのだが、そこに紙片が二枚も貼り足されている。

第一弟・出口常順、第二弟・大竹圓明、第三弟・永田圓守、第四弟・加古圓敬、第五弟・佐野圓忠……、最後は第二八弟まであった。

父は、市川師に「四天王寺は代々名前の下に順がつく。わしの下の字を一字やろう」といわれ、僧名を常順とされたという。しかし、あとのお弟子さんたちの名前をみると、師匠の上の字の圓を貰っている人のほうが多い。

こうして市川僧正は、四天王寺の東光院住職を第一弟子の出口常順に譲り、谷汲山華厳寺の住職との兼任は解かれたかたちになった。

それから四天王寺の住職は、三千院から塚原大僧正が着任する。塚原大僧正遷化の後、市川僧正は、捲土重来を期して四天王寺住職の選挙に出馬する。

この時の父の挨拶回りが、後に外遊のチャンスをもたらすのだが、ここではまだ触れないでおく。父の尽力も虚しく市川大僧正は選挙に敗れ、方広寺（秀頼のつくった梵鐘に家康の名前が分けられて入っていたとして、豊臣家滅亡のきっかけをつくったとされる問題の寺）から、選挙に勝った木下寂善大僧正が着任。しかし、その次に着任した武藤舜應大僧正遷化の際、次の住職は市川大僧正と内定していた。その人事がまた宮家の出家で急変することになる。

これらの事実をどこまで把握していたのか、朝日新聞の記事（92頁参照）は、あたらずとも遠からずといった論評を加えたものであった。

ある寒い日だった。

お酒の特配（特別配給）がある、と母はいつものように私を使いに出した。

「お母ちゃんは、忙しいから、善子、六時堂に行ってきなさい」

私は、東光院のすぐ前の六時堂へ行った。

白いエプロンをした知らない小母さんや、軍服の小父さんらが十人あまり居た。町内の人たちのようだったが、私の知っている人は誰もいなかった。

私が行くと、

「東光院さんが、来やはった」

と言い、

「とうちゃん、籤、引いてちょうだい」

とせっかちにいった。

私は、どうしていいかわからない。

すると、知らないエプロンの小母さんが、どこでもいいから指で押さえなさいという。六時堂の回向台は、背伸びをしてやっと目の高さだ。どうやら、そこには紙が置いてあって、ドウナツのような図が描いてあり、それが幾つかに区切ってある。私は、精一杯背伸びをして、ようやく一番近くの囲みを指で押さえた。すると、もう一回、浅野さんの分も籤を引けと言う。手が届かないので、かろうじて隣のドウナツの切れを指した。そのあと、そこにいた皆がそれぞれ思うところに自分の名前を書いていった。

あとで分かったのだが、真ん中の空白は隠してあったのだ。そこに置いてあった白い紙を取り除くと、皆の名前の書いたところに「アタリ」や「ハズレ」などが書かれていたらしい。

「二本とも、とうちゃんとこに当たったわ」

エプロンの小母さんが叫び、周りの人がざわついた。清酒は、町内にたった二本しか配給されなかったらしい。それを全部、私が引き当ててしまったらしい。

その晩は、父と浅野さんは上機嫌だった。

「紅もゆる丘の花――」

父が、歌う。浅野さんが合唱する。

次に、浅野さんが、

「オオ、明治～」

と自分の母校の校歌を大声で歌う。父が、声を合わせる。

浅野さんと父は手拍子をうちながら、まるで学生に戻ったかのように陽気に蛮声を張り上げている。

その日の手柄は、籤を知らなかった私が立てたのだ。

私は、父のじょら（あぐら）を組んだ脚の中に坐って、一緒に手拍子を打って楽しく揺れていた。

「そうか、善子が引き当てたんか」

にこにこしている父の顔をみあげると、久しぶりの日本酒に、真っ赤になっててらてら光っている。

「お父ちゃんの顔、まっかっかや。まるでべんずりさんみたいや」

皆が、どっと笑った。

「賓頭盧《びんずる》さんのことか？　そうか、そうか、べんずりさんみたいか――」

父は、私の頭を撫でながら、上機嫌で笑っていた。

その時、父の胸の中にあった重大な決意を、幼い私は知るよしもなかった。

4 藪の中

大きな茶色の革の鞄をドカッと畳の上に投げ出すと、兄の斜め前の座布団に横座りをして、私はほっとため息をついた。

今朝、電話をかける前は、もし、兄に反対されたらどうしようと、内心ひやひやしていたからだ。

「え？　オヤジの伝記書くんか。まあ、わしで分かることやったら何でも話したるで。お前よりは、オヤジのことは良《よ》う識っとるからな。いろんな話も訊いとるし、何ちゅうても、長年、東光院にいっしょに居《お》ったんやから」

案に相違して兄の好意的な応答に、心底《しんそこ》ほっとした。

それというのも、父は、自分のことを自慢したり、宣伝がましいことをいうなどもってのほかで、もっとも浅ましく恥ずかしいこと、といった思想の持ち主だったからだ。

私がまだ学生だった頃、二十畳の広間の床の間に一行書きにした細長い軸を掛けながら、父が話してくれたことを、昨日のことのように覚えている。

軸には、漢詩が書かれていた。読みくだすと次のようになる。

春蘭は美人の如し、採らざれば自ら顕ずるを恥ず
「見てご覧、善子、ええ字やろう、衒《てら》いのない上品で静かな筆法やなぁ」

この時、書家の名も聞いたのだが、残念ながら覚えていない。

それから父は、墨染めの衣の衿に輪袈裟を添わせて胸の前に垂らした姿で、書の前に正座すると、自らを諭《さと》すような口調で続けた。

「字もええが、書いたある言葉がまたええ。この美人ゆうのはなぁ、なにも別嬪さんという意味ではないのやで。心の美しい人というような意味や。他人さまが綺麗やなぁいうて褒めてくれるのならともかく、自分から目立つようなことは決してせえへん、という意味や。人は、こうでありたいものや」

穏やかな父の表情が、ありありと目に浮かぶ。

兄はむろん、そんな父の意向を知らない筈はないし、彼自身、多分に父によく似た気質を受け継いでいて、すこぶるシャイだ。だから伝記を書くなど「そんな烏滸《おこ》がましいこと、オヤジは喜ばんぞ」と一蹴されないとも限らない。私の気持ちの中にも、謙譲だった父を知っているだけ

に、忸怩たるものがあったのも事実だ。しかし、勇を鼓舞して、今、私が書いておかねば、という義務感を優先させた。

それにしても、兄が意外に協力的な姿勢をみせてくれたので、私の気持ちも励まされて早速、実家・東光院に出かけてきたのである。

春宵迫る四天王寺の境内は静かで、すでに人影はなかった。

裏門から離れに行き、先ず母に会った。

母は、この年（二〇〇〇年）九十歳。

ほとんど終日ベッドに在って、眠ったり覚めたりで、見舞いに来る人を識別出来ない時もあるが、私が「お父さんの伝記を書かせてもらおうと思います」と話しかけると、いつになくはっきりした口調で「それはありがたいことです」と言ってくれた。

私は、丁寧に辞儀をした。

これで、気兼ねなく父のことを書ける。

鞄の中には、携帯用の録音機とテープ、スペアの電池も放り込んである。メモのノートも用意した。

夕食の後片付けを途中にして、兄嫁が薄茶を立ててくれた。

兄は、さっきからワインを飲んでいたらしい。早速、質問を開始する。

「お父さんが、はじめて大阪に来たのは何歳の時やった？」

「十歳やろ」

「昔のことやから、数《かぞ》え年やろ？　数えの十歳ゆうたら、小学校の何年になるんやろ？」

「オヤジは、四年生のときや言うとったで」

「ふうん、そいで始めは中之院に行くつもりやったんやろか」

「行くつもりやのうて、実際に行っとったんや」

「うそやぁ。お母さんはそんなこと言うてなかったで」

　母から聞いていた話は次のようなものである。

　親類の人に連れられて、大阪四天王寺に来たものの、想像以上に境内が広くて、中之院がどこか分からず、うろうろしている間に日が暮れてきた。そこへ、たまたま通りかかった東光院の住職・市川《いちかわ》僧正が、途方に暮れていた二人に声をかけてくれた。そうして、お腹が空いているだろうと、うどん屋に連れて行ってご馳走してくれた。そこで、中之院に弟子入りするために上阪してきたと説明すると、通信簿を見せるようにいわれた。全甲だったのを見ると、僧正はそのまま私の弟子にしてやるといって、東光院へ連れて行ってくれた。それで初期の目的とは違って、東光院の弟子になった。

「まるで〝一杯のかけ蕎麦〟の世界やねぇ」

　兄嫁が、ソプラノの美声で揶揄する。

「ちがう、ちがう、なに言うてんねん」

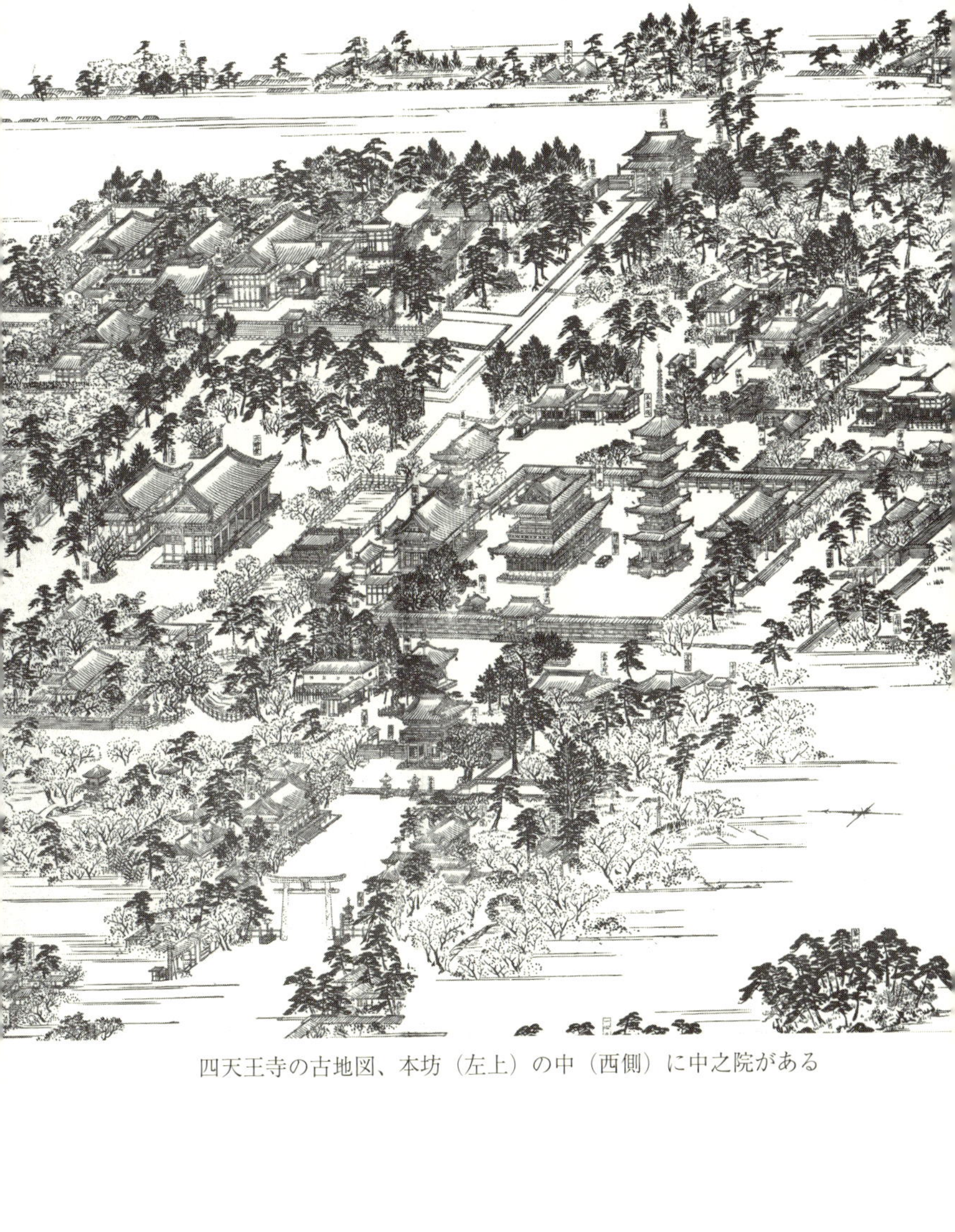

四天王寺の古地図、本坊（左上）の中（西側）に中之院がある

兄は、右手のグラスを大きく左右に振って、とんでもないという仕種をした。

「オヤジは、始めは中之院に行っとったんや。中之院は大きな院やから、初めて入った時怖かった、て、オヤジ、ゆうとったよ。当時の中之院の住職は、村上いう人で、その人の弟子で、次の住職になった森田さんがオヤジの遠縁にあたるんや。それで、その頃はまだ弟子やったその森田ゆう人を頼って、愛知県知多半島の田舎から出てきたんやろ。しばらくは中之院に居ったらしい。東光院の市川僧正は、中之院さんとは碁仇でなぁ。しょっちゅう碁を打ちに、中之院に出入りしたはったらしい。そこで、こんど新しい弟子が来た、という話が出て、通信簿を見ると全甲やし、市川さんはまだ一人も弟子が居らんかったから、オヤジを弟子にしたいと思いはったらしい。それで、遠足の時かなんかの朝に、東光院からご馳走の詰まった弁当が届いたんやそうや。まあ、餌で釣ったようなもんやなぁ。そんなこんなで、オヤジも子供やったから、東光院へ行ったらご馳走くえる思たんかもしれんなぁ。結局、市川僧正の弟子になったんや」

「ほんまかいな」

「ほんまやて。昔はなぁ、中之院は本坊の中にあったんや、そやから中之院ていうんや。山内《さんない》でも一番大きな院でなぁ、今の五智光院へ行く太鼓橋みないな渡り廊下があるやろ、あれは中之院にあったもんや。それから本坊の奥の納仏《ないぶつ》、知ってるやろ、あれも、元は中之院の納仏やったんを移したもんや」

「へえぇ、それやったら、中之院ゆうのは相当大きな院やったんやろうなぁ、そやけど、なんでお母さんはあんな話をしたんやろ？」

「聞き違えたんと違《ち》ゃうか、わしの話のほうが確かや、て」

「それはそうと、お父さんは、子どもの頃、壹平《いちへい》ていう名前やったんやねぇ」

「そうや、中川壹平や、わしらのお祖父さん、オヤジの親父やが、その人の名前が八平で、長男が八郎、次男が七郎、三男が六郎、四男のオヤジが壹平や」

「なんでも、村で出世した人が壹平ていう名前やったから、あやかるようにて、壹平にしたんやて」

「ちゃうちゃう、その話は、オヤジが大阪の四天王寺で小僧から管長までなって、一応、出世したさかいに、仁智朗さん（叔父、父の弟）が自分の長男に壹平て名前をつけたいうことや。その子は、早よう死んでしもたけどな」

「うそやぁ、そんなら、なんで長男の八から始まって、なんで急にイチになるんよ」

「お祖父さんは、そうとう変わった人やったらしいで」

「うん、従兄弟連中もみんな、そういうね」

「あいつら、お祖父さんが家《うち》のオヤジを出口家の養子にしたいうて、文句言うとるやろ。田舎で、伯父さんが四天王寺の管長になった、いうたら自慢できるのに、中川姓とは違《ち》ゃうからな、説明すんのん面倒《めんど》くさいしな」

「そうや。お祖父さんは勝手な人や、なんてゆうてたよ、そやけど、私は、お祖父さんがお父さんを出口の養子にしたのは、気まぐれやない思てるよ。こないだ正岡子規の本読んでたら、当時は、長男は兵役を免れたから、次男以下の男の子を跡取りのない家に長男として養子に出した、という話が出てくるんよ。そやから、たぶん、お祖父さんは男の子が沢山あったから、出来るだけ兵隊にとられないように、と考えてやりはったことやと思うわ」

「まぁ、そういうこともあったかも知れんな」

「そうやで。この間も通《とおる》さん（父の弟・仁智朗の次男）にそんな話したら、そんならお祖父さんは出口の伯父さんだけは兵隊にやりたくなかったんやろうか、なんて言うてたから、そんなことないと思うよて言うといたんよ。そしたら、清作《せいさく》さん（仁智朗叔父の長男）のとこへお盆で墓参りに行った時に系図をみたら、仁智朗叔父さんも、中川なんとか言う子どものない小母さんとこの養子になってたんやて。その人は、べつだん資産家でもない独《ひと》り者《もん》やったそうや。たまたま名字が同じ中川やったから、養子に出してあったんがわかれへんかっただけや。それではじめて、お祖父さんは財産目当てで出口家に養子に出したのでもないし、一人だけ兵隊逃れをさせたんでもないて、納得してたみたいや」

「オヤジは、出口家の財産なんか一文も貰ろてない。なんでも、ぼろぼろの羽織袴一揃え貰ろただけやそうや」

「お祖父さんには、面白いエピソードがいっぱいあるけど、そんなに奇態《けったい》なだけの人やなかったと思うよ、頭のええ人やったと思う」

「オヤジも、勉強は好きやったみたいやな」

「そうそう、小学校のころ、朝、まだ寝てるところを、お兄さんらに、もう学校が始まっとるで、なんて起こされて、びっくりして起きたら、もう遅刻してる時間やから、ワァーンと泣きながら学校へ走って行ったら、誰も居てない、よう考えたら日曜日やった、て、聞いたことあるわ」

「ちゃうよ。兄さんらが、学校が大好きな壹平をからこうてやれというんで、時計を二時間ほど進めといたんや。そいで、おいもう遅刻やぞ、なんて、びっくりさせよったんや、飯も喰わんと、かばんだけ持って走ってったら、学校の門まだ開いてぇへん、小使いのおじさんに、どないしたんや、まだ早過ぎるで、て言われはったんや」

「それ、日曜日のこと違《ち》ごたん？」

「ちゃうて」

「ほんまかなぁ、それはそうとお父さんが生まれる前に、お祖父さんの八平さんが、こんど生まれる子が男やったら、お前のとこへ遣るて、子どものない家に約束してはったんやてなぁ、そんで、産まれてすぐ持って行ったら、もうよそから子供を貰ろたから要らんて言われて、持って帰ってきはったんやて」

「それは、家《うち》のオヤジのはなしと違うよ。仁智朗叔父さんのことや。わしは、仁智朗叔父さんから直接聞いたことがあるんや。生まれてすぐ何処かへやってしまわれたのを、お母さんが取り戻しに行きはったんやて。あの時、取り戻しといてよかったなぁ、て、大きなってから、お母さんが仁智朗さんに言わはったんやて」

「なんで、こないに話があっちゃこっちゃしてるんやろう、ついこないだ（この間）まで生きてた人らの話やのに、わかれへんことが多いな」

「わしが言うてるほうが、正しい、て」

「そうかな」

「そうやて、わしのほうがよう識っとる」

兄は自信満々だ。

しかし、半信半疑だった部分を、意外なものに説得されることになった。

それは、明治時代の四天王寺の鳥瞰図で、そこには、なるほど中之院は本坊の一画に含まれており、東光院よりも遥かに大きい院として描かれていた。

「とにかく、中学校へ行きたいか、て、お祖父さんに聞かれて、行きたい、て答えたら、そんなら、大阪へ行けて言わはったんやてね」

「えっ？　そんな話は、わしは聞いとらんぞ」

手元にセピア色の一葉の写真がある。

山水画の六枚折屛風を立てた玄関らしい縁に、夫婦と子供三人が立っている。裏には、繊細な筆文字で、明治四十一年八月、右から順に、八平、仁智朗五歳、壹平九歳、いく、志づ十一歳と書かれている。八平の筆跡である。

三人の子供はいずれも絣の着物に袴を付け、足袋に下駄といった出で立ち、両親に挟まれて立っている父・壹平は右手を母の着物の膝に、左手は父の袴の膝に置いている。幼い仁智朗叔父は、父親の膝の間に凭れて立っている。

繻子の羽織をぞろりと着て、寺へ孝経の講義を聞きに行っていたという、祖父の若き日の面影は細面で、神経質そうな目をしている。逼塞してから、産婆の資格を取って家計を助けたという、しっかり者の祖母のいくは丸顔で、両手を膝の上にきちんと重ねて、おちょぼ口だ。

おそらく幼い父が、両親と共に過ごした最後の夏のものであろう。

私が父の伝記を書こうとしている事を知った古泉圓順さん（四天王寺国際仏教大学教授・父の一番弟子）から、思いがけず「出口常順師聴き取り」の録音テープ上・下二巻を貰った。

そこには、圓順さんの質問に答えるかたちで、幼年期から、専攻した学問のことまで詳しく話している、晩年の父の肉声が録音されていた。

録音は一九八〇年というから、父、八十歳。

「まずお生まれからお訊《き》きしたいと思いますが、生年月日は何年でございましょう」

「明治三十三年の十一月七日」

「お生まれになりました場所を……」

「愛知県知多郡武豊《たけとよ》町小向《こむかい》、中川八平《はちへい》の四男や」

会話の合間に、しきりに蝉の声がする。

「小さい時のお名前は？」

「壹平《いちへい》というたんや」

「八平の子供のイチ平ですか？」

圓順さんの声が笑っている。

「いや、それはな、わしの祖父《じい》さんが、大高《おおだか》という字《あざ》に壹平という人がおって、その人がえらい出世をしたから壹平という名を付けとけ、て、そう言わはったんや。わしは、その壹平という人を、実際には知らんのや。じいさんの八兵衛さんがそういわはったんや」

「その、お祖父さんの名前は、やはり出口八兵衛ですか？」

「いや、中川や」

「ああ、中川ねえ」

圓順さんは不審そうな声だ。

「皆、中川の生まれや」

「すると、管長さんのほうは出口ですか」

「いや、それは後に出口の家を継いだんや。もともとは中川姓や」

父の系図については、郷里・愛知県知多半島武豊の中川本家の跡取りの従兄・猛（父の兄・八郎の三男）さんから、公用の書類を貰って、詳しいことを知ることが出来た。

それによると、父の祖父（私たちの曾祖父）の中川八兵衛には、水三郎・喜平・八平と男の子が三人いた。

長男の水三郎はかなりよく出来た人だったというが、八兵衛は森田家に養子に出している。八兵衛は、長男よりも頭もよくしっかりしていた次男の喜平を、跡取りにさせる心づもりをしていたらしい。田舎の周囲の人達も「喜平さんが跡取りなら中川家も安泰や。三男の八平さんが跡取りでのうてよかったよ」と陰口を利いたという。

録音の中の父も、それに言及している。

「当時は、兵隊逃れいうのがあったんやが、八兵衛じいさんは、三男の八平はどもならんやつやから、兵隊にでも行って鍛えてもらえぐらいに思てたらしい。なにしろ、じいさんは一人で財産をつくった人やから、頼りないのには家督を継がせとうなかったんやろう」

ところが案に相違して、期待されていた喜平さんは、若くして（明治八年・一八七五）亡くなってしまい、仕方なく八兵衛さんは、困りものの三男の八平さんに家督を継がさなければならない破目になってしまった。

「それが、わしの親父《おやじ》や」

父は苦笑いをしている。

案の定、父が小学校に入る頃には、家は逼塞してしまっていた。

圓順さんの質問は続く。

「小学校はどこへおいでになったんですか?」

「小学校は、武豊尋常小学校。ここの二年生が終わった時にな、森田さんが、武豊の家に来《き》やはった。この森田さんゆうのはな、今の中之院の前《せん》におった人や。その森田さんは比叡山の三年生やったんや」

「叡中《えいちゅう》(比叡山中学)の?」

「そうや。その森田さんが、郷里に帰ったついでに武豊へ来て、親父(八平)に、大阪の四天王寺に居って、そして中学校三年生で、なんて話をしたんや。当時、中学校ゆうたらな、村ではたいがい二人か三人しか行けんかったんや。それで、親父が、寺にやったら家《うち》の壹平も中学へやってくれるか、て、森田さんに聞いたらしい。大阪へ行く話は、その頃に森田さんと親父が勝手に決めてしもうたんや。」

「森田さんて、先代の中之院の森田潮應《ちょうおう》さんでしょう、潮應さんも、やはり愛知県出身ですか?」

「潮應さんは隣村で、親戚や、遠い親戚や」

「ああ、そうですか。やはり、武豊町?」

「いや、富貴《ふき》いうて武豊より半里下《しも》や」

後に、中之院住職になった森田潮應という人は、中川八平の妹の夫・森田弥三郎の従弟にあたり、十歳になった父は、この人につれられて大阪へ来たらしい。

そのくだりを、父はこんな風に話している。

「森田さんに連れられて、天王寺駅に着いたんや。天王寺駅ゆうても、わしは西も東も知らんがな。そしたら森田さんが、人力車を拾いはってな。森田さんとわしが人力に乗って、荷馬車にわしの行李を積んで馬が車を引っ張って、そうして中之院に入ったんや。中之院は森田さんの前は村上さんがいたはったんや。そこから、天王寺第一尋常小学校に通うことになったんや」

「今の大江小学校ですな」

「そうや、じきに、東光院の市川さんが中之院に来て、こんど来たのはどんな子や、いうて、猫の子を調べるみたいに、しらべてな。それから、通信簿もってこいていわはったんや。そいで全部甲やったのを見て、この子、わしとこへ貰ろてく、いわはって、東光院へ行くことになったんや。そうそう、その前に箕面公園へ遠足があってな、その日の朝、中之院で、てっぽうずし言《ゆ》うてな、海苔の上にご飯をのせて、なかにジャコかなんかを入れて作るんやが、それを作ってたら、東光院から折に入った立派なお鮨が届いたんや」

中学校へ行きたい——その一念で、十歳で両親の元を離れ遠い大阪の地へやってきたものの、壹平少年は、戸惑うことも沢山あったという。

「言葉も習慣もちがうやろ。学校へ行ったらすぐ、菜の花を写生せい、いわはんのや」

田舎の小学校では、絵なんか描いたことはなかった。それでも一生懸命、写生をして提出した。父は、絵をうまく描いたと思う。筆で友人の似顔絵などを描いたものが残っているが、達者なものだ。

四年生を終えて転校して、二学期には勉強では一番になっていて、三学期には級長をした、と録音テープは語っている。

「得度《とくど》（剃髪して僧侶となること）はいつなさったんですか」

「明治四十四年や」

「それやったら、四天王寺へおいでになってすぐですね」

「そうやな」

「戒師《かいし》（得度をさずけた人）はどなたですか？」

「吉田大僧正（四天王寺大僧正）や」

東光院の市川僧正は、僧名を圓常という。

「市川僧正から、圓常の下の字の常を一字、お前にやる、といわれて、歴代の四天王寺の僧は、順が付くから、常順となったんや」

「常順さんは、運動会ではいつも一等やった。わたいは、いつでも一生懸命応援してな。一等になると、あれ、うちの子ぉですねん、て周りの人に自慢したもんや」

そういえば、おばあちゃんは、ついさっきの出来事のように目を輝かせて、よく話してくれたものだった。

「それに引き換え、圓守《えんじゅ》さん（市川僧正の三番弟子）はな、いつでもベベタやねん、わたいは恥ずかしいから、そんなときは小《ち》っちょうなってるねん、常順さんの番になったら、ちょっとすんません、次、うちの子ぉが出まんねんわ、言うてな、一番前まで出て手たたいてなぁ」

おばあちゃんの嬉しそうな声が、今も聞こえる。

私たち兄妹が、おばあちゃんと呼んで慣れ親しんでいた老婦人は、市川僧正の奥さん（当時は妻帯禁止のため別姓）で、名前は岡田トキさんといい、私たちの実の祖母ではない。しかし、とてもやさしく温かい人柄で、父を本当の息子と思っていた節がある。師匠と弟子という階級を取っ払って、私たちのことも本当の孫と思い込んでいたようで、とても可愛がってくれた。

ところで録音テープには、兄も私も聞いたこともない話が出てきた。

「明治四十五年、六年生のとき明治天皇がご病気になられたので、学校代表で天王寺公園へ平癒祈願に行った。七月に崩御されて十一月に桃山御陵へ、これも代表でお参りにいった。そのとき文章を書かされたな。そして明治から大正になった。小学校は大正二年に卒業や、それから天王寺中学に入った」

当時の天王寺中学は、かつての大阪外大跡、現在の国際交流センターにあった。

ところで、東光院の壹平あらため小僧・常順は、案に相違して、大変厳格かつ質素な日常を強いられることになる。

小学校のころ、着ている着物が継《つ》ぎ接《は》ぎだらけで、まるで刺し子の柔道着のような有様になっていた。ある日、先生が「出口君、君、ちょっとその着物を脱ぎたまえ」と言われた。何だろうと、帯をほどいて着物を脱ぐと、先生がみんなの前でその着物を広げて見せながら、「出口君の着物を見なさい。沢山継いであるだろう。このように、物は大切に使わねばならない。君たちも出口君を見習うように」と話されたという。

　今なら、いじめの対象になっただろう着物が、先生の称賛によって逆に誇らしい存在になったのだった。

　こんな狂歌も残っている。

　やはり小学生のころ、お弁当のおかずが、年がら年中〝豆と香香《こうこ》（漬け物）〟だったのを見て、友達の親御さんが作ったものだそうだ。


　　いつまでもマメ（達者）でコウコ（孝行）はよいけれど弁当《べんと》の采《さい》（惣菜）ときてはかなわぬ

　常順小僧が、市川僧正にこの狂歌を見せると、すぐ、カメやんという寺男に、明日から弁当のおかずを変えてやれ、と命じられたという。

「まぁ、いずれにしろ……」

　兄は、空になったグラスに赤いワインを注ぎながら続けた。

「市川僧正は厳しい人やったが、結局、おやじは東光院の小僧にして貰《も》ろて、非常に幸運やったと、わしは思とる」

「なんで」

「市川大僧正は、自分が小学校卒で学歴がなかったから、弟子の常順だけは、どんなことがあっても、三高から京大へ行かせたかったんや。その証拠に、ほかの院の弟子さんらはそんな学歴をつけて貰ろてないやろ、当時は、なんというても学歴社会やったから、お陰でおやじは一生得をしたと思うで」

「そういえば、そうやなぁ」

結果的に、兄の話は半分正しかった。始めは中之院にいた、と父自身の声が言っている。しかし、壹平という名前の由来については、私が母から聞き及んでいたことが当たっていたようだ。

自分の親のことでありながら、ほんの少し歳月を経ただけで、さながら〝藪の中〟だ。

5　三高受験

大正二年、天王寺第一尋常小学校（現・大阪市立大江小学校）を卒業した常順は、無事に天王寺中学校へ進む。

無事に、というのは、当時、天中といえば名門の進学校で、成績が相当良くなければ、入れなかったからだ。当時の中学校は、四天王寺からは真北に、歩いて七、八分の所に在った。後年、そこは大阪外国語大学となり、現在（二〇〇二年）では国際交流センターになっている。

中学は五年制で、常順はここを大正七年に、優秀な成績で卒業する。

卒業と同時に、市川大僧正から、第三高等学校を受験するように、と申し渡された。大僧正自身、学歴の重要性を誰よりも痛感していたのだろう。

三高から京大、それ以外は進学すべからず、これが、市川僧正の確固たる信念にもとづいた絶対命令であった。

ここで、もういちど古泉圓順さんの録音テープを聞いてみよう。

「卒業と同時に、うちの老僧（市川圓常）が、谷汲山（華厳寺）でご開帳するから手伝いに来いと言わはるんや。三高の試験が七月やろ。試験勉強どころの騒ぎやあれへん。谷汲へ行って、帳面を書かんなあかん。それから、泊まりの団体の人たちの布団を担いで行って敷いたり、お茶を運んだり、いろんな用事が次から次へとある。大般若の御札を夜の内にみな（全部）書かんなあかん。そんなんやってると、夜の一時頃になるんや。朝は四時に起きて、大般若が始まる。三時間位しか寝られへんやろ。僧正は、それで勉強せい、言わはるんや」

「ハハハハ……」

と、圓順さんの可笑しそうな笑い声が入っている。

「草臥《くたび》れてしもて、鼻血が出てきてなあ」

父にとっても、遠い昔の笑い話のようだ。

受験勉強どころではなかった、というご開帳とは、いったいどのようなものだったのだろう。

華厳寺に電話で問い合わせみた。

するど、若い僧の声で、

「ご開帳などついぞあったことがないので分かりません」

と言う。

「この次のご開帳の予定はいつですか?」

「予定などありません」

と、そっけない。

しかし、この寺に、今も市川圓常大僧正のお弟子さんの一人が健在だと聞いて、訪ねることにした。

岐阜県谷汲山華厳寺。西国三十三番札所。

大阪から谷汲山まで、どのような鉄道を利用しても、早くても三時間半はたっぷりかかる。東海道本線で岐阜まで行き、そこから岐阜市内線で忠節まで、ここからは名鉄揖斐線に乗って黒野へ、次に谷汲線に乗りかえる。そこからまた電車で、二〇分以上かかるようだ。

さて、実際に行ってみると、岐阜市内線が忠節から単線になり、そのまま黒野へ直行している。お蔭で乗換が一つ減った。

ところが――、谷汲線は廃線になっていた。

「大正三（一九一四）年四月六日に谷汲線は開通しました」

黒野駅の駅長さんは、その日付を諳じていて、すらすらと歌うように教えてくれた。

それが二〇〇一（平成一三）年九月三〇日、谷汲線は廃線になった。

谷汲線の電車が走る最後の日には、鉄道マニアが押しかけ、カメラの放列が出来て大変な賑わいだった、と黒野駅に隣接した喫茶店のおじさんが話してくれた。その喫茶店では記念のカレンダーや写真集を売っていた。見ると、真っ赤なおもちゃのような長四角の電車が、紅葉の中や雪野原を走っている。

車社会になって、電車を利用する人が減ったためだという。

忠節から、徒歩か人力車で行ったという不便さを打開すべく、市川老僧の労苦の結果、ようやく引かれることになった谷汲線も、時代と共に消えてしまっていた。谷汲山へ信者さんたちを運ぶ役目を八十八年間果たして、その勤めを終えたのだ。

代わりにバスが走っている。

私が、谷汲山を訪れたのは、穏やかな日和の晩秋で、名物の干し柿が農家の軒に影を連ねていた。一つ二つ木守柿をのこして、低く枝の揃った柿の木畑の広がる中を、バスは美しい流れに添ってゆるやかなカーブを描きながら、山の方へと向かっていく。廃線になった谷汲線のレールは、もうすっかり錆びて赤茶色を呈しながら、それでもずっとバス道に添って残されていた。

中学を卒業したばかりの常順が、市川僧正のお供をして谷汲山へ行くのに乗ったのも、カタカタと揺れる赤いマッチ箱のような四角い電車だったろう。黒野駅の喫茶店で買った記念写真の絵葉書を眺めながら、私も、いつのまにか同じように単線の赤い電車に揺られていた。

単線は、谷汲が終点である。

谷汲駅から華厳寺までは約一キロ、バス道のはずれ際に最初の山門があり、そこから北へ向かって歩く。

幅七間の見事な参道である。

両側に石畳の歩道、中央はレンガ敷きの二車線の通りで、歩道と車道の仕切りに桜と紅葉の並木が続く。中には、一抱えもあろうかと思われる太い幹の桜もある。車時代の今にも通用する立派な参道はなだらかな登りで、両側には土産物屋や食べ物屋がびっしり並んでいる。

早足で十五分もあるくと、こんどは二層造りの仁王門があり「西国三十三番満願霊場」に相応しく、大人が二人も寝れるくらいの巨大な草鞋が掛けられている。仁王門には、所狭しと貼られた千社札が、門とともに歳月の古色を呈しており、それがかえって威厳を感じさせている。ここからは、石段の登りで、百までは数えたがあとは四、五十もあったろうか、道の両側には十一面観音とかかれた幟の長い竿が並び、風にしなってりゅうりゅうと音を立てていた。石段を登りきると真正面に本堂が、山を背に聳えている。

本堂から少し下った左手に客殿、つづいて本坊がある。この本坊の門は久しく開かれなかったとみえて、木の柵の内側にお賽銭が投げ込まれていた。

本坊の居室は十畳ほどの広い部屋で、大きな床の間があり、他に伴僧さんらしき人が二、三人書き物などをしていた。

「私は、最後の弟子で……」

と松井圓晋さんは、穏やかな笑顔で迎えてくれた。

市川大僧正は草鞋のような長い顔で、眼の鋭い人だったが、この松井さんもよく似た面長で、とくべつにやさしい日の市川僧正といった印象を受けた。

僧正の一番弟子が父・出口常順、松井圓晋さんは十五番目の弟子で、末弟どころか、あと十三人もおとうと弟子がいる。

弟子の名前を記録した天台宗総本山総務庁の書類を見せると、

「ほう、なるほど。しかし、この人も兵隊で死んだし、この人も（とつぎつぎ指さしながら）みんな亡くなりましたなぁ」

と、感慨深げな眼差しになった。

「もう、私の他には誰も居りませんわ」

出口常順さんと加古圓敬さん（第四弟）が四天王寺におられて、私と長谷川圓泰さん（第十六弟）はずっと谷汲山でお仕えしておりました、と説明する松井さんに、市川僧正のことを訊ねると、ぱっと童子のような明るい笑顔になった。

懐かしそうに遠くを見ながら、少し首を傾げるようにして、ぽつりぽつりと思い出しては話してくれた。

「市川僧正の始末さ加減というたら、そんな、あなた、半端なものではありませんよ」

「信者さんからお布施を貰われるでしょう。そうすると、その包み紙の文字の書いてある所だけをきれいに切り取ってね、残った半紙を丁寧に広げて、ご自分の座布団の下に敷いて皺をのばしてね、またさら（新しい）の紙のようにして使われるのですよ」

「衣《ころも》のね、白い袖口を、こうして（と一センチほど外に折り返して見せて）いつも汚れないようにしておられるのですよ。そうして、お人がみえる（来られる）と、さっと元に戻しておかれる。するといつも袖口が綺麗でしょ」

「昔は、たばこは煙管《きせる》で喫まれるのですが、あのたばこの刻んだ葉をね、白梅とかいいましたかなぁ、虫がつくと勿体ないといわれてね、そのたばこの葉の入っている函にナフタリンを入れておかれるのですよ。すると、あなた、ナフタリン臭くて……、とても、そんなたばこは喫えたものではありませんよ」

「晩酌をされるのですが、そのお酒をね、お銚子にね、盃に三杯分だけ（賄いのおばあさんから）貰ろて来い、て言われる。多過ぎても足らなくてもいけないのですよ」

「貰ったお菓子など、絶対ご自分では食べたりせず大切に残しておかれて、いつお客さんがみえてもいいように、用意しておられましたよ」

小僧さんの時は、どこで寝泊まりをしておられたのですかと尋ねると、

「この部屋ですよ、今もおなじところでお札をこうして書いております。自坊はこのすぐ下の明王院です」

と教えてくれた。

父が小僧の時、谷汲山に来た時も、この部屋に泊まったのだ。

「谷汲で寝てると、夜中に床の間の花がゆらゆらと揺れるのや。どうしたのやろうと思て、そおっと起き出して蝋燭をつけて、近づいてよくよく見てみると、蛇が枝に絡まって鎌首をもたげて揺らせているんや」

さも、気色わるそうに首をすくめて、父がこんな話をしてくれた事を思い出して、その花がゆらゆら揺れているのがこの床の間か、と立派だが古色蒼然としたたたずまいを改めて眺めた。

松井さんは、

「でも、ご開帳の時は、ここも宿泊客でいっぱいになりますので、私たち小僧は屋根裏部屋に移って寝たのですよ」

といわれた。

開帳の事をお尋ねしたいと、前もって連絡をしておいたので、松井さんは、わざわざこれまでの記録を書き抜いておいて下さった。

市川大僧正代

一、谷汲参道開通記念　昭和二年四月一日～五月二十日迄　五十日間
二、世界一周後道路拡張仁王門改築記念　昭和八年四月一日～〃
三、諸堂宇改築　昭和十一年四月一日～〃
　戦争にて中止
　昭和二十四年三月六日　御遷化
幅七間の桜と楓の並木道の整備は、市川大僧正の偉業の一つである。

「植えられたときは、こんな（人差し指と親指で輪を作って見せて）細い苗木でしたよ」

松井さんは、その木々とおなじくこの山寺で育たれたのだろう。

春は桜、秋は紅葉の名所にもなっている。

肝心の、常順が中学を卒業した大正七年の開帳の記録を尋ねると、

「それは、私が生まれた年ですよ、とてもそんな時代のことは判りません」

と笑われた。

　松井圓晋さんは、一九一八年生まれで、一九〇〇年生まれの父より十八歳年下で、今は八十七歳だという。

　この人が兵役で外地に居たとき、市川僧正から何度も、行く先々にハガキが届くのだそうだ。市川僧正自身も従軍の経験があり、金鵄勲章を貰っている人だけに、兵役の無聊をよく知っておられたようだ。ハガキには軍隊としての注意事項ばかりを、こまごまと、これもたぐい稀な小さ

な字で隅から隅まで詰めて書かれていて、読み取れない。いうまでもなく宛名の下にも線を引いて、書けるだけの文字を詰め込んである。それでも、戦地にあってお師匠さんのその細かい文字のハガキは、とても嬉しく何よりも慰めになったという。

「谷汲山の名物に、万年汁というのがありましてね、ご開帳で泊まられた信者さんたちは一度見せてもらいたいと、台所までわざわざ見にこられましたよ。万年汁というのはね、味噌汁なんですが、後から後からつぎ足して、大釜を空にして洗ったりしないのですよ」

「小僧の食べ物は、ごはんとその万年汁の味噌汁と、漬け物だけ。御本尊が観音様ですから、十八日には村の人がお手伝いに来られるのですが、その時はお菜が一品付くようにというので、三《さん》八《ぱち》の付く日にはお菜が付くようになりました」

その万年汁を炊いたという大釜は、いまも本坊の厨にあった。土間にしつらえた昔ながらの竈に、大人の二た抱えもあろうかという大きな鍋が鎮もっていた。

華厳寺は天台宗で、縁起は——。

会津の住人であった大口大領が地元の文殊菩薩から授かった榎の霊木を持ち、京都に来て仏師に十一面観音像を彫らせた。この仏像を持って会津に帰る途中、ここ谷汲の地に来ると仏像が急に重くなり動けなくなった。そのため、山中で修行していた豊然上人の助けをかり、延暦十七（七九八）年に堂を立てて、この観音像を祀った。この時、山中から油が湧き、これを灯明に用いたという。谷汲の地名はこれに由来しているとされる。また、尊像に華厳経が書かれていたところから、醍醐天皇から華厳寺という寺名を賜ったとされている。

三十三番札所巡りの歴史は古い。

養老二年（七一八）に大和長谷寺の徳道上人によって創められたというが、実際には、九八八年に花山法皇が、紀伊国那智山・青岸渡寺をはじめに、近畿の各観音霊場の寺院をめぐられたことから、巡礼が盛んになったらしい。

華厳寺の本尊十一面観音は秘仏で、普段は拝観することが出来ない。但し、開帳の期間のみ親しく拝観することが出来る。

その開帳は、元来三十三年に一度しか執り行われない、寺にとっては重大な行事であった。期間は、四月一日から五月二十日まで、五十日間に及ぶ。

それが、たまたま父の中学卒業の年度と合致していたのである。

秘仏の十一面観音さんが拝めるというので、全国から信者さんたちが谷汲山へやってくる。市川大僧正の労苦で作られた講がいくつもあり、その団体が百人二百人と詰めかける。谷汲線が引かれたとはいえ、交通の便がよかったわけではないため、多くは華厳寺に宿泊する。その準備たるや、並大抵なものではなかった。

一年前から、表具屋がきて、寺中の襖や障子を綺麗に貼りかえにかかる。

寺中といっても、華厳寺の規模は頗る大きい。本堂・客殿・瑞雲閣・天真閣・専心台（現在は市川僧正の像が安置されている）・尚中舎・宝蔵・庫裡・山亭・茶室などなど、これらが、山岳寺院らしく登ったり下ったりした所に散在するのだ。

表具屋は福永さんという人で、私も覚えている。

晩年は、東光院の離れにいたおばあちゃん（岡田トキさん）のところへやってきては、台所の上がり口に腰をかけて、長話をしていた。顔が布袋さんそっくりで、歯は全部なかった。だからフガフガ言っているだけで、私には何の話か聞き取れなかった。

この表具屋の福永さんは、昔ながらの職人気質で、市川大僧正の信任が厚かったようだ。丁寧な仕事をする代わりに、とてつもなく時間がかかる。ただでさえゆっくりした仕事ぶりの上に、たった一人でこつこつとやるのだから、谷汲山のご開帳ともなれば、一年前から、襖の修繕や障子の張り替えにとりかかっても、ちょうどぐらいだったに違いない。

昭和の最後の開帳を手伝ったという、佐藤瞬順さん（父の晩年の弟子）は、つぎのような人数をいい、その規模の大きさを説明してくれた。

宿泊する団体の食事をつくるのに、尼僧法団から毎日五十人出仕する。

近郷の寺から、奉仕の僧が二十人、檀家からの手伝いが三十人くらいやってくる。

「今日は、客伝百人、納仏《ないぶつ》三十人、矢野テント団体さん二十人、華法講さん五十人」とその日のお泊まりを大声で報告すると、厨の中央に陣取った典座和尚がすべて仕切るのだそうである。

（典座＝テンザ、正しくはテンゾ。禅宗で大衆の寝床や食事を司る役）

料理は精進料理で、酢の物・野菜やひろうすの煮物・汁・ご飯・漬け物。

これらを朱塗りのお膳に乗せて、つぎからつぎへと運ぶ。お食事がすむと片づけて、お風呂に入られる間に、お布団を各部屋まで運んで敷く。

翌日の開帳までに、ご祈祷の御札にそれぞれの名前を書き、祈祷の文言をも書き込む。

これが、深夜に及ぶ。

朝は、また食事を運ぶ。布団を片づける。

七時からは、いよいよご開帳のお勤め（読経）が始まるのだ。

この時、秘仏の十一面観音像の前に垂らされていた白い布が巻き上げられる、それは小僧さんの役目なのだそうだ。松井さんは、体を縮めてそっと紐を引っ張る格好をしてみせてくれた。

有り難い御本尊を拝むために、泊まりの信者さんだけではなく、日帰りでくる人たちも多い。その対応もしなければならない。

出仕するすべての人が、八面六臂の活躍をして、やっと廻っていく。

それが、延々五十日間もつづくのだ。

第三高等学校の試験は、七月に施行される。

ご開帳で受験勉強どころではなかった常順が受験した年（大正七年）は、共通試験総合選抜形態が採られていた。（以下、『学歴貴族の栄光と挫折』竹内洋著による）

共通試験総合選抜というのは、第一志望に不合格でも得点がたかければ第二志望や第三志望校に入学できる制度であった。

常順は、三高には及ばなかったが、四高なら合格点に達していた。

それを聞いて、愛知県武豊の田舎から中川八平・いくの両親が大喜びで上阪してきた。そして、市川大僧正の前に両手をついて、

「ありがとうございます。私どもは四高で充分でございます」

と挨拶をした。

ところが、

「三高以外は高校に行くことあいならん」

と市川大僧正に一喝された。

常順の浪人生活が始まる。

浪人といっても、一人でこつこつと勉強をするだけである。

往時ですら、一高や三高を受験する者は予備校へ通ったという。（同書による）

暇さえあれば、机に向かっている常順をみて、市川僧正は、少し体を動かさせたほうがよさそうだと判断して、「庭を掃け」とおっしゃる。すこしは骨休めになったかと、僧正が見に行かれると、庭掃除はそそくさとやっつけて、すでに机に向かっていた。

こんどは、「草引きをせよ」とおっしゃる。

常順は困って、「草が生えているのは自然で、よろしいではありませんか」などと言う。盆暮れに田舎から挨拶に出向いて来た両親に、お師匠様は「常順は口応えをする」などと愚痴られた

そうだ。

翌年、受験しようとすると、制度はいろいろ変更になっていた。

明治十九年に誕生した高等（中）学校の選抜試験の方法は、各高校が単独で試験し、選抜をしたり、共通試験で選抜も全ての高校全体でおこなったり、制度は二転三転している。それらの制度の長所短所を是正する方向に変更されていったようだ。

常順にとって不運だったのは、この年から、中学の進級制度も変わり、飛び級というのが出来たことだ。これは、特別成績優秀な生徒は、学年を飛ばして進級できるというもので、天才的な頭脳の持ち主が、一つ二つ年下に当たる学年まで網羅されて、高校受験に加わってくることになる。

常順は地道な努力家で、こんな飛び抜けて優れた才人が集められては、容易に太刀打ちは出来なかっただろう。

おまけに、高校入試制度は共通試験単独選抜になった。これは、三高の志望者は、どのような成績でも三高以外は受けられない制度である。

常順は、また不合格となった。

翌大正九年は、七月十一日が高等学校選抜試験日であった。

常順、三度目の受験である。

第一日目は国語及漢文であった。

［漢文解釈（総点六十点）］

左の文章に送仮名を付け且つ解釈せよ

一、責レ善朋友之道也。唯須二懇到切至以告一レ之。不レ然。徒資二口舌一。以博二責レ善之名一。渠不二以為一レ徳。却以為レ仇無レ益也。

二、魏王問二呉使趙咨一曰。呉王頗知レ学乎。咨曰。呉王任レ賢使レ能。志存二経略一。雖上有二餘閑一博覧中書史下然不レ致　書生尋レ章摘レ句而已。

三、左の語句を解釈せよ。

（イ）胸有二成竹一

（ロ）廻三狂○於二既倒一

（ハ）濫觴

（ニ）背水之陣

［国文解釈（総点六十点）］

左の文を平易なる口語にて解釈せよ

一、身に過ある人のおのれと咎を知るものは心の鬼にさいなまれて年月たしなみもてゆくほどに悪しき習は跡なく消え失せ心ばせもよくなるものなり

二、梶枕わびしくおぼさばかしこによせむかの野にやどりしたまへと申す風波はげしからねばただこのまゝにとて苫の下臥しして明かしにけり

三、左の語句を解釈せよ
（イ）ひねもすよもすがら
（ロ）をさ〳〵劣らず
（ハ）回向
（ニ）なか〳〵にわろかるべし

［書取（三十点）］

下の文章中右側に傍線を施したる語に漢字を宛て又文法上誤あらば之を正せ

ナツノトホリヨカウハキヤウレツナルニツクワウニヤカレテリウカンリンリイフクヲヒタシサナガラヂゴクニアルノコヽチスレドモヒトタビジユインノチヤテンニイコヒテシブチヤヲノミセイフウニフカレバキンデンギヨクロウニサンカイノチンミヲクラフヨリモサラニイクソウノクワイミアルヲオボユコレアニムサボリテトガメラレズフケリテウラヤマレズフウシヤモヒンシヤモビヤウドウニウクルコトヲウルジンセイノ一クワイラクナリ

［作文（五十点）］

文体は文語体又は口語体△字体は漢字は楷書に限り仮名は随意とす字画につきても成績を考査す△文字は必ず縦書すべし字数は八百字以内に限る

予が過去一年間の回顧

［数学（平面幾何）総点75］

（1）円の弦ＡＢの中点Ｍを通ずる任意の弦ＰＱの両端に於ける切線がＡＢの延長と交わる点をＣ及びＤとすればＢＣ，ＡＤは互に相等しきことを証せよ

（2）円の弦ＢＡＣの中点Ａを過ぎて任意の弦ＡＤを引き弦ＢＣとの交点をＥとせば矩形ＡＤ．ＡＥの面積は一定なることを証せよ

（3）一辺の長さａ尺なる正三角形に内切し且互に相切する三つの等円の半径を求めよ

［代数（総点125)］

（1）$x+y+z=0$ ならば $\frac{1}{x^2}+\frac{1}{y^2}+\frac{1}{z^2}$ は完全平方式なることを証せよ

（2）次の連立方程式を満足するの値の和を求めよ

$a+1\,q\,x+y\div 1=P$,（$b+1$）$y+z+x=q$,（$c+1$）$z+x+y=r$

（3）方程式 $4x^2+12x+d=0$ の二つの根の差が２なるとき其の二つの根及びｄの値を求めよ

（4）某物品に対し戦事中二回値上げを為せり第二回の値上げの割合は第一回の値上げの割合よりも一割少なかりき而して平和克復後其の価格を半減せしも尚戦前の価格に対して五割三分の増しなりといふ各回値上げの割合如何

（5）$ax^3+3bx^2+3cx+d$ が $ax^2+2bx+c$ にて割り切れるときはａ，ｂ，ｃ，ｄは等比級数をなし且第一式は完全立方にして第二式は完全平方なることを証せよ

［英語　解釈（総点120）］

1．It is in times of difficulty that great men and great nation display all the energy of their character,and become an object of admiration to posterity.

2．Being in no hurry to land, I watched the unleading of merhandise into boats which had rowed out for the purpose ; and at moments cast an eye towards the mountain-range which it was probable I should cross to-day.

3．He who would do some great thing in this short life must apply himself to the work with such a concentration of his forces as to idle spectators, who live only to amuse themselves, looks like madness.

4．There are few things that are more important for the hapiness of life than to from a habit of taking a cheerful view of the circumstances in which one is placed.

［英（独仏）訳（総点50)］

1．此の土曜日に友達四五人と海岸へ行かうと思ってゐますが御閑でしたら一所に御出になりませんか

2．失はれたる富は勤勉により失はれたる健康はよき食物と薬とによりて恢復する事が出来る然し失はれたる時は何物を以てしても償ふ事は出来ぬ

［書取（30点)］

In Egypt, heavy rains fall among the mountains towards the end of the summer. The Nile overflows its its bank and floods all the country.

The people are glad,because the floods bring down dark mud, and make the ground very rich.

二日目は、数学と代数、三日目は、英語であった。

これが、常順の三度目に受けた入試問題の全てである。「回向」という文字をみた途端、こんどは受かった、と思ったのではあるまいか。

初日に、こんな仏教専門用語が問題に出るなど、天が常順に味方したとしか思えない。

この年、常順は無事、第三高等学校に合格した。

6 紅もゆる

「おい、そろそろ出口が来るぞ」

寄宿舎の二階の窓から身を乗りだして、さっきから通りを窺っているのは賀来才二郎だ。

「まだ授業には早いのと違うか」

言いつつ、同級生が二人ばかり、窓を開ける。

「いや、あいつはいつでも早い目に行きよるんや」

「へえぇ」

誰かが、珍しい話でも聞いたような奇声をあげた。

案の定、白絣木綿の着物に黒い小倉の袴姿の出口常順が、風呂敷包みを小脇にかかえ、東大路通りをすたすたと歩いて来た。風呂敷には、厚さ一センチほどもある丸善のノートが四、五冊、それにフランス語の辞書などが包まれてある。

「ほうら、来た来た」

そこで賀来は、大声を張り上げる。

「おーい、出口、須藤教授の論理、すまんけどなぁ、わしの代返たのむわ」

「俺も」

「おれのも」

常順は、にこにこ笑いながら「解った、解った」と言うように左手を挙げ、大きく頷いてみせる。

怠業《サボ》組の級友たちは「すまんな」と一応は神妙な声で礼をあびせてから、

「あの真面目な出口が、三人分もの代返をしてるところを想像したら面白いな、どないしよるんやろ。高い声を作ってハイ、小さな声でハィ、それから君のはさしずめ低い声でハーイかな、自分の返事もせなあかんし、いろいろ工夫してやるんやろな」

頼んでおきながら、常順が代返に苦労している様子を想像して、舎生たちはどっと笑った。

第三高等学校は、京都帝国大学（現京大）の真向かいに、大学に向かって建っていた。現在（二〇〇二年）は、京大・総合人間学部になっているが、正門や守衛室などは同じものだという。

北向きの正門に、校舎は木造二階建の縦長コの字型と長型一棟が南へ並び、校舎の西側はグランドである。寄宿舎は、これも木造二階建で三棟あり、グランドのすぐ南側にあって、現在の京大・吉田寮より遥かに校舎にちかく、教室まで歩いても五分とかからない。

学生たちはこの寄宿舎を自由寮と呼んでいた。もちろん正式名ではなく、一高の〝自治〟に対して三高は〝自由〟を標榜していることに由来する愛称である。

舎生たちとは違い、常順は、三高からかなり離れた粟田口の青蓮院に下宿していた。

青蓮院は、天台宗総本山比叡山延暦寺の三門跡の一つで、『愚管抄』を著した慈円について親鸞が九歳で得度をした寺としても有名である。また近年まで、歴代の本願寺の門主は、青蓮院に認可されなければなれなかったという権威を誇る由緒ある寺で、門の脇には巨大な樟が、今も大きな蔭をつくっている。

常順は、この寺の裏庭あたりにあった小僧用の部屋を使わせて貰っていたらしい。おそらく朝晩の食事付きで、一般の下宿屋はいうまでもなく、寄宿舎よりも安く住まわせてもらっていたと思われる。

物価暴騰の此の節、学生泣かせの第一は下宿料の恐ろしく高い事である。昔と云うても、

二、三年前迄は六畳二、三円も出せば見はらしのよい座敷が向うから大歓迎で貸してくれたものを今は汚いあばら家の隅の方でも五、六円を奮発せねば相手にしてくれないといった有様（大正九年三高卒・難波治著、朝日新聞地方版連載「三高スケッチ物語・九」より）

青蓮院から三高まで、さっさと歩いても三十分近くかかる。粟田口のだらだら坂をくだり神宮通りにでると、そこを北へ真っすぐ歩く。岡崎公園を突っ切ると平安神宮の応天門に突き当たる。そこで左へ曲がり、琵琶湖疎水にそって東大路通にでる。ここでまた真っすぐ北へ向かう。この同じコースを毎日、常順は下駄履きで歩いて通っていた。

また、食費を節約するために、昼食券を発行してもらった話を、聞いたことがある。

「一ヶ月の食費をな、先に寄宿舎の賄いの小母さんに渡しておくんや。それで、小さう切ったボール紙に食券と書いてもろて、それを一つずつ持っていって、寄宿舎の食堂でご飯を食べさしてもらうんや」

貧乏学生は決して少なくはなかっただろうが、寄宿舎の小母さんに特別に食券を発行してもらって、昼食を舎生と一緒に食べていたのは、さすがに常順一人だったようだ。

舎生たちの昼食の様子は、先に掲げた「三高スケッチ物語」に生き生きと描写されているので、代弁してもらおう。

第四時間目が済むと皆頗る荘重な面《おもて》をして、脇目も振らずに駆け出す、そして瞬く間にそれらの多くは学校附近に散在するホールや食堂に吸い込まれる。

舎生は勿論全速力で食堂にかけ込む。……雪崩を打って食堂に押し入るや否や彼等は緊張の極度に達して、一心不乱に岩をも貫く勢いを以て掻《か》っ込《こ》むのである。此の時の張り切った静寂程、厳《おごそ》かな感を与えるものは無い。

しかし、この寂寞がものの二三分も続いたかと思うと食堂の一隅《ぐう》より突如此の厳粛を破って、

「賄《まかない》ッ！　飯ッ！」

と怒声が起こる。続いて向ふの端からも此方の端からも

「賄ッ！　お櫃だッ！」と続々と叫声《さけびごえ》が起る。

大きな櫃ははや既に欠乏を告げたんであるンである。

「賄ッ！　菜の代り！」……或る自称天才が作った食堂歌を記して見よう。

　湯気立ち上《のぼ》る食堂の　中はマツ黒けに染められて
青洟《あをばな》たらす賄《まかない》の　顎《あご》もおどろに髪まばら
米外米に砂交り　菜は山吹色も濃く
　噛めども切れぬ牛肉に　我が三寸の舌だるし
いしくも食堂の光景をうたえるものと云いつべし。（前出「十八」より）

学校内には学生のためのホールがあり、そこではカレーライスやハヤシライス、アイスクリームなども食べることができた。また、学校の周りには、武蔵野といううどん屋や長谷川食堂、成

龍軒など食物屋が、帝大生や三高生を相手に商いをしていた。

「三高スケッチ物語」は面白く誇張されているとしても、学生ホールや外食よりも安くてたっぷり食べることが出来るのは、寄宿舎食堂だったことには間違いなさそうで、そこで食券を発行して貰い昼食を食べるなど、真面目・常順にしてはなかなかのアイディアで、これも節約心のなせる業だったろう。

さて、常順は、友人たちの代返を引き受けていただけではなく、その講義ノートも常に連中からあてにされていた。試験が近づくと、大切な個所には赤ペンでアンダーラインを引き、友人に貸す。自分は、それまでにノートの中身はすっかり頭に入れていた。

一学期の終りに、或る教授が、

「珍しいですな、あなたは皆出席ですか、ほほう」

といたく驚いたようすで、常順の顔をまじまじと見たそうな。語学（丙はフランス語）以外は、存外に多くの学生が、適当に授業はサボタージュし、あとでノートを借りあったりしていたのである。

常順の三高時代のノートが、二冊残っている。

「論理　文科二年丙　出口常順」

楷書筆書きの表紙を開けば、黒ペンで須藤教授、赤ペンで目次、他に参考書名が三冊書かれている。速水滉―論理学（岩波哲学叢書）、Ｊｅｒｏｎｓ―Ｅｒｅｍｅｎｔａｒｙ Ｌｅｓｓｏｎ in Logic、Creighton—Introductry Logic。

「哲学概説　務台講師口述　文、三、丙、出口」

こちらの表紙はペン書きで、中には一九二二〜三とある。

ノートはいずれも、右ページにびっしりと横文字まじりの講義内容を、細かい丁寧な文字がペンで書かれており、右上端には全てページナンバーを打ち、それを目次として冒頭のページにきちんとまとめてある。左のページには、赤インクで注意書きや補足が施され、本文にもあちこちに赤のアンダーラインが引かれている。

サボリ組の友人たちは、試験になるとこのアンダーラインの個所を覚えるだけでよかった。

ちなみに、旧制高校三年生の務台講師（哲学者・務台理作は京大哲学科を卒業後、一時、三高講師をしていた）の試験問題を紹介しておこう。

文三　哲学概説問題

次ノ四問ノ中　二問ヲ選択シテ解答セラレタシ
一、ソフィスト　ト　ソクラテス　トノ相異点。
一、ギリシア哲学ニ於ケル「非有」ノ概念。
一、プラトン　ニ於ケル　イデア　ト　個物ノ関係。
一、哲学　ト　軌範意識。　　（二時間）
二学期の出題は次のようになっている。

哲学概説試験問題（二時間）

左記四問の中より二問題を選びて述べること。

一、アリストテレスに於ける形相（Ｆｏｒｍ）と質量（Ｍａｔｔｅｒ）の関係。

二、プロチヌスの流出（Ｅｍａｎａｔｉｏｎ）説。

三、ヒュームに於ける「因果」の問題。

四、デカルト、スピノザ、ライプニッツに於ける　Ａｐｒｉｏｒｉ　の思想。

試験問題一つをみても、カタカナからひらがなに変わったり、大正年間には、高等学校入試制度や文字表記も、どんどん改革されていたようすが窺われる。

京都大学大学文書館の第三高等学校関係資料には、大正九年に文部省から出された公文書のための「口語用文例案（第一輯）」が保存されている。それには、欠勤届や忌服届などを口語体で書いた文章例が多く示されており、この時までの公文書が文語体だったことがうかがえる。但し、用字はまだカタカナが使われている。

さて、当時の三高は、文科甲・乙・丙と理科甲・乙の五クラスに分かれていた。文甲七十五名、文乙三十三名、文丙三十九名、理科が甲乙合わせて約百三十名。この年度の全受験生数は一四六九名で、合格数は三百にも満たないから競争率は約五倍で、受験生が全国からの秀才揃いなだけに、厳しい選抜であったに違いない。

常順は、文科丙に配属された。丙はフランス語である。同級生には、いつも代返を頼む豪快な賀来才二郎（後の労政局長）らの他にも、いうまでもなく勉強の虫のような友人が大勢いた。

文科丙に入学するや、常順が、意気揚々として真っ更なフランス語の辞書を教室の机に載せ、ふと見ると、隣の席の学生の辞書は、すでに使い古されてぼろぼろになっていた。常順は、こんな奴にかかってはとても適わない、参った、と思った。

その学生が、後に東大教授となるフランス文学者の杉捷夫であった。

杉捷夫は、山口県の士族出身で吉田松陰の血を引き、後の大阪商工会議所会頭の杉道助の一統で、新潟県立柏崎中学を四年生で修了（飛び級）、三高には二番で合格している。

常順が、適わないと思ったのも当然の、超秀才の一人であったのだ。

「わたしなどは、努力して勉強してるのに、杉は好きで勉強してるのや、とても適わんよ」

晩年の父の述懐である。

他にも、吉川幸次郎、河盛好蔵、水野亮など後の一時代を背負う碩学の士が、同学年にきら星の如く犇いていた。賀来才二郎らサボリ豪快派と、杉捷夫に代表される本の虫派、常順はそのいずれでもなく、ただひらすらの真面目派。そのわりにはそのいずれのグループとも親しく、生涯、かけがえのない友人として、三高時代と変わりの無い純朴な交わりを持ち続けていた。

大正七年に二つの壮麗な館が三高校内に建てられている。新徳館と尚賢館である。

新徳館は大正天皇即位の大礼を記念して、同窓生の拠金によって建設された講堂で、同時に、式典に際して新設された朝集所などの材料を下賜して頂いて移築したのが尚賢館でし

た。（昭二二・理、海堀昶「新徳館屋上塔屋の保全について」より）

二年後、この真新しい新徳館で常順たちの入学式は挙行された。その頃の式の様子を「三高スケッチ物語」が活写している。

「入学金期日迄納付せざる者は入学許可を取り消す可し」「入学式当日無断欠席者は入学許可を取り消す可し」いや「……せざる者は入学を取り消す可し」なんどと散々怖《おど》かされた末どうやらこうやら多年の宿望を達して首尾よく噛りついた連中の三年間の余り長からぬ生活は先ず第一に宣誓式を以て始まる。新しい木の香のする講堂には、壇を挟んで左と右に校長や諸教授がフロックコートの襟を正して厳《いかめ》しく居流《ゐなが》れ、真只中には新参共が目をキョロつかせて着席に及ぶ。（校長訓辞・生徒宣誓のあと）一人々々前方長く並べられた机に向かって鞠躬如《きくきゅうじょ》として進む。そして机の上に載《の》せてある厚い日本紙綴の帳面に自分の姓名を恐る〲記入に及ぶ。かくして式が済むと先輩の古顔の口の達者なのが壇上に大きな図体を運び上げて、校風自由に就《つい》て彼等にウンと説き聞かせる。（中略）これから滔々《とう〲》と一時間ばかり散々自由の真意義なるものを吹き込まれて、ここに愈々《いよ〲》神陵健児としての資格を完全に具《そな》へる事になる。（前出「六」より）

しかし、常順たちには、まだこの続きがあった。

「入学式がすむとな、先輩が、新入生はみんな寮に集まれ、て言わはるんや。それから、新学期にむけて真っ白に塗りかえてあった寮の壁に、先輩が太い筆でヂンギロゲという歌詞を大きな字で書かはるんや。それから歌を一節ずつ歌うてみせて、皆に歌わせてから、これを明日までに覚えとけ、言うて、出ていきはるのや」

それは意味不明の妙な歌詞の歌であった。

ヂンヂロゲ　ヤ　ヂンヂロゲ　ドーレドンガラガッタ
ホエツラッパノ　ツエツ
マーヂン　マーヂンガラ　ヂョイ　ヂョイ　シッカリカマタケ　ワーイ　ワーイ
ピラミナパミナ　ヂョイナラリイヤ　ヂョイナラリイヤ　ヂョイナラリイヤ
アングラカッチ　カングラカッチ　ナツパツパルチルカーナ
オツプルセツト　ナツプルセツト　ナツパツカルチルカーナ

この歌の後半［ピラミナパミナ］以下は、明治の末に来洛した印度の大公の従者から三高生に伝えられた『雨季礼賛の歌』が本歌であるという。（昭二三理・三輪佳之「私説・自由寮ジンジロゲ」より）

「それで、みんな寮の畳の部屋に正座してな、一生懸命ヂンヂロゲ　ヤ　ヂンジロゲて歌うて覚えるんや」

照れ笑いをしながら、父は両手を膝に載せて畏まった格好をしてみせた。

「野球の応援にも行ったな」

宿敵一高との対校戦（対抗戦ではない）は、野球、陸上、庭球、ボートの四種があり、常順らも先輩にあおられて野球の応援には行った。
「こっちが負けそうになると、みんなで、
　やれやれ　グルグルマイタホイ
　柏の葉　柏の葉　柏の葉をブッとばせ
　ホイ　ホイ　ホイ　ホイ　ホイ　ホイ
云うてな、これが三高のエールなんや。一高の校章が柏の葉を図案化したもんやからな、柏の葉は一高のことをゆうてるんや」
三高時代の思い出話をする父は、楽しくてたまらないといった風情で、三高寮歌「紅もゆる」は生涯の愛唱歌であった。
一九二二（大正十一）年、三年生の夏休みに、常順は帰郷している。
その折、弟（仁智朗）と撮った記念写真があり、その裏には、仁智朗の筆書きで、
「大正十一年七月十六日
兄上ヲ迎ヘ八年振ノ対面　記念撮影ス
出口常順（廿三歳）中川仁智朗（十九歳）」
とある。
八年振りの帰郷というから、天王寺中学に入学した頃に一度、帰っているのだろう。
「上の学校に行きたい」

ただその一念で、十歳の壹平が遠い大阪の地の四天王寺の小僧に入り、出家して常順と名を変えてまで行きたかった上級学校である。小学校四年生から親元を離れて上阪し、厳しい師匠につかえながらも、初期の目的の一つは達せられた。

それから三高まで、浪人生活のつらい日々を耐えてきたのだ。厳格な師のお陰で、挫折することも妥協することもなく、憧れの三高生になれた。常順が、もっとも誇らしく自負心に満ちていた時代であった。

仁智朗も、一緒に写真を撮っているところをみると、この年にまだ親元にいたのだろう。しかし、三高生になった兄に大いに啓蒙されて、アメリカへ行くという大きな夢を打ち明け、なにかと相談していたに違いない。

翌年、三高を卒業した常順は、京都帝国大学へ進学した。河盛好蔵、吉川幸次郎もともに、京都帝大へ行ったが、畏敬の念をもって接していた杉捷夫は、水野亮、賀来才二郎らとともに東京帝大へと進学した。

京都帝大では、つとに『善の研究』で高名を馳せていた西田幾多郎の講義を受講している。

一九二三年四月十六日、西田教授の哲学概論がはじまった。

当時、西田教授に招聘されて、和辻哲郎が京都帝大の助教授として赴任していた。

和辻助教授は、常順たちが受ける西田教授の講義に、一番前の席に陣取り、学生とおなじようにノートを取っていたという。

一九二五～二六年には、和辻助教授の「仏教倫理学史」を受講している。常順の講義ノートには、授業の開始日を西暦で書きとめてあり、碩学たちの講義の時期がよく分かる。

三高時代のノート二冊は、誰かが祝いにでもくれたのだろうか、Ｍａｒｕｚｅｎの製品だが、あとの大学ノートはＭＡＴＳＵＺＡＫＡＹＡや、メーカーの無いのもある。ノートの型も、どの会社の製品も全く同じだ。

一九二三（大正十二）年、関東大震災が勃発する。

常順たち兄弟が写真を撮った翌年のことであった。

このとき、弟・中川仁智朗は、英語を勉強するべく横浜に行っていた。三男の兄六郎がアメリカで成功をおさめていたので、自分も渡米する目的で、昼は異人の多い商社で働き、夜、英語の勉強をしていたという。しかし、この未曾有の大震災で、横浜の勤め先も壊滅状態に陥り、仁智朗は、水を入れた一升瓶を提げただけで、愛知県武豊の実家まで、東海道本線を歩いて帰って来た。

一方常順は、鉄道が開通するや、師匠について関東大震災直後の東京へ、各寺院の見舞いに行った。東京駅に着くと、そこからは何も見えず、ただ焼跡や瓦礫の山で言語に絶する眺望だった。

その時、突然、同行した或る弟子が、

「わぁ、これは愉快だ。ワハハハ……」

と呵々大笑した。

常順は、仰天した。在家の人でも人格を疑われるような言動で、まして僧侶の身でありながら何ということを、と恥ずかしく思い、後々までもこの人物を尊敬できなかった。

翌年、一九二四（大正十三）年一月十五日に、また関東地方で大地震があった。

常順の「宗教哲学概論、波多野教授」のノートに、その日の号外が挟まれていた。号外といっても今日のとは大いに異なるので、ちょっと記載しておく。

大阪朝日新聞　第四号外　大正十三年一月十五日

聖上御安泰の公報

［沼津御用邸内ニ荒宮内事務官より牧野宮相宛］今朝五時五十分近来稀有なる強震ありその程度は墜下せる電灯等は甚しく動揺せるも時計の振子は止まる程度に至らず、机上の物品も墜落の程度に至らず、両陛下には何等御異状あらせられず御避難も遊ばされず（以下略）

秩序を保つ東京市民交通機関全く杜絶す（本文略）

東海道線今夕全通の見込（本文略）

（中略）

中央気象台発表震源地は相模地方丹沢山の山中

被害は厚木、甲府、平塚甚し

中央気象台の発表に依れば発震時刻は午前五時五十五分二十五秒で初めは震度は七、六、震動時間は十二分余りに達した、（中略）東京市南方十里余昨年の震災にかかった場所は今度も酷い災害にかかったものの如く厚木甲府、平塚方面が最も甚しかるべし

昨年の地震に比して振動は約五分の一（以下略）

当時の国民の意識が、自分の身内の心配より先に、まず天皇の安否に想いを馳せたとは思い難いのだが、地震の規模などを報じるより先に両陛下の消息が書かれているところに時代が感じられる。

常順もこの号外を大切に取っていた訳ではなく、裏をメモ代わりにして俳句の下書きをしている。

さて、一九二六（大正十五年・昭和元）年に、常順は大学院へ進む。

翌年、昭和二年に、岩波文庫が創設された。

ドイツ人レクラムが創設した小型版の叢書「レクラム文庫」を範として作られたもので、第二次大戦末期、反戦容疑で連行され、東京中野の豊多摩刑務所で獄死した哲学者・三木清の教示による。岩波茂雄の文庫発刊の際の「読書子に寄す」の一文は、今も文庫のうしろに掲載されているが、その主旨通り、貧乏学生などは手にすることが出来なかった、世界の名著が、安価に買えるようになった。初期の文学と言えば森鴎外、夏目漱石のものが殆どである。ついでながら、発刊に際して、岩波茂雄が漱石に三千円のお金を工面して貰う話が、夏目鏡子の『漱石の思い出』

に出てくる。

なにはともあれ当時の常順は、高価な専門書を買わねばならず、とても楽しみの本まで手がまわらなかった。しかし、岩波文庫のおかげで格安に文学作品まで読める様になり、ご他聞にもれず漱石から多大な影響を受けた。その形跡がありありと読み取れる文章「幻住庵を訪うの記」（昭和三）が残っている。そこでは、画集を懐に散策し俳句をひねり、まさに『草枕』の主人公気取りの珍しい常順の姿が描かれている。

中学生の頃から、常順は小さな横長の携帯用の画帳をもっていた。そこに四天王寺の五重塔や東光院、後の大戦で供出した大釣鐘など水彩絵の具で描いたり、遠足の記録なども残している。「大正五年ノ秋　全校生徒南河内ノ古跡ヲ尋ネツツ約五里余ノ田舎路ヲ跋渉セシ〇ノ思ヒ出」などには、ペン書きの地図まであり、柏原駅から道明寺を経て応神天皇陵、通法寺、聖徳太子墓、ここで折り返し飛鳥川に添ってくだり、途中、玉手山に登ってもとの駅に帰ってくるようすが、よく分かる。

もう一冊は、半紙四分の一大の和綴じの画帳で、これは昭和三年三月十五日、京大大学院三年生の春から書きはじめられている。

先ず、宇治の平等院鳳凰堂や梵字の朱印の間に、俳句の散らし書きがしてある。

春寒や　王朝の夢結びかね

短歌もある。西国第八番・長谷寺本堂の朱印には

たどり来し　はつ瀬深山の高台に　花めで居れば　詠歌ながるる
午の貝はつ瀬の山に木だまして　花舞上る谷の春風
雅号は、常順をもじった丈筍《じょうじゅん》である。

7　画帳を懐に

薄手の和紙に細字の筆で、丁寧な楷書の書面が一葉ある。
學科目試験合格證明願
大正十五年文學部哲學科卒業生　文學士　出口常順
佛教學関係學科目
大正十二年度　普通講義ノ中
松本教授　印度哲學概論
齊藤講師　佛教教理概論

大正十三年度　印度哲學特殊講義
松本教授　佛教及佛説、佛典ノ研究法
羽溪講師　隋唐ノ佛教
大正十四年度　印度哲學演習
松本教授　因明學
大正十四年度　倫理學特殊講義
和辻講師　佛教倫理思想史
大正十四年度　提出　卒業論文　邦先比丘經ノ研究
右ハ私儀所属宗派ニ於テ僧階昇級申請ニ
必要ニ有之候條前學ノ佛教學ニ関係アル學
科目ノ試問に合格セルコトヲ御證明被成下度
此段及御願候也
昭和二年六月十五日　右　出口常順（印）
京都帝國大學
文學部長文學博士　小西重直殿
右ノ學科ヲ履修シ合格セルコトヲ證明ス
昭和二年六月十六日

京都帝國大學文學部長　小西重直（印）

この書類は天台宗宗務庁に提出されたようだ。

これより先、昭和二年四月一日から五月二十日までの五十日間、市川圓常大僧正は、谷汲山華厳寺参道開通記念の開帳を挙行している。かつて、常順が三高受験を控えながら手伝わされ、ほとんど寝る時間もない激務に耐えたあの御開帳である。しかし、今度は、大学院生の常順には、その煩雑な役目は免除されていたようだ。事実、谷汲山には弟子が大勢ひかえていて、もう大阪から助っ人がいかねばならぬような旧体制ではなかった。

過ぎて、七月二十五日、四天王寺に白木の立札が立てられた。

「山門不幸」。

貫主・吉田源應大僧正の遷化であった。

吉田貫主は市川僧正の高潔な性癖を高く評価し、かつ右腕とも頼んで重く用いられていた。そのおかげで、春彼岸を含む五十日もの長期にわたり、自坊ならびに四天王寺を留守にして、谷汲山華厳寺の開帳も執り行うことが出来たというものだ。その一方で、このような特権を快く思わない人たちも少なからず居たこともまた、想像に難くない。夜遅くまで出仕するような厳格な寺風をも窮屈に思っていた山内の面々もいたに違いない。そこで、吉田大僧正遷化を機に、これらの不満が一気に吹き出た事件が勃発する――。

この年の暮、常順宛に「京都帝國大學文學部」から一通の封書が届いている。

薄い茶封筒で、消印は2・12・24、切手は「貳錢」。宛先は「上京区粟田口三条坊町青蓮院内出口常順殿」。その上に付箋が貼られてあり、そこには「大阪市天王寺区元町東光院方　出口常順様へ　一月十三日」とある。下宿先から、東光院へ転送されて来たものだ。文面は藁半紙に謄写版刷りで、宛名だけペンで書かれている。

京文第三四六号

昭和二年十二月廿二日

京都帝國大學文學部（印）

出口常順　殿

大學院生ニ対シ左記諸事項決定致候間御了知相成度此段及通知候也

記

一、入學後一個年毎ニ一回宛研究報告ヲ提出スルコト
一、一個年以上在學生ニシテ業務ニ従事セントスル者ハ許可ヲ受クベキコト
一、研究料ヲ免除セラレタル者ニシテ満五個年を経過シタルトキハ以後之ヲ徴収スルコト

これだけを読むと、大学院生というのは、かなりのんびりした身分であるようだ。実際、常順が小さな画帳を懐に、あちこちと小旅行をし、俳句や短歌を詠み、漱石もどきの文章を書いていたのは、丁度この通知書の届いた翌年春からのことだから、その生涯において時間的余裕にもっ

とも恵まれた時期であったといえよう。

とはいっても、手紙が転送されているところをみると、冬休みは東光院に帰って手伝っていたようだ。年末年始の寺は、今日でも行事が目白押しで座を温める暇などない。

明けて昭和三年の春彼岸のこと。

市川僧正が谷汲山の観音の縁日の十八日出仕のため、前夜大阪を発ち、十八日の夜には帰阪（当時の交通事情では日帰りは不可能であった）した。

その彼岸のたった二日の不在をあげつらって市川僧正を弾劾、東光院住職を解任したことは前に書いた。「退職金もなにも要らない。ただ弟子・出口常順を東光院院主に」との市川僧正の希望だけは認められ、市川僧正は谷汲山管長のみを職責として東光院を退き、出口常順は名前だけの東光院院主に就任した。

昭和三年の春も終りのころのことである。

「貫主さんの自坊に、東光院院主就任の挨拶にいくとな、玄関から上がれといわはれへんのや。しようがないから、大きな沓脱石に手を突いてお辞儀をしてな、まあ、土下座みたいな格好やな。すると、こんご一切法事その他出仕する要なし、といわれたのや」

父はあまり苦労話をしなかった人だった。それで、この話を聞いたときには、若い父が石の上に手をついて土下座をしている様子まで目に浮かんで悲しかった。失脚した師匠の名跡を継いだものの、その風当たりの強さ、過酷なあしらいを、もろに浴びることになり、常順は前途の多難を実感しないわけにはいかなかった。東光院の院主とは名ばかりで、法事の布施割も貰えず、四天王寺から給料が出たわけでもなかった。

「生活はどうしてたんやろ?」

兄に訊くと、

「わからん。故郷《くに》から送ってもろてたんとちがうか?」

という。アメリカで成功していた常順の兄（三兄）から仕送りがあったことは事実だが……。

「そういえば、東光院の信者さんから、米だけは一年分ずつ届いてたようや」

毎年、現在も盆供養をしている高田家の一族（元薬屋）から、寄贈されていたらしい。兄の言葉に、兄嫁が箱入りの軸を出して見せてくれた。それは高田久右衛門の肖像画で、裏に「確證」として「今般四天王寺之内建築地所永代拝借石碑建立（中略）毎年米一石宛相納メ申候（後略）明治十一年五月　願主　高田久右衛門、証人　伊藤某」宛て名は、東光院執事御中となっている。

「それで、分かった。お父さんは青蓮院の下宿を払ってから、東光院へ帰って、茄子を植えてるんや」

「茄子を?」

「そんな俳句が、あの小さな画帳に書いてあるよ」

この俳句を、順を追って紹介することにしよう。

四天王寺東光院の院主としては冷遇されていた常順だが、天台宗三千ヶ寺のなかでもずば抜けて優れた学歴の持ち主だけに、誰しも一目おかざるを得なかったようだ。冒頭に示したように、京都帝国大学の仏教にかんする学問修学の証は、後に天台宗は修学部長という地位を用意することになる。しかし大学院卒業後の常順は、雑用に追われることもなく、比叡山専修院で自由に学問をし、むしろのんびり過ごして居たらしいようすが、例の小さな画集によく描かれている。

昭和三年三月十五日から書きはじめられた画帳は、宇治の平等院に始まり、十六日は琵琶湖畔の電車にのり、十七日は高台寺、つづいて当麻寺の曼陀羅殿裏の蟇又《かえるまた》を筆で写生してある。四月十三日には浜寺の海景色のスケッチだ。

そうして、二十二日は――。

常順描く「雨の鉄拐山《てっかいざん》」の墨絵に、あたかも讃のように、別人の筆で俳句が書き加えられている。

ゆく雁や　梢の風は　おさまらず　好

常順よりも尚一層几帳面ぶりを窺わせる小さな文字は、学友・河盛好蔵の筆跡だ。

鉄拐山は、須磨浦公園から望める二三四メートルの小山。察するに、河盛の洋行を目前にして、級友が賀来の須磨邸にあつまり、送別会を催したのだろう。

「雨の鉄拐山」に書かれた河盛の俳句は、フランス留学の前途にいくばくかの不安を抱いている心境が吐露されている。丈筍（常順）も「友の行く海路を思ひて」と前書きし、

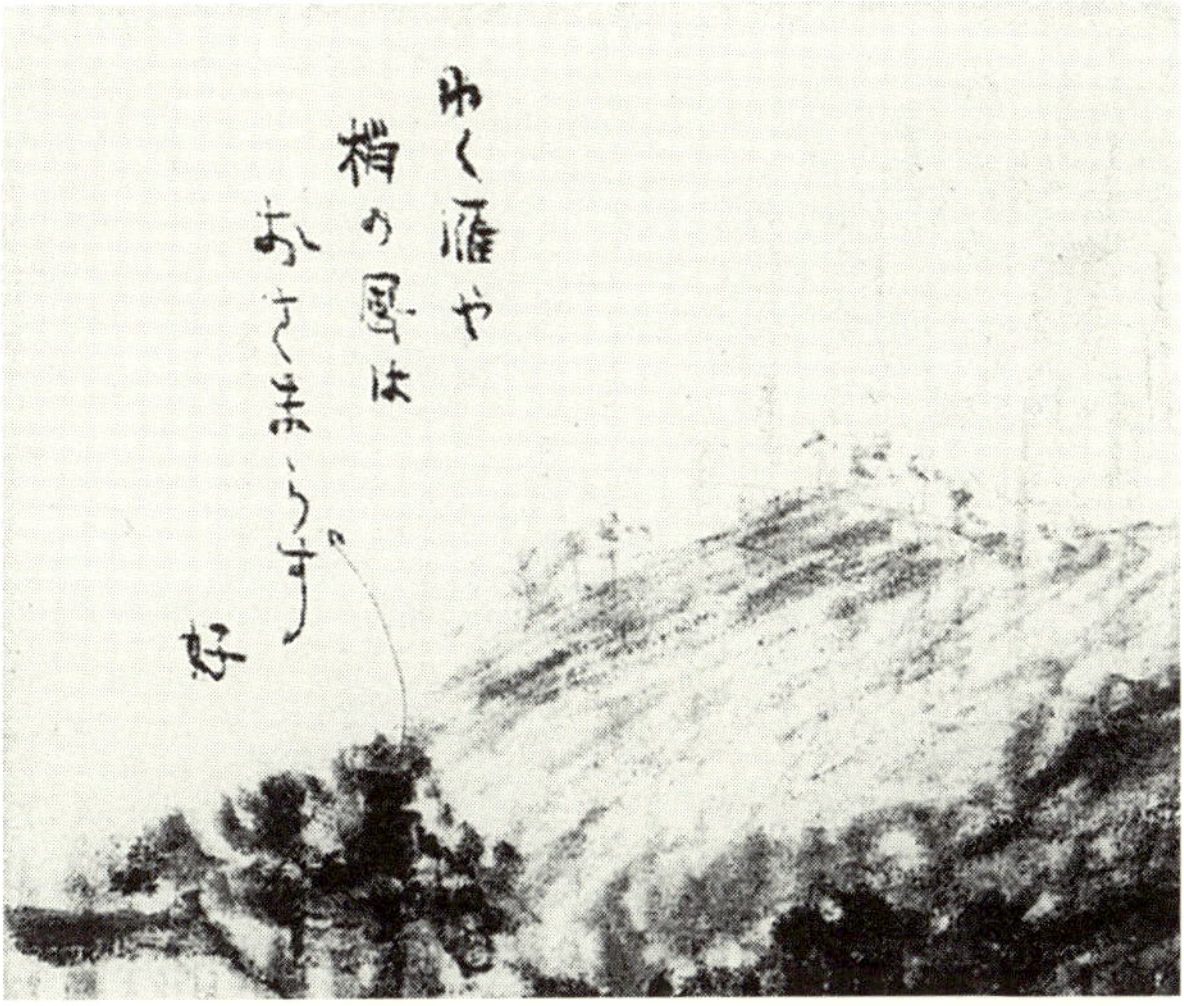

常順の画帳より「雨の鉄拐山」部分。俳句は河盛好蔵

常順の画帳より

春雨やガラス越しなる海のはて

と詠んでいる。

遅桜が雨を含んでいた日の、しばしの友垣のまどいであった。

この夜、常順は須磨から阪急電車で大阪に帰った。

そのすぐあと、画帳には黒いペン書きの洋紙が一枚貼り付けられている。

今、銅鑼は鳴り渡ってゐるであらう。

君、小生の無念を推せよ！

生等四名、明日、連名を以て、洋上の河盛に無電を発せんと欲す。僅かに自らを慰めんがためなり。

河盛を送り、一句を得たり、願はくは、破調読むに堪えざるを深くとがむること勿れ！

送君併得送春愁（高青○）

花悉く散りつくす日君の鹿島立つ

本日、空晴れたれど、烈風砂塵を捲き、我が庭の八重桜も、耐え得ずして、散りはてたり。

兄等の健康を祈る。相共に洋上なる我等が友の bon voyaje を祈らん。

捷夫

四月廿六日午后二時

出口大兄

昭和三年四月、東京帝国大学に進んだ杉捷夫が、京都帝国大学に進学した河盛好蔵の洋行を羨んで、常順に宛てた無念やるかたない手紙である。この手紙にある洋上の河盛は、これから三年間、フランスに留学した。河盛好蔵と杉捷夫が、ともにすぐれたフランス文学者であり、当時からよきライバルであったことが、この手紙からも推せられる。

さて常順は、五月四日にはのんびり西国十三番石山寺に参り、その足で幻住庵跡を訪れ、紀行文章をのこしている。六日には、寺の塀越しに見える遠い町や山並みの風景画を描いている。題して「余の窓より　ここに八年起伏せし部屋を去る時」。青蓮院の下宿を引き払うと、今度は、廿一日東光院に茄子を植えている。

掘り返す土の温みや茄子の床
市の茄子三畝に分けし二十本
茄子苗は皆うつむきし日射しかな
破れ傘を茄子畠にさす五月晴
水そそぐ日覆の下のなすびかな
片隅にトマトも植えん茄子の床

素直な写生俳句のおかげで、茄子を植えたときのようすがよくわかる。また、サボテンに花がさいたのを珍しがって、絵にも描き短歌なども作っている。

裸形なる国に生ふてうさぼてんのあやしの花の咲き出でにける

この年、大阪毎日・東京日日の両新聞社は、オランダ・アムステルダムで開催されるオリンピックの開会式見物をコースに取り入れた、一大外国旅行を一般募集した。常順は、河盛の洋行にヒントを得たかのように、また、四天王寺を追われた師匠を慰める気持ちも手伝ってか、市川僧正にこの旅行団に参加するよう熱心に勧めた。質素倹約の権化のような市川僧正だが、常順のたっての勧めを聞き入れて、ようやく重い腰をあげることになった。先にも書いたように、東光院には高田家の他にも、数人の素封家の信者があり、市川僧正の人柄を評価して、経費に関しては、絶大なる後ろ楯になってくれたようだ。

同三年七月四日、大阪を出発する。父の代筆した『欧米管見』から、その時の様子が窺える。

午前八時大阪驛頭には送る人、送らるゝ人もて早混雑してゐる。只ほんの親しい人々にのみと思つて可成《なるべく》吹聴を避けたのに、本山（谷汲山華厳寺・筆者注）より宗廳（天台宗・筆者注）より、四天王寺一山を擧げて思ひ掛けなくも多くの人々に圍繞《ゐねう》せられ、（中略）午前九時四十六分、時刻は来た。車中の人となる。驛頭にあふるゝ人々の叫ぶ聲々楽隊の音、飛行機の爆音さえも勇ましく空に響いて（以下略）

この送別風景は、当時の人々にとって外国旅行がいかに珍しかったかをよく物語っている。出発の写真の市川僧正は、中折れ坊にネクタイ、三つ揃えの背広に革靴といった出で立ちで真剣な面持ち、送る常順は、これまた剃髪にネクタイ背広姿で、右手には脱いだカンカン帽、左手には新聞社の小旗を持ってにこにこしている。

この日から十月二十六日まで、四ヶ月になんなんとする大旅行であった。

杉兄
華燭の典を挙げられ大慶の至りだ。先、兄の空に盃を捧げて心から祝福する。

もう、あの二階の一隅の御曹子ではなくなつたのだ。ゆたかな秋の日ざしを受けて、表札新しい家には靴が揃へられてゐるだらう。形からも実際からもこれからが人生の船出だ。若き漕手よ、シッカリヤロウゼ。陸を見ぬ大海では船の遅々たるを嘆く。一張一弛は時にまぬがれまい。だが、梶はゆるめられない。

賀来は殊によると青森、いや秋田へ土地柄で洋行のつもりとのこと。

河盛は病後パリーでややシケの体は文字の誇張にも覆うべからず。

大坪は月給のためにノートに苦労の形。

小生はどちらかといへば一弛の方、右関西の近況詳細は追つて〇すことにする。

この封筒も殊によると兄達の楽しい旅からの御飯《おかえり》を淋しく待たせて貰つているだらう。

だがおめでたいお使いだ。こころよく待ってゐる。

順

昭和三年九月十八日

杉　学兄

秋空に煙上れる新家かな

常順から畏友・杉捷夫へ、新婚の祝いとともに、洋行出来なかった無念への慰めともとれる手紙だ。このあとも紀三井寺に詣でたり、翌昭和四年四月には唐招提寺、又の日には吉野皇居、七月二十二日には伊吹山、二十七日からは友人三人（似顔絵がある。内の一人は杉捷夫と思われる）と日本アルプスに登っている。中房温泉から燕岳を遠望し、ヤリホタカ展望地・西岳小屋に泊まり、槍岳・殺生小屋から神河内（上高地）に入り、小梨平でテントを張ってキャンプをした。

白樺の林の宿り　絶間なくうぐひす聞きて飯盒を焚く

その間、友人の似顔絵やテントの風景、桂川よりの焼岳の遠望、上高地五千尺温泉や桂川の釣橋など、たくさんの墨絵を残している。

「善子、山はいいぞ」

といつも言っていた父の原風景である。

この頃の常順は、自分にも洋行のチャンスが来るなど、夢にも思っていなかった。

さて、四天王寺は追われたものの、市川圓常師の天台宗宗務本庁での役職は、昭和六年七月一日付けで精査局精査員から護事財団監事に、九月十五日には開創記念評議員会評議員へと昇格している。

同年十月三日、四天王寺貫主・塚原大應大僧正が遷化された。

次の四天王寺貫主の座は、木下寂善師と市川圓常師の両名が立候補し選挙で争われることになった。市川僧正の欧米視察は、天台宗三千ヶ寺で知らぬものとて無かった。僧仲間では有名を馳せていた筈である。かつ、自身も評議員で、当時の選挙の実態を知らぬはずはなかった。各地区の教区長が選挙権を持つ宗会議員を事実上はまとめており、その代表者には、それ相応の裏工作が必要だということも分かっていた筈だ。方広寺の木下僧正側は、はやくに各教区長に働きかけていた。金品の贈賄など常識に近いものであった。

市川僧正立候補を伝え聞いた信者の一人が、往時の相場にしては破格のお金を寄附してきた。市川僧正は清廉潔白の人ではあるが、時には必要な手段を講じなければ目的は達せられないと思っての厚意であった。また、市川僧正自身宗会議員であるから、その職権を利用して別の宗会議員に選挙運動を頼むことも出来た筈である。しかし、市川僧正は、自分の弟子・常順を各評議員代表へ立候補挨拶の使いに出した時、信者からの多額の寄附を使えとは一言も言わなかった。常順は、各地区の宗会議員代表の自坊に出向き、丁寧に師匠の立候補の旨を伝え、何卒よろしくお願いいたします、と挨拶をして回った。手土産は、正真正銘、菓子折り一つであった。行く先々は、すでに木下派の買収済みで、帝大出とはいえ無名の専修院生が、手ぶらでのこのこやって来ても票の行方はどうなるものでもなかった。しかし、常順の純真無垢な挨拶を受けては、内心、忸怩たるものがあったに違いない。

案の定、市川僧正は選挙に破れ、方広寺の木下寂善師が四天王寺貫主に就任した。

常順は、貫主就任のお祝いの挨拶に本坊の貫主室へ出向した。かつて、師匠失脚の折、先代貫主から申し渡された厳しい処置を思い出しながら、またこの貫主の代も蟄居同様の扱いになるのだろうなぁ、と半ば諦めの境地でもあった。当分は、東光院に住み、専修院に通い、初期の目的通り学問に専念しよう。本来、学問がしたくて寺に入ったのだ。いま、その目的は達せられつつある。また茄子でも植えれば、何とか生活していけるだろう。

貫主室の襖の外から、声をかけると、

「入れ」

と声がした。紫木蓮の絵襖を両手でしずかに開き、膝行して座敷に入ると、常順は両手をついて、貫主ご就任の祝いを一通り丁寧に述べた。すると、

「君には、洋行してもらう」

晴天霹靂の貫主の第一声であった。

8　結婚、そしてパリへ

常順は、耳を疑った。（貫主は、今、何と言われたのだろう。まさか、この私に洋行せよとおっ

しゃったのではあるまい。きっと、私の聞き違えだ。）

「はっ？」

瞬時には納得できず、思わず聞き返した。

しかし、師匠の敵方であった筈のこの新貫主は、にこやかに笑いながら言った。

「これは、私の一存ではないのだよ。天台宗としての総意なのだ。君は、師匠の市川圓常さんのために、菓子折り一つを持って各教区長に投票を依頼して回ったそうだな。その挨拶を受けた御坊たちはみんな少なからず感動して、票こそ私に投じてくれたが、その条件として、貫主に就任したあかつきには、かならずあの市川さんの弟子を洋行させてやってくれ、と口を揃えて言ったのだ。だから、君の洋行は、天台宗総務庁全員の意向なのだよ」

それからは、身辺が急に慌ただしくなった。まず、金剛組の女主・金剛芳江が「東光院さんが洋行しやはるそうな。これはひとつ、それまでにお嫁さんを世話せんならん」と身を乗りだしてきた。「学士さまなら娘を遣ろか」と謳われた時代である。早速、清水谷女学校の優等生を二人候補として選び、写真や釣書、学校の成績から出席簿までもってやって来た。その候補の一人は高名な弁護士の令嬢で、当時としては稀有のピアノを弾くような優雅な育ち、その上紛う事なき美貌の持主であった。もう一人が、森本春子、母である。呉服問屋の四女で、なるほど成績でこそ、件《くだん》の令嬢と首席を争ってはいたが、運動にも一所懸命で日に焼けて色は真っ黒、小太りでお世辞にも美人とは言い難い容貌であった。ところが常順は、ためらわず、森本春子を選んだ。理由は、幼稚園から小学校・女学校を通して、皆勤だったためである。美しいピアノの令嬢は、蒲柳の質らしく欠席日数が少なからずあり、それを嫌ったのだという。しかし、心のどこかには親友の杉捷夫の影響があったようだ。教授の娘を貰うのは学者としては出世の近道なのだが、生涯、嫁に頭が上がらない生活など避けたいと思っていた。

当時、森本家では大喜びの縁談であった。常順の生家は、逼塞したとはいえ地方の名家で、本人の学歴は申し分なく、十歳で単身上阪し小僧として仕えた経歴は、大阪商人の森本家当主の高く評価する理由にさえなった。春子の母はすでに亡く、父親は春子に是非嫁ぐように勧めた。が（これは、母方の本家の従姉妹が教えてくれた話であるが）、当初、春子は頑に拒否したそうである。姉の一人が「どこの馬の骨か分かれへん寺男と違うか」などと意地悪を言ったためだ。春子は、かなり頑強に首を横に振り続けたが、往時の習いとて本人の意志など二の次、さっさと縁談は進められていった。森本家当主は、娘を何人も嫁がせて様々な経験を積んでいたので、常順の真面目な人柄をも高く評価していたし、洋行を目の前に控えた逸材であることも充分認識していた。ともかくも、周囲の意向のままに、婚儀の準備はどんどん整えられていった。

洋行するということが当初から分かっていた春子の父は、是非とも娘も同行させてもらうよう頼み込んだ。娘はしっかり者の努力家で語学など真面目に勉強し、すぐにもマスターするだろうと思えたし、娘にかかる洋行の費用はすべて里方で負担致します、とも申し出た。

しかし、昔気質な市川僧正は、夫婦で洋行などとんでもない、と一言のもとに撥ねつけられてしまう。それどころか、ひょっと無事に帰れないことにならぬとも限らぬという理由で、帰国するまで入籍は見合わせるようにと言い渡された。春子は、洋行に同行出来ないばかりか、すぐには籍さえ入れて貰えず、大いに不満であった。

事実「日本人で細君を同伴して留学する者が尠《すく》ない」と大正十年代にフランスへ留学した芹沢光治良が『人間の運命』に書いている。

「四天王寺の若いお坊さんが洋行される。お前も、大きくなったらあの人のように偉い人になりなさい」

大念仏寺の縁者のA氏は、少年時代に父親からこう言われて、わざわざ神戸の港まで、出口常順という人を見送りに連れて行かれた記憶がある、という。見送りのための特別列車が出たというほど、当時では大事件であった。四年前、市川圓常師匠がヨーロッパ旅行に行ったときにも増して盛大な出発風景が繰り広げられた。今度は観光旅行ではなく、二年間の留学である。

昭和三年に欧米視察旅行をした市川僧正ら一行は、釜山から列車で大陸を横断したが、常順は、神戸港から船で欧州へ向かった。

フランスまでは、四十日の航海である。

ソルボンヌ大学の新学年に入学するには、九月までに渡欧しておかねばならない。六月から三ヶ月間はインド洋が荒れるから、五月中旬までに出発するほうがよいというようなことを、芹沢光治良は同書に書いている。

常順たちの船は、六月初旬に出航した。

子供の頃、夕食後のひととき、父はよく洋行した時の話をしてくれた。

「お父ちゃんが、洋行した時にな」

と言うのが、いつも話のはじまる時の口癖であった。

「船がエジプトに寄港したときに、みんなピラミッドを見に行くのや。ラクダの背中に乗って行くのやが、始めはラクダを地べたに座らせてある。それが、乗ると後足から立ち上がる、そうしたら体が下を向いてしもて、前へ転げ落ちそうになるのや。前足が立ってようやく体が起き上がる。エジプト人が手綱をもって歩いていくのやが、その紐をヒョイヒョイと引っ張る。すると、ラクダがヒューというような声で鳴く。すぐに、エジプト人のガイドは、掌をひろげて突き出してくる。ラクダを鳴かせたからチップをくれ、という訳や。ラクダから降りるときも、後ろ足だけ先に畳むので、こんどは後ろへ転げ落ちそうになるんや」

「紅海を入ってくるとき、煙草を買ったのや。吸っていると、灰が落ちない。根元ちかくまで来ても、灰がそのまま真っ直ぐに残っている。私はあのとき、煙草を吸っていてよかったな、と思った」

(もっとも、戦後しばらくして父は煙草を止めている。)

地中海の穏やかな航行のあと、いよいよ目的地フランスの玄関口、マルセイユの港が見えはじめた。遥か右手、丘の上の高い塔の上に、金色に輝く像が立っている。常順は、一瞬、観音菩薩が塔の上に出現したのかと思った。それは、ノートルダム・ドゥ・ラ・ギャルド寺院の四六メートルの鐘楼の上に黄金色の聖母マリアが立って、マルセイユの街と港を出入りする船を見おろしているのであった。

「これだったのか」

常順は、百聞は一見に如かずとはこのことだと思い知った。

「私は、ここはすっかり識っているはずだったが……」

歐洲航路で來る歐羅巴《ヨーロッパ》への旅人が先づ第一に歐洲の土を踏む所はこゝである。人口三十萬南フランスの商港でその港は實に完備したものである。地中海の海老・生牡蠣がこゝの名産だそうである。（中略）波止場へ出る。こゝは紀元前希臘《ギリシア》時代から栄た港でその舊港も誠に天然の良港であるが新しい波止場はその規模廣大でその設備も完璧に近いといつてよい。ムーランの並木を進むと第十三世紀ゴシック風の建築の寺サンヴァンサン・ド・ボーロがある。併《しか》しこゝの建築では何といつてもルネサンス式のロンシアン宮殿が尤もすぐれたものであらう。左右二つの翼に分れて向かつて右は自然科學博物館、左は美術館となつてゐる。ここには著名な繪画を蔵してゐるので有名である。併しこれ等は割愛してサンビクトルの寺院を見て港の東方の丘、ノートルダム・ドラ・ガルドのお寺へ行く。こゝに登るのは非常に急傾斜で水壓仕掛のケーブルがある。寺は新ビザンチオン式で極めて宏壯、誠に土地に適した美観を備へてゐる。大きな聖母像があり、高い鐘樓が聳えてゐる。

常順が、師匠の代筆をした『欧州管見』の、マルセイユの光景である。

常順の常識の範囲内では、黄金に輝くマリア像を鐘楼の屋根の上にむき出しで立てるなど、思いつかなかったのだ。

「そうか、大きな聖母像は、鐘楼の屋根の上に立っていたのか」

常順は、師匠から聞いた話を自分なりのイメージで描いていた風景との落差を感じずにはいられなかった。絵葉書も見たし著書にも掲載した。だがセピア色の全体像からは、鐘楼の上に何かあるようには見て取れたが、あれが黄金のマリア像だったとは毫も気付かなかった。やはり、実際に来て見てよかった。これからも、これに似たことが沢山出てくるだろう。『欧米管見』に書いたことは、留学中に出来るだけこの眼で確かめておこう、と決心していた。

船はゆっくり速度を落としながら、港に近づいていく。すると、小さな岩の島が見えてきた。そこには崩れかかった岩城のような建物があり、守りの堅い砦のようでもあった。あれが「マルセーユ海上の城だな」。絵葉書にはあったが、市川僧正はこれについては何も話さなかったなぁと、どんな城だろう。常順は、興味をもって眺めていた。

「税関を出ると、両替屋が出張してきていた。その当時はフラン値がひどく下がっていて、円が高く、一フランが八銭という相場で、日本から金をもってあそびにゆけば、かなり潤沢にくらしの出来る時代であった」と、金子光晴は『ねむれ巴里』に書いている。これは昭和四年頃の話だから、常順が渡欧した時期と入れ違いくらいのほぼ同時代とみてよいだろう。「仏教大学の教授で、寺の住職も兼ねている男で、フランス訳のサンスクリットの仏典を研究に派遣されてゆくという、ちょっと室生犀星に似た顔の、気むずかしそうなおじさん」も光晴と同船していたというから、当時は仏典を研究するにはフランスに留学するというのが常識になっていたようだ。

マルセイユの港には漁船が沢山停泊していたが、海は透き通って船着場の底まで太陽を通し、美しい縞模様を揺らせていた。憧れのフランスの地を眼前に、入国手続き等をすませた常順は、港の真正面に建つホテルに宿を取った。ショパンやジョルジュ・サンドも泊まったというメルキュール・ホテルである。海側の部屋は少し値段が高かったが、日本にくらべると随分安く思えて、港が一望出来る部屋を選んだ。木目むき出しの家具はよく磨かれててらてら艶があり、どれにも大きな鍵がついている。エレベーターのドアは手動で、自分でガタピシと引っ張ったり押したりして開閉せねばならない。パリへ気持ちは急ぐが、もう二度とこの港には来る事もあるまい、見れるものはすべて見ておこうと考え直した。こうして一ヶ月半ぶりに、揺れないベッドに熟睡した。

翌朝は快晴であった。窓を開け放つと、地中海の眩しい光が、さわやかな風をつれて入ってきた。フロントで、駅は丘の上だと聞いて、用心深い常順は、先ずパリ行きの汽車の切符を買い、それから、マルセイユの港町を見物しよう、と心づもりをした。

海と反対側にあるホテルの入口をでると、フロントで聞いた通り坂道を登って行った。駅は小高い丘の上にあり、見事な石の彫像が両側に飾られた広い石段の上にあった。切符売場らしきカウンターに、明日のパリ行きの指定席一枚、というと、ああ、リヨン、と駅員が言う。いいや、リヨンじゃない、パリだ、と行っても、分かっている、といったふうで取り合わない。仕方なく、リヨンまで行って、また切符を買おうと思っていると、後ろに並んでいたフランス人の老婦人が、ゆっくりしたフランス語で、パリのリヨン駅のことですよ、と教えてくれた。中部フランスの中心都市リヨンのことではない、と分かって、常順はようやく胸をなで下ろした。

顔色のわるい、もっそりとした男が、僕のそばによってきて、「マルセイユの名所を案内しましょう」と勧め、フランスは二度目の金子ですら、それがこの土地の日本人案内人だということを知らなかった。（『ねむれ巴里』より）

当然、常順にも、エジプトでラクダを鳴かせてチップを要求したような妖しげなガイドがすり寄ってきた。チップといえば、市川圓常師のエピソードを思い出す。外国ではどんな時でもチップを要求されると聞いた師匠は、ひとつの小銭節約方法を考案した。それは出発するまでに、封筒に湯気を当てて丁寧に剥がした日本の使用済み切手をたくさん用意しておくことであった。その使用済切手を常にポケットに入れておいて、ポーターが荷物を運んでくれたりしたら、何食わぬ顔でその掌にのせる。相手が、これは何処の国のお金だろうと不審がって、裏返したり透かしたりして検べているすきに、さっさと通り過ぎてしまう。そんなことを繰り返しているうちに、その妙案を見破ったホテルのボーイは、掌に切手をのせられるやポイとすて去り、また、掌を出したそうだ。

常順は、眼の前のガイドを手でなだめるようにして断り、一人で港の方へ歩き出した。あの名所、冒頭から常順を驚かせた黄金色に輝くマリア像が鐘楼の天辺に立っているノートルダムのゴチック寺院は観なければならない。それから、師匠の話には出て来なかったが、海上の城へも行ってみよう。すぐにその城は、デュマの『モンテ・クリスト伯』の発想の舞台となった、シャトー・ディーフの牢獄であることが分かった。島の名前はイフ。島への舟は、朝九時から一時間毎に出ていた。観光客専用ではなく、近くの港へも寄る便船である。島までは、その船に十分も揺られると着いた。

イフ島は、港の入口近くにある独立した小さな岩山で、かつては難攻不落の城であったというが、後に牢獄として使われるようになった。石がごろごろと積み上げられたような岩城で、その中の一つの独房に穴があけられていて、他の部屋に通じている。それを見ただけで、デュマはあの一大長編小説をものにしたというから、作家の想像力の逞しさにはほとほと敬服した。常順は、市川僧正たち一行はイフ島は観なかったのだな、と思った。小説などよむのは遊民のすることだと、どこかで軽蔑するような風潮が寺院の中にはあったのだが、このあと、常順は欧米における作家の偉大な存在を、いやというほど思い知らされることになる。

パリへの列車は満席であった。コンパートメントのドアは木製で軋んで開閉しにくく、こんなところに、わずかながらも第一次世界大戦の傷痕の残滓が感じられた。マルセイユのサン・シャルル駅を出ると、古い車両はひたすら北をさしてガタゴト走った。

なだらかな小高い丘陵が遠景に流れ、畠はよく耕され、緑が美しい牧場には、羊の群れが遊び牛や馬がのどかに草を食んでいる。そんな緑の風景の中に思い出したように集落があり、中央に教会の鐘楼が聳えている。

唐突に、三高で学んだ和辻哲郎助教授の言葉を思い出した。

「日本の文化は、仏教を除いては語ることができません」

西洋の文明も、きっとキリスト教を除いては存在し得ないのだ、と実感した。

人々は、教会の塔を中心に安心したように集まって住んでいるようにみえた。

ミレーの「晩鐘」や「落穂拾い」の風景、そのままであった。

常順は飽きることなく窓外の景色を眺めていた。

巴里の人口三百萬は歪んだ五角形の城壁に包まれ、波形にうねつたセーヌ河は東から西に流れて、大小二個の中の島を中心に巴里を南北の二つに分つてゐる。その島を隔てゝ河の北側は商業地であり、金融地であり、繁華な中心はこゝにある。河の南は學問の地、藝術の地といふ風になつてゐる。とまれ音に聞いた花の都、世界の公園巴里へ來たのである。明日の観光をどんなにか期待したことだらう。

常順が、市川僧正になり代わって記述した巴里である。その夢のように遥かな都パリに、いよいよ常順自身がやって来たのだ。

ところが、目の前のパリは騒擾の坩堝《るつぼ》であった。

七月十四日、日本でいう「パリ祭」が着いた丁度その日だったのである。街角には楽隊がにぎやかな音楽を奏で、町中にあふれた人々は躍り狂っていた。真っ直ぐに歩けない。常順はようやくソルボンヌ大学にたどりついたが、誰も居ない。門番が一人、憮然として立っていた。教授たちはみなグルノーブルだから、そこへ行けという。大学では、パリの夏をさけて、避暑地へ行くのが常識だ、と言わんばかりであった。留学生は、夏の間を利用してグルノーブル大学のフランス語の教室に入るのだ、とも言った。常順は、荷物も解かず、そのままグルノーブルへ向かった。パリのリヨン駅にもどり、マルセイユで勘違いした中部フランスのリヨンへ、そこから乗り換えてアルプスの麓のグルノーブルまで、途中までは全くの逆戻りであった。それでも、車窓を流れる地平線まで耕された畑や、エメラルド色の水を湛えた溜池や、遥かな丘陵を覆っている森などの風景を飽かず眺めていた。長旅のつづく上に、履き慣れぬ靴に足が締めつけられてきたので脱いだ途端、向かいに座っていたご婦人に眼でノンと咎められた。しかたなくまた靴を履きながら、これからが思いやられるな、すこし大きめの靴を買おうかなどと考えながら、市川師匠と新婚早々の妻・春子に宛ててハガキをしたため始めた。

グルノーブルの駅前のホテルを取って荷物を置くと、すぐ「ディレクシオン、ユニヴェルシティ」と車掌が叫んでいる路面電車に乗り込む。老婆が乗ってくる。すると若い女性が、さっと席を立って譲る。常順は、なんて礼儀正しいお国柄なのだろうと感心しながら、それにしても立っていてよかった、もし腰掛けていたら、また咎められるところだったとほっとした。

「外遊記念に　グルノーブル大学に入りて 西暦一九三二年九月五日　出口常順　三十三歳」

電車はグルノーブル市街をはずれて坂道を曲がりながら登って行った。終点の駅がユニヴェルシティ、すなわち、グルノーブル大学であった。閑静な丘の上のキャンパスは広大で、レンガ造りの校舎があちこちに分散して建っており、小さな一つの町のようだ。電車を降り、直ぐ近くにあった売店らしき建物に入ると、学生課はあっちだ、と学生のような店員が指を差す。教えられた通り、バスの停留所一つ分はたっぷりある道を辿ると、はるか彼方にモンブランがその純白の威容を輝かせていた。思わず立ち止まって、茫然と見とれる。アルプス山脈の最高峰、四八〇〇メートルの山だ。日本には四〇〇〇メートル級の山はない。くっきりと青空を削り取っている純白の威容を、恍惚と眺めながら歩いていると芝生の中でつまづいた。一抱えもありそうなメイプル・ツリーの老木がキャンパスの中庭に根を張っていた。青々としたその葉は、常順の掌ぐらい大きい。ここは異国だ、またしてもそう実感する常順であった。

九月のソルボンヌ大学入学まで一ヶ月余りを、常順は大学に近いフランス人の家に下宿し、シーマ教授についてフランス語を教わった。その間、日本からの留学生として、足利淳（後の東海大教授）がやって来たりした。休日には、スタンダールの生まれ育った家を訪れたり、イーゼル川を渡って険しい山城のバスティーユの砦に登ったりした。一九四四年にロープウエイが設置されているが、常順の滞在した一九三二年にはまだなかったから、徒歩で急な坂を登らなければならなかった。そろそろパリへ出発しなければならない頃、街で見つけた写真屋で、常順は留学して初めての記念撮影をし、裏に丁寧に日付と撮影場所を書き添えると、日本で待っている春子に送った。三十三歳の九月始めのことであった。

ソルボンヌ大学は、パリ市街の真中にある。セーヌ川から石畳のだらだら坂を南に下ると、ビルの町並みにそって、大学の校舎がある。横の入り口から入ると、石を敷きつめた中庭を隔てて教会があり、その正面玄関の両側には、大きな石像が二つ高い台の上に据えられている。向かって右がパスツール、左はヴィクトル・ユゴー。この大学が輩出した世界的著名人が、今なお椅子に腰掛けて考え事をしている。

小説を書く人が、ソルボンヌ大学に彫像として遺されている。これは、これまでの小説家にたいする評価を、著しく転換させるに充分な事実であった。「レ・ミゼラブル」は是非読んでおこう、と常順は思った。

ソルボンヌ大学では、シルバン・レヴィ教授のパーリ語の仏典の講義を聴いた。教授のフランス語は早口で聞き取りにくかったが、真面目に出席した。また、二〇世紀初頭に中央アジアを踏査し、敦煌千仏洞から古文献を多数採集してきたフランスの著名な東洋学者ペリオ宣教師の資料室へも行った。

「ペリオは、中国滞在の宣教師であり、同時に東洋学にも精通していて、スタインが敦煌から文書を持ち帰った噂を聞いて、自分も敦煌に行き、王道士から文献を買い、これを天津から船に積み込む直前に展示をして、清朝の高官を驚かせました。これが敦煌学の始まりです」

これは、四天王寺仏教大学の古泉圓順教授の、私の質問にたいする解答の概要である。（以下、人名・研究所名など全て同教授の教示による。）

常順は、那波利貞（後の京大教授）と一緒に毎日そこへ通って、敦煌の資料の写真を撮ったり筆写したりして、ほとんどの時間を費やした。

フランス時代の父の話は、日常的なことが多い。

剃髪だった頭に髪の毛を七三に分ける程度に伸ばしていたのだが、雲脂《ふけ》が出て困ったとか、爪をきるのが面倒なので伸ばしていたら、那波さんが見兼ねて爪切を持ってきて切ってくれたといった類のものである。

部屋の中でも靴を履いていなければならないので、コツコツという音が煩わしいので、裏にラバーを貼ったりもした。石畳の坂道で、自動車に引かれそうになったことがあった。向かい側にいた友人が呼んだので、あわてて道を渡ろうとしたところへ自動車が走ってきたのだ。友人たちは、もうダメだと目を覆ったという。しかし、外套を着ていたお陰で、撥ねられてもかすり傷ひとつなかったのだそうである。

常順は、師匠のために『欧米管見』を代筆した知識が、早速これほどまでに役に立つとは夢にも思っていなかった。休日には、ベルギーまで足を伸ばしてウォータールーの古戦場まで行ってみた。ただし、切符を買おうとして「ウォーターロー」といっても、駅員は掌を耳に当てて「何?」と聞き返す。幾度繰り返しても通じない。遂に内ポケットから手帖を取り出して、余白に「Waterloo」と書いた。すると駅員は、両手を上げて「おぉ、ワタル!」と叫んだ。

『欧米管見』には「ブラッセル郊外約十哩《マイル》を自動車を驅ってウォーターロー古戦場へ行つた」と書いたが、常順は、緑の美しいプラタナスの並木の間を走る電車に乗って行った。一人でタクシーに乗るなどとんでもない、経費を節約したのである。

この附近一帶數哩は蓋世《がいせ》の英雄ナポレオンが、英、獨、蘭の聯合軍を指揮する英將ウエリントン公と會戰した所であるが、今は只夏草のみ昔のまゝに茂り遊子をして誠に感慨無量ならしめる。一八一五年六月十八日、連日來の霖雨のためにウォーターローの原野にゆく佛軍の砲車の轍《わだち》は泥土に深く食い入つて其の進軍を阻まれ、ためにナポレオンの攻撃は餘儀なく五時間遅延した。この間ウエリントンの指揮する聯合軍の應援のために急いだプロシアの將プルーヘルは刻々ウォーターローに近寄つてゐた。ローソンムの丘から攻撃を開始した佛軍に對して聯合軍は救援を待ちつゝ、オーヘーンの道を境に丘に據つて頑強に抵抗した。日は西に傾き戰漸く酣《たけなわ》ならんとした時、ブルーヘルの率ゆる救援軍は到着して佛軍の右翼に展開して激しい攻撃を開始した。ナポレオンは豫備兵をもつて之に激《むか》ひ一擧に戰を決せんものと近衛兵十二大隊を繰出して聯合軍の中堅をついたが銃丸の一齊射撃に逢うて算を亂して敵陣頭に殪《たお》れ漸く混亂に陷つた。時恰もよし全き聯絡を得た聯合軍は全線に攻撃を開始してひた押しに佛軍を壓《あつ》した。事こゝに谷《きは》まり佛軍の陣地潰《つひ》え砲車、彈薬、を捨てゝ敗走しさすがの大ナポレオンも遂に捕らはれの身となり、覇業の夢空しく覺《さめ》て絶海の孤島セントヘレナに送られた。今その激戰の跡は高さ五十メートルの丘が築かれ上に佛軍の砲車で鑄《い》つたといふ二十八噸の獅子像が佛蘭西《フランス》の空に嘯ぶいて立つてゐる。一行は二百段の石段を上《のぼ》つて當年の戰場を眺め獅子の臺下《だいか》に記念の署名をして下る。その傍にパノラマ館があつて當時の戰況をそのまゝに見せて一入《ひとしほ》懷古の情をそゝつてゐる。(『欧米管見』より)

常順の好きな歴史であり、遺蹟である。ついでにマンネケン・ピス(小便小僧)も観た。謂われは著書に書いたが、エピソードが他にもいろいろあることも分かった。

バカンスになると、スウェーデンやロシアなどへ行き、研究資料を捜してあるいた。ストックホルムではヘディンの将来した文献を保管していた工科博物館を訪れた。ロシアのセントペテルブルグの研究所では、トルファンや西夏の資料などを見せてもらったりもした。しかし、当時は、そんな貴重な資料でもすべて未整理のまま積み上げられており、どれか一つでもいいから日本に持って帰って研究材料にしたいと思う垂涎の的ばかりであったが、コピーもない時代のこととて、どうすることも出来ないまま引き下がるより他なかった。

「まあ、フランスでは本屋へ行って本を捜すか、文献を写す、あとは大事なものは写真に撮る、それを毎日やってたね」とは、後日の述懐である。

一年が瞬く間に過ぎた夏休みのあと、常順はドイツへ行くことになる。

9 菩提樹の下で

ベルリンを貫いているウンター・デン・リンデン（菩提樹の下）は、ドイツ随一の目抜き通りである。その名の通り菩提樹の並木が、公園かと思われるほどの広さのグリーンベルト地帯の両端に林立して、その両側に広い車道が走っている。横切ろうとすると、手前の歩道から先ず四車線ほどの道路を越え、それから菩提樹をくぐり広く美しいグリーンベルトを横断し、その端の菩提樹の下をとおり、それから対抗車道、そしてやっと向かい側の歩道にたどり着く、といった具合。その基点のブランデンブルグ門は、幅六十五メートル、高さ二十六メートル。屋根の上には、勝利の女神が四頭立のローマ戦車を駆って東の空をめざしていた。この門を境にドイツが東西に分かれていた不幸な時代があったが、常順が留学していたころは、第一次世界大戦のあとの疲弊の真っ只中ながら、歴史的にも由緒ある建造物が建ち並ぶ平和な美しい都であった。

いま伯林《ベルリン》を回想して尤も爽かな街路はウンテルデン、リンデンであった。ティール公園の入口から約一哩《マイル》、巾三十余間《けん》の道路の車道の両側には二列乃至三列に植られた並木の美しさは今も巴里《パリ》のシャンゼリゼーと併せてまざまざと思ひ出される。

師匠になり代わって、常順が著した『欧米管見』の中にみる当時の街路である。まさかその同じ巴里や伯林に、常順が観光で渡欧したのは、常順の洋行する四年前のことである。まさかその同じ師・市川圓常が観光で渡欧したのは、常順の洋行する四年前のことである。まさかその同じ巴

師・市川圓常が観光で渡欧したのは、常順の洋行する四年前のことである。まさかその同じ巴里や伯林に、常順自身が実際にやって来て勉強出来る機会がめぐってくるなど、露ほども期待してはいなかった。師の渡欧の少し前、級友・河盛好蔵がフランスへ留学した時、秀才の杉捷夫が、切歯扼腕してくやしがったのが昨日のように思える。畏友・杉も、自費で洋行できるような恵まれた環境ではなかったが、常順の方がもっと貧しく、かつ師匠が選挙に負け、心ならずも貫主の敵方になるという絶望的な状況下にあったのだ。

それがパリ・ソルボンヌ大学に一年も留学した後、こんどはベルリンのドイツ・アカデミー（国立研究所）のガバイン教授のもとで研究を続けることになるなど、常順には、まるで夢のような毎日であった。

この広々とした美しい目抜き通りに面して、国立図書館、フンボルト大学、ドイツ・アカデミー国立研究所が整然と並ぶ。ウンター・デン・リンデン通りを隔てた向かい側には、国立オペラ劇場、ローマのパンテオンをモデルにしたバロック建築の聖ヘドヴィッヒ聖堂など、見上げるばかりの壮大な建築物が、その存在感を顕示していた。

さて、ドイツ・アカデミーは、都心の大学の例にもれず、歩道からいきなり門。そこを潜れば噴水を高く噴き上げている中庭があり、それをコの字型に囲むように校舎が建つ。門のすぐ右の通路の壁には、アインシュタインの横顔の浮き彫りが嵌め込まれていた。

フランスに留学した翌年の夏休み、常順は日独文化交流の所長の紹介で、このドイツ・アカデミーのガバイン教授の許に研究生として籍を置くことになった。

ガバイン教授は、古代トルコ語・ウイグル語の研究者としては希有の存在で、仏教関係に限らず広く古代の文献を研究している数少ない東洋学の権威でもあった。

ちなみに、ウイグルという国について、『広辞苑』（第五版）には次のように書かれている。

［ウイグル］　唐から宋・元にかけてモンゴル・甘粛・新疆方面に活動したトルコ系民族。鉄勒《てつろく》の一部族から興り、唐中期の七四四年、突厥に代わってモンゴル高原を制覇、八四〇年内乱とキルギス族の襲撃のため四散。新疆に移ったものは西ウイグル王国を形成して独自の文化を発達させ、西域のトルコ化を促進、のち元に帰属、次第にイスラム化した。現在の新疆ウイグル（維吾爾）自治区主要民族。ウイグル文字が派生。現在のウイグル族は約七百万人。

［ウイグル語］　新疆ウイグル自治区を中心に、ウズベキスタン・カザフスタン・キルギス三共和国で話される言語。アルタイ語族の中のチュルク語派の一。かつて独自のウイグル文字を使用していたが、現在ではアラビア文字またはローマ字を用いる。チュルク語派の言語としては八世紀の突厥碑文に次ぐ古い資料をもつ。

仏典のサンスクリット、いわゆる梵語は、中国で漢文訳され、そこからウイグル語に翻訳された。当時、古い資料がぞくぞくと発掘発見され、西欧に搬出されていた古代ウイグル語の仏教経典など、読解研究は殆ど未開発といってよかった。常順が、学者として生涯をかけて研究する新資料を読解するためには、必須の言語であったと思われる。

紹介されて会いに行くと、ガバイン教授は、日本から勉強にきているという若い僧を見るなり、

「明日からでも、すぐに私の研究室に来なさい」

と言ってくれたと、これは晩年の父の追想である。

その頃、常順は鼻の下の少し右に寄ったあたりに、小さなニキビのような吹き出物がポツリと出来た。始めはそれほど気にもせず、なるべく触らないようにしていた。ところが、それがだんだん大きく腫れあがってきた。鼻を中心に掌を置いてその範囲内だと、面疔《めんちょう》とかいう厄介な出来物で、下手をすると命取りになりかねないなどと恐ろしい話を、子供の頃、田舎で聞いたことなどを思い出して憂鬱な気分になっていた。

そんな折、ドイツへ行くことになった。ともかくも荷物をまとめにかかり、パリの下宿を引き払う段になって、賄いをしてくれ、何かと親切に世話をやいてくれた家主の小母さんに、事情を話して荷物を運び出すのを手伝って貰った。その時、同じ下宿屋で時折顔を合わせたイタリーの若い男に別れの挨拶をしたいと思い、

て、低い声でぽつりと言った。

「近頃、彼を見かけないね」

と訊くと、いつもは大袈裟なジェスチャーで楽しく話す小母さんが、胸の前で両手を握りしめ

「イレ　モール」

瘦せた真面目そうな青年だった。労咳だったという。常順は、自分も顔に腫物が出来て憂鬱になっていた折から、「彼は死んだ」といった彼女の声が、いつまでも耳について離れなかった。

荷物はチッキで送り、手提げ鞄一つでパリのノード駅からドイツへ向かう列車に乗り込んだ。例の吹き出物は、日毎に膿をもって腫れ上がり熱まで持ってきて、ずきずきと顔中から頭近くまで腫れ上がり痛み出していた。パリからベルリンまで、長い列車の旅である。しかも、直行便はなく、ユーロンで一度乗り換えねばならない。ヨーロッパ大陸は広い、と実感しながら、ゴトゴトと列車に揺られて行った。あの瘦せたイタリー青年のように、母国から遠くはなれた異国の地で客死などしたくないものだ、何とか無事に帰国したい、と切に願った。疲れ切って、うとうとしていると、なんだか鼻のあたりが濡れている。この上、風邪でも引いたのではやりきれないな、と鼻紙を取り出して鼻をかんでみた。すると、例の腫物の口が開いて、そこから膿がたらたらと流れ出ているのだった。鼻紙が膿でべとべとになる。また新しい鼻紙を取り出す。つぎつぎと鼻紙を取り替えても、とても追いつかない。膿がどんどん出始める。おしまいにはハンケチを取り出して抑えた。腫れ上がっていた顔の至る所から膿がしぼり出されて来て、なんだか顔が小

「静夜　思索しつつ　秋十月六日　在伯林《ベルリン》書斎にて」

さくなっていくようだった。その内、すっかり膿が出切って、頭まで軽くなってきた。助かった、と常順は、おもわず日本語で言った。乗換駅のユーロンに着く迄に、腫れ上がっていた顔は、すっかり元の骨張った普段の手触りに戻っていた。

ユーロン駅で乗り継ぐ次のベルリン行の列車の発車時刻まで、一時間以上ある。改札を出て駅前の広場に立つと、目の前に天を貫くかと思われるような尖塔を持った、巨大な石を積み上げた山のような教会が、あたりを暗くして駅に迫っていた。いつか写真で見た地獄門のような彫刻を施した巾が細く丈の長い扉が開いており、人が自由に出入りしている。常順も、その中に吸い込まれるように入っていった。薄暗い。目が慣れると、壁のない教室が方々にあるように、あちこちに向かって沢山の椅子が並べられている。柱を隔てただけで、また別の教室かのように椅子がならんでいる。すべて、祷りの場のしずけさと威厳がただよっている。天井の高さ。これでは五重塔が何本もすっぽり入ってしまいそうだ。それもそのはず、この大聖堂の塔は一五七メートルもあったのだ。西欧の信仰心の厚さが長い歴史に支えられ、なお現在に生きている証を、頭上から見せつけられたような気がした。

ベルリン行きの列車に乗り換えてからは、ドイツ人の車掌が検札に来た。パスポートを見せようとすると、要らないというふうに手を振り、キップを指さす。見せると「ダンケ」といった。ああ、もうドイツに来たのだ、と常順は思った。それからベルリンまで、常順は久しぶりにぐっすりと眠った。

ガバイン教授に、ユーロンでみた大聖堂のことを話すと、

「ああケルンの教会ね」

と言った。そして、

「ユーロンはフランスの発音で、ドイツ語ではケルンといいます」

と、教えてくれた。

とにもかくにも常順が探し求めていたものは、帰朝後、生涯をかけて研究するための第一級の仏典の資料である。アカデミーでの研究の合間には、近くの国々の図書館や資料館、大学の研究室などを訪ねて、資料を探しあるく毎日であった。

ガバイン教授は、女性である。

私がまだ小学生の頃、日本にやってきたことがあった。

京都大学で講義をし、それから東京に行って、そこから父に電話をしてきた。それまでは、ガバイン教授が日本に来ていたことを、父は知らなかった。当時は、新幹線もないことで、長い時間をかけて東海道本線で、かつての教え子であった父・常順を訪ねて大阪にやってきたのだろう。

ただし、熱心なクリスチャンで、当日が日曜日だった為に、まずガラシヤ教会へお祈りに行き、四天王寺に来たのは、どうやらその後のことだったらしい。

とにかく、父がドイツでお世話になった恩師が来られるというので、私も母も、四天王寺西門の石の鳥居あたりに立って出迎えた。私の目には、その人は典型的な初老のドイツ女性で、がっしりとした体躯、角張って意志のつよそうな顎をし、鷲鼻、するどい目つきをした人相風体から、ちょっと子供には近寄り難い外人と写った。父と話しながら、大きな体躯を細長い脚で運び、あたりをきょろきょろ見るようなことは決してせず、いかにも用ありげにさっさと歩いていく。

亀の池あたりまで来た時、ようやく父が、母と私をガバイン教授に紹介した。

すると、

「お父さんの顔に、お母さんの鼻を持っている」

と英語で（私にではなく父に）にこりともせずに言い放った。

私は、その簡単な英語が聞き取れて、むっとした。

父の鼻は高い。母は面長である。いうなれば、両者の短所ばかりを受け継いでいる、と言ったも同様である。学者の合理的な視線は冷徹で、見事に幼い私のプライドを容赦なく踏み潰した。子供の頃の私のガバイン教授の印象は、自分の容貌をいみじくも言い当て、愛想も会釈も無かった無骨なドイツ女性という、すこぶる不愉快なものであった。

「高級なレストランに連れて行って御馳走して下さるのやけど、帰りには自分の財布をポンと私に渡して、レジではあなたが払いなさい、と言われる。外国では、どんな立場でも男性と一緒の時に女の人がお金を払うということは、おかしなことらしい」

ガバイン教授のことで、子供時代に聞いた話はこんな話だけだ。

昭和十年一月二十二日に創刊された雑誌『四天王寺』に「四天王寺教育財團事業報告」として次のような記事が掲載されている。

本財團は四天王寺住職故吉田大僧正の遺志に基き、天台宗の僧侶にしてその宗義を研鑽し、又は特殊研究に従事するものに對しての研究を一層徹底し完成せしめんが為に、その学資の補助給與をなすものである。依つて故吉田大僧正の御遺金約九萬圓をもって基本金として財團法人を組織し、昭和三年十月廿四日文部大臣の許可を得、四天王寺住職が之の理事長に當ることになっている。爾来基本金より生ずる果實をもって財團の事業を年々繼續して現在に及んでゐる。

本財團より学資給與の部別は海外留學生、内地留學生及び特殊研究團體であって、その給與については夫々機關を設けて公正嚴密なる審査に依って支給者を選定してゐる。
（中略）
昭和七年度には
海外留學生として山内東光院住職出口常順を巴里大學留學及海外の佛教文献調査研究の為め派遣し、内地留學としては（中略）
昭和八年度には
海外留學二ヶ年の豫定なる出口常順に繼續給費し、歸朝に際しては亜米利加視察をも許容し、（中略）
右の如く本財團は天台宗の英才輩出を主眼として、後顧の患なく夫々純學究に従事せしめ年々提出せしめる研究報告に依っても著しく進境を認めるものがある。且つ出口常順帰朝に依り一部大蔵會に出陳せるが如く多量の文献類を將來し、比叡山學院は定期研究雑誌を發刊する等財團に依って支給者の受ける利益の甚大なるは勿論、將來に於いても大いに後學誘導の育英事業の催進ともなり、各方面に期待されてゐる。

ここに書かれているように、常順は二年の留学期間の学資を給費して貰った上に、欧州からの帰路をアメリカ経由とすることを許され、その費用も補助給与されたのである。
市川僧正の外遊のあと『欧米管見』を著し、すっかり疑似体験の出来ていた常順が、まだその記憶も新しい内に、ヨーロッパ留学はおろかアメリカにまで渡れたことは、幸運としか言いようがない。

しかし、アメリカには、常順の専攻しようとする学問的資料などは殆ど無く、ただ、後学のために、また、自著の確認のためにも、あちらこちらと見て廻った。

あとは、常順自身の筆（『欧米管見』）に任せる。

殷盛なる東部アメリカ
石の連峰ニユーヨーク
マルセーユに纜《ともづな》を解いてから西へ航すること十三日目の朝初めて陸を望んだ。北亜米利加大陸の一角紐育《ニユーヨーク》はもう間近である。世界各地の航路は凡てこゝに集まり天恵の良港と人工の限りを盡したその有《あら》ゆる施設とは世界最大の門戸として、豊富なる材と無遠慮なる力の點に於て、今やロンドンをはるかに凌駕してこと〴〵に世界一を誇つてゐる。その紐育へは間もなく上陸するのである。深い朝霧がほの〴〵晴れて行く。
見よ！　灣頭ベッドロー島には三百尺の自由の女神が光明をかゝげて船を迎へるではないか。彼方にうすれゆく霧の彼方に連なる峰の様にそゝり立つのが天をも摩する大厦高樓である。何とすばらしい背景の港だらう。こゝへ来るともう普通の形容や誇張や譬喩ではその實際が表せない位である。
その棧橋の總數八百七十本といへば櫛や筬《をさ》の齒と形容しても、却てその方が少いことになるだらう。ロンドンでは家々を石の森でもよかつたがこゝは石の連峰とでも云はなければなら

ない。兎に角もう吃驚《びつくり》するばかりである。（中略）

紐育の上町

翌十八日紐育市中観光に出る。人口六百萬の大紐育も殆ど地圖を要しない位その街路は整然たるもので縦の南北は第一街《がい》から第十一街まで眞直に貫き、横の通りが碁板の目の様に切られて南から一丁目、二丁目と數へて最長二百四十二丁目に至るのであるから大したものである。この第五街を北に進むと中央公園の東側に出る。こちらを上町《あつぷたうん》といつて山の手あたり、富豪の住宅が多くある。

中央公園は南北二哩半、幅約半哩といふ大きさで、大泉水、緑園、歩道等公園としての設備よくとゝのひ、これも世界一と銘打ちたいものであらうが、それは廣さ丈のこと、その眺望とか幽邃《ゆうすい》とかは得て望むべからずである。併しこの動物園や、アメリカ博物館、美術館等には随分金を投じた蒐集をしてゐる。併し歴史のない國には美術はない。こゝに飾られてゐる美術も亜米利加のものといふよりもむしろ外國からの借物である。公園の北の高臺にはコロンビア大學の棟が幾つも聳えてゐる。紐育の學校建築の最大のもので、教授五百人、生徒四千人、三十五萬の書籍を有するといふ圖書館は特に異彩を放つてゐた。こゝからハドソン河はもう近い。その様々たる流れ、對岸はるかに高閣を望み、汽船の上下、さすがにゆつたりとして大都會の氣分が湧く。

この河縁の公園の北端にグラント將軍の墓がある。白花崗岩の廟の高さ一五〇呎《フイート》、内部は白大理石で莊重な氣分がたゞよつてゐる。

紐育の下町

こゝからは、はるかに南へブロード・ウエーを下る。この一帶を商業都市、下町《だうんたうん》といふ商取引の大本山、アメリカの大心臟はこの一角である。限られたこの一角に無限の事務を運ぶ場所の必要のために果しない大空《だいくう》へ伸びるより仕方がない。この樣にして圖抜けた石の峰が争つて天空に冲《ちう》して、この巾廣い道も千仭の谷底となつて細長い帶巾の青空《せいくう》しか見ることは出來ない。光線の缺乏《けつぼふ》から彼處《かしこ》は四六時中電燈の前に仕事をしなければならないといふ有樣である。

この一角には全米國は勿論、世界中の相場の高低の波をこゝから起すといふ取引所を始め市廳、中央郵便局、税關等皆集まつてゐる。こゝの一坪の時価は數萬圓、文字通り土一升金一升の土地、その繁華の眞只中にトリニティー教會が周圍の大建築の中に淋しく取り殘されて、その廣い墓地を守りながら昔のまゝの鐘を鳴らしてゐるのは皮肉の圖の一つである。この墓の中には汽船の発明者フルトン氏の墓もあるとの事である。この商業區の海に盡くる出鼻は砲臺公園になつてゐる。自由の女神の臺場もこゝから望むことが出來る。

摩天樓

尚こゝの摩天樓に登つたことを書漏らすことは出來ない。（中略）

この世界一の高閣、ウールウォーズ、ビイルヂングに登る。すさまじい勢ひでエレベータが上ると明るい窓がフィルムの様に明滅するかと思ふと忽ち三十層の上階に着く。こゝで乗換て更に二十八層上昇する。さうして尖塔の階段を上ると頂上に達するのである。何とすばらしい眺望だらう。大紐育市はマッチ箱を並べた様に黒づんで見える。十階二十階の家も何と低いことだらう。街の間に動くものは殆ど蟻の様である。このマンハッタン島をとりまいて流るゝハドソン河とイーストリバーを往來する船が遅々と動いてゐる。白雲の動くのを見るとこの建物までが動く様に見えて足もとの危ない様な氣がした。

自分のために自分の時間を費やし、好きな勉学に勤しみ、学問に生涯を掛けるという望みを掲げて、そのためだけに邁進できた、常順、生涯のなかで最も幸福な歳月であった。

ニューヨークやボストンでも、一応は仏典などの資料も捜し歩いたが、やはり見るべきものもなく、あとは師匠の歩いた名所を確認するかのように巡り、ナイアガラなども観光し、ハワイも寄り、いわゆる世界一周をしたのち、船で横浜に帰り着いたのである。

この時の模様は、常順の義兄にあたる森本庄三郎が、当時では大変珍しく高価な八ミリフィルムに収めている。四天王寺からは、貫主以外は殆どの山内の院主たちが総出で、また郷里の愛知県武豊からは実兄の六郎、実弟の仁智朗など、母方からは母は言うまでもなく弟の博二など大勢の出迎えで、横浜の波止場はごったがえしている様子がモノクロ・フィルムに記録されている。

さて、父は、最後の留学地ドイツで貴重な資料を手に入れた。

横浜から汽車で大阪にかえったらしく、その車中での映像もあった。

それはトルファン出土の仏典の断片で、「高昌残影」と題して大切に保管していた。

その序に、父自身が、この資料を手に入れた時の事情を書き記している。

この圖録にはトルファン盆地の古高昌國遺蹟より出土した寫本・刊本斷片一三〇點を收める。この一群の斷片が私の手に歸した由來を先づ申し述べたい。去る昭和七―八年（一九三二―三三）の交、私はベルリンに滯在して、同地のアカデミーにおいて、ル・コック Le Coq・グリュンヱーデル Grünwedel 兩氏らの四回に亘るトルファン探検 Preussische Turfan-Expeditionen によって將來せられた西域古文獻の研究に從事してゐた。そのとき、たまたま同地に永らく滯在してゐたラフマティ Rachmati 氏がトルコに歸國するに當つて、同氏の所持するトルファン出土佛典斷片をベルリン・アカデミーに買取り方を交渉したのが不調となってゐたのを、私が希望して申しうける幸運に惠まれたものである。

これらの文獻は、もともと私自身が研究するつもりで持ち歸ったのであるが、歸國早々に第一回室戸颱風によつて倒れた五重塔の再建事業、つづいて戰災によつて燒失した伽藍の復興などのために、それに手を着ける暇もなく年月が過去つた。（以下略）

昭和五十二年十一月七日喜壽の佳辰に

出口常順（毛筆のサイン）

昭和九（一九三四）年六月に帰国した常順は、郷里・武豊小学校で帰朝講演などもしている。

また、天王寺高等女学校の教学部長に就任。天台宗の教学部長をも兼任、七・八月には、早速、東光院で持ち帰った資料の一部発表会などを催し、その筋の専門家達が集まり、いよいよ学僧としての第一歩をまさに踏み出そうとしていた。

その年の秋――。

九月二十一日、室戸台風が襲来する。

今日と違って、天気予報など無い。その日、大型台風が襲来するなどと、誰も予測していなかった。折しも秋の彼岸。風が強くなり雨が降り出したために、参詣の人々は五重塔の軒下に雨風を凌ぐために集まった。

しかし、五重塔は「風速六〇米の嵐の中を土煙と雨しぶきの立ちこめる向こふに、音もなく消えていた」。

翌年創刊された寺誌『四天王寺』には、
五重塔、仁王門全壊、金堂の一部倒壊の航空写真（大阪朝日新聞社寄贈）を掲載し
「今回倒壊せる塔は文化十年の再建にて四間四寸法、高百五十二尺の五層建築なり、軒裏は捶を用いず雲と水の彫木を用ふるが故に雲水の塔と云ふ。屋根は瓦葺にして、丹、胡粉、黄土、漆等を以て極彩色を施せり。昭和九年九月二十一日午前八時十五分大颱風の為め倒壊」と説明している。

木下寂善貫主は、常順を自室に呼んだ。

そうして、洋行を告げた時のように、穏やかだが威厳のある口調で、こう告げた。

「君は、折角洋行までして学問の研鑽を重ねてきたが、いま暫くはそれらを筐底に納めて、五重

塔再建のために、ひとつ全力を尽くして貫いたい」

10　室戸台風来襲

昭和九年（一九三四）九月二十一日。

その日は、朝から雨がぱらぱらと降っていた。しかし、風は、時折、思い出したようにばたばたと吹く程度で、誰もさほど気にはとめていなかった。

毎月の二十一日は、弘法大師（空海）の命日で、大阪の人々は「お大師さん」と愛称して、四天王寺詣りをする人々が引きも切らない。数万人にも及ぶ参詣人のために、西門の交差点あたりには、道の両側に柵を設けて、お巡りさんが出て整理しなければならないほどの混雑ぶりであった。

その日は、彼岸の入りと「お大師さん」が重なったために、混雑を予想した数多くの参詣人は、早朝から、墓参の供花や先祖供養の卒塔婆を手にして、四天王寺を目指して集まりはじめていた。

午前七時頃から、急に風が吹き募り、青葉が四方に千切れ飛ぶようになった。そうこうする内に、何処から剥がれたのか板の破片が空中に舞い、亜鉛塗鉄板の桶まで飛んで来る。

ただならぬ嵐の様相に驚いた人々は、

「えらい嵐になりそうや。早よ帰ったほうがええで」

「そやな、ご先祖さんには申し訳ないけど、もうここから拝んで失礼しとこ」

と、西門の石鳥居まえで、そそくさと手を合わせて、早々に家路に向かう人の姿も見受けられた。が、殆どの参詣人は、

「その内、おさまるやろ。ちょっとの間、お寺の軒に入っとこ」

などど、呑気に構えて、中門（仁王門）の大庇の下に雨風を避けたり、五重塔の風下の軒下に集まったりしていた。

時間が経つにつれて風はおさまるどころか、立ってはとても歩けないほどの暴風雨となった。傘をさす余裕などあろう筈もなく、座布団でも頭に被っていないと、飛んで来るものに当たって怪我をしそうな有様になった。

特に中門は南真正面から強風が絶え間なく襲うので、人々は、着物の裾をはしょって、五重塔の北側へ走った。五重塔の軒下に、風当たりを避けて集まってきた人たちは二、三十人にも及び、塔の中も人で一杯になった。

当時も、現在と同様、一般の人を五重塔に登らせていた。

その日の混雑を予想して、常勤の塔の番人、中島繁吉（四十八歳）溝口某（六十四歳）の他に、特別に寺田参之助（五十二歳）平野吾三郎（五十六歳）の両名が、下足番として臨時出勤していた。

人々は、不安そうに空を見上げている。

「五重塔は大丈夫やろな」

「なんや、えらい揺れてるみたいやけど」

それをみて年配の塔の番人は、

「塔は大丈夫ですよ。なにしろこの塔は、これまで何遍も嵐に会うてますが、一回も倒れたことがおませんのや。みなさん、どうぞご安心なさって」

と、なだめるのに懸命であった。

「そやけど、五重塔に登るのだけは、止めときなはれや」

それを聞いた塔番の中島は、はっとした。

「あっ、さっき一人登っていった人が居てはった。えらいこっちゃ。この風の吹くのに万一のことがないとも限らん。見て来るわ」

言うなり、五重塔の最上層まで駆け登っていった。

五重塔は外観は五層だが、内部は各層に二重ないし三重に階段が掛けられていて、全部で十二重になっていて、昇り降りするのは大変であった。

中島は、その階段を懸命に登っていったが、いくら探しても、どこにも人影を見つけることは出来なかった。それよりも、塔の上層は暴風に大きく揺さぶられ、材木はきしり音を立てていまにも倒れそうで、その恐ろしいこと。早々に降りようとするのだが、とても立って歩けず、腹這いになってかろうじて下へ降りて来た。

「五層と四層の間の梯子は、揺さぶられて食い違いになって壊れて仕舞うてる。もう、この塔、危ないで」

上層の危険を察知した中島は、塔に身を寄せている参詣人達に向かって、叫んだ。

「あなた方、命は惜しくないか」

「命は惜しい」

と、人々は答えた。

「それなら、ここから早く逃げて下さい。五重塔の上はもう危なくなって居りますぞ」

中島の叫び声に、十七、八人の人々は履物をぬぎ捨て、着物の裾を端し折り、中島から渡されたバケツや座布団など各々頭に被って、五人三人とかたまっては、暴風雨の中を金堂の方へ一散に逃げ出した。

その恰好は、まるで鉋屑《かんなくず》でも転がって行く様であった。

しかし、中島の説得にも耳をもかさず、じっとして居る人たちが、まだ十二、三人も居た。大

阪市内農人橋付近から来た夫妻に至っては、

「この塔は絶対に倒れへん。もし倒れる様な事があったら、大阪は恐らく全滅しまっせ。そやから、そんな事にはなりまへんやろ」

と言って、相変わらず塔の蔭で頑張っていた。

正面には金堂が見える。

金堂軒先の巴瓦に打ちつけられている八寸ほどの鉄釘が、半分ほど風に抜き取られて、揺れはじめたかと思う間に、端の方から瓦が剥がれて飛んでいく。

「あの丈夫な巴瓦が飛ばされてるぞ」

と平野が叫んだ時、大人四人掛かりでもとても持ち切れない賽銭箱が、火を噴きながらトロッコのように西回廊まで走っていった。賽銭箱の下に貼られている鉄板が、敷石との摩擦で火花が散ったのだ。

午前八時頃、轟然たる音を立てて重層の厖大な中門が塔に向かって倒れ、あたりは真っ暗になって、現場に居合わせた人々は、何も見えなかった。

南側の門が倒れたために、塔は台風に直面した。

午前八時十五分、塔は忽然と姿を消し、あとは黒煙がもうもうと金堂に吹きつけているばかりであった。

少し前——。

田原伝造（四十九歳）は、勤番の納骨堂にいた。

当日は、西門の石の鳥居のすぐ内側にある納骨堂の開院式だったので、そこに詰めていたのだ。しかし、彼は、ただひたすら五重塔の安危ばかりを心配していた。塔ばかりを見つめて居たので、すぐ目の前の作業場の屋根が飛ばされたことにも気付かなかった。揺れていた塔は一層の傾斜が甚しくなって来て、今度は元へ少しも戻らず、益々北西に向かって傾くばかりである。

作業場から納骨堂へ避難してきた金剛家の大工・楢崎源右衛門（四十九歳）と共に塔に走り、そこで会った吉川孝次技師と一緒に三層まで登ったが、とても揺れが激しく、靴の紐を締める暇もなく逃げ帰った。

「今度こそは到底駄目だ」と観念した田原は、丁度、納骨堂開院式のために居合わせた東光院・出口常順に、

「五重塔が倒れました」

と報告した。

常順は、読経を中断し、本坊に自ら報告すべく田原氏と共に納骨堂を出た。しかし、暴風狂う中、二人は柱や木に取りすがりながら辛うじて本坊に辿り着いたのであった。

天王寺師範教諭・佐藤佐が「四天王寺文化五重塔倒壊見聞録」として、詳細に聞き取り記録した記事がある。

納骨堂に居つた東光院出口常順氏は本坊に走って塔の倒壊を告けたる後、金堂に走り決死的

に堂内に這入って無事に御本尊を持ち出したのであった。時に午前九時前であった（『四天王寺』昭和十五年十月号）

兄（東光院院主・二〇〇三年当時執事長）に尋ねると、これは事実ではないと言う。

事実は、常順が金堂へ行き仏舎利を持ち出すことを提案、自ら嵐をついて出ようとしたが、木下貫主に、危険であるからと止められたと云うのである。

上記の「見聞録」は、塔倒壊から六年後に書かれたもので、多分に風説化していたと思われる。

エピソードというものの面白さは、例え事実に反していても、その内容がその人の人柄を的確に表すように、適当にアレンジされていることが多いことだ。

一例を挙げると

「金剛組の棟梁・金剛治一が白装束で先祖の墓の前で割腹自殺を遂げた」

というたぐいのものだ。

これも事実ではない。

実際は「剪定バサミでノドを突いた」のだという。

しかし、古武士のような高潔にして妥協のない一徹な人柄が、「割腹」というイメージを生んだと思われる。

常順の場合にも「嵐の中、決死的に本堂に入り本尊を持ち出した」という風説は、その一生懸

昭和９年９月21日の室戸台風のため被害を蒙った伽藍の倒壊惨状
（大阪朝日新聞社寄贈）

命で純粋な人柄を言わんとしたもののように思える。

また、金堂の本尊は弥勒仏で、とても一人では持ち出せるものではない（嵐の中、持ち出したのは仏舎利であった）。

室戸台風は、日本の気象事業が始まって以来、最も強大かつ最も悲惨な災害をもたらし、以後、台風に対する防災の教訓となったすさまじい台風であった。

一九三四年（昭和九）九月十四日、バラウ島とトラック島のあいだの海上に出現、次第に発達しながら北西に進み、二十日には沖縄の東を通過、進路を北北東に変え、翌二十一日午前五時ごろ高知県室戸の西数キロメートルの地点に上陸した。中心示度九一一・九ミリバールで、これは日本の陸上測候所ではかられた最低気圧の記録である。午前六時ごろ徳島県に入り、淡路島に上陸、洲本附近から大阪湾に入った。午前八時ごろ神戸の東に上陸、京都、福井、石川、富山をへて、正午ごろには勢力は衰え新潟県の海上に抜けた。

室戸台風の被害は、死者（不明者を含め）三〇六六名、傷者一五三六一名、家屋被害四七五六三四戸、船舶被害二七五九四隻、被災した学校二四三五校。

大阪は、進路右側間近くに位置したために、最も多くの死者を出した。その数千八百十二名。この中には、秋彼岸に参詣し、五重塔に避難し下敷きとなって遭難した善男善女十名も入っている。

この台風で四天王寺は、五重塔・中門が倒壊、金堂その他の堂宇も破損するという大被害をうけた。

同年十二月、日本はワシントン条約を破棄、翌年には美濃部達吉の「天皇機関説事件」が勃発、世情は軍部専横の兆しが次第に顕著になりつつあり、不穏な方向へひたひたと歩み出していた。

木下貫主は直ちに百万円の予算を計上、一山僧侶全力を伽藍復興の役職に配置し、翌年一月には、世に広く訴えるべく雑誌『四天王寺』を創刊、総力を上げて大事業に当たる体制を整えた。貫主は洋行帰りの常順に、営繕課長を命じ、倒壊した五重塔・中門・半壊した金堂の修理・再建に、直接に携わる役目を申し渡したのである。

当時の日本国は、非常時予算二十億四千万円（一九三五年・昭和十）を組み、内四割六分が国防費という非常事態の端緒にあった。この国家予算の額から察しても、一寺院の復興に百万円を計上することが、如何に膨大な金額であったかが察せられる。

四天王寺は、仏教が渡来した当時、聖徳太子が四天王に祈願して仏教に反対する物部守屋との戦に勝ったので、五八七年（用明天皇二）に玉造の岸（いまの大阪城付近）に四天王像を安置したのにはじまると伝えられている。五九三年には現在の場所に移された。しかし、八三六年（承和三）落雷による火災、以来、織田信長、徳川家康による放火など幾度も焼失した。が、そのつど不死鳥のように奇跡的に復旧してきた寺である。

この時、室戸台風で倒壊した五重塔・仁王門は、一八一二年（文化九）建立のものであった。五重塔倒壊の原因に就いては、四天王寺建築技師・吉村孝義（工学博士）が、雑誌『四天王寺』（昭和十一年第二巻第十号・五重塔再建地鎮大法会特集号、十・十一月号に当る、筆者注）に「塔婆漫筆」と題して、詳細な検討を加えた記事がある。

「先般倒壊の原因を考へて見るに」と前置きして、つぎのような事項を箇条書きで挙げている。

一、經濟上の不備　イ、材料の粗悪　ロ、手間の儉約

一、設計上の缺陷　イ、安定性の乏しい外觀　ロ、内部昇降可能による構造上の弱點　ハ、雲水造による構造上の弱點　ニ、仕口繼手に對する考慮の不足

そして「當時復興に際してその募財に多大の困難が伴った事は、淡路屋太郎平衛の苦闘によって普《あまね》く知られているところ」と記す。

素材については、
柱　心柱　杉、四天柱　欅、其他の柱　殆ど檜。

　野物　殆ど松。

　彫刻　檜、欅、櫻、桂、松、等。

「次いで手間の倹約といふことは俗に云ふ仕事のよい、わるいの後者に當り、これが經濟上の原因による事は論を待たない。」と断じている。

また、構造上の問題点については、専門的視点から「文化建立塔の設計図と思われる金剛家蔵の五重塔図の形態概略図を提出して、検討している。

常順、数え年三十五歳。

念願かなって勉学に勤《いそ》しむうち、洋行という往時では得難い幸運を得て帰国したばかり。郷里の母校の小学校に招かれ、帰朝講演などもしていた。所謂、象牙の塔に閉じこもっていた青白きインテリが、いきなり土木建築、それも由緒ある寺の古い木造建築の総指揮官として、山野に駆り出されたのである。

「木下大僧正は、太っ腹な人やったな」

後日の父の述懐である。

「とにかく、貫主の実印をポンとわたしに預けはるんや。それでも、当時、何百円もするような用材を、若僧のわたしの一存で買ったものかどうか、とても判断がつかん。二百円あったら家でも買えた時代や。それで、あの時は四国の山の中に居ったのやが、長距離電話なんか高価いし、また、掛けようにも電話もないような所や、それで麓の郵便局まで降りて行って電報を打ったのや。そしたら、えらい叱られてな。何のために実印が渡してあるのや、お前がええと思たらさっさと買え、電報なんか無駄なもの打ってくるな、て言わはるんや」

懐かしそうに昔話を語りながら、父はにこにこしていたのだが。

事実、この任務は、世馴れぬ常順にとってはきつかったかもしれないが、四天王寺山内においては、晴れがましい役割であった。この豪快な貫主のもとで、もっとも苦労をしたのは、資金を集める担当をした勧募課長・森田潮應であった。

創刊された雑誌『四天王寺』には、再建の寄附を募るべくこの惨事を一般信徒に訴えている。ちなみに昭和十一年七月号には、次のような掲載がある。

五重塔・仁王門　再建篤志寄附者御芳名

金壹封（五千圓）　大阪府殿

金壹千圓也　大阪朝日新聞社殿

金壹千圓也　大阪毎日新聞社殿

金壹萬五千圓也　舞臺講殿

金壹萬五千圓也　佛跡講殿

金五千圓也　疊講殿

金壹萬圓也　兵庫縣武庫郡住吉村　住友吉左衛門殿
金五千圓也　浪速電鐵協會殿
金貳千圓也　市内東區北久太郎町　黒川福三郎殿
金貳千圓也　市内浪速區久保吉町　新田長次郎殿
金貳千圓也　市内天王寺區勝山通一丁目　見野文次郎殿
金堂鵄尾一対　市内南區日本橋三丁目　阿江正造殿
金壹千五百圓也　市内東區京橋三丁目　大林義雄殿
金壹千五百圓也　市内西區高砂町　松島廓事務所殿
金壹千八十圓也　市内天王寺區勝山通二丁目　中村半兵衛殿
金壹千圓也　市内南區鰻谷西之町　奥村善右衛門殿
金壹千圓也　市内南區笠屋町（但仁王尊像修復費）　吉本　勢殿
金壹千圓也　市内東區本町四丁目　伊藤萬助殿

（以下略）

住友・大林・イトマンや吉本など、今日に及ぶ名前が記録されていて興味深い。また松島の廓からの寄附など、不幸な女性たちの信仰心の深さを物語っていて、考えさせられるものがある。

中門（仁王門）の工事　營繕課長　出口常順

四天王寺伽藍復興の三大工事、それは申すまでもなく金堂の大修理と、中門の再建と、五重塔の建立であります。その金堂の大修理は昨年の七月に完成して、八月の初めに莊嚴な落慶供養が行はれました。そして新裝の大棟には金色の鴟尾が強い夏の日に輝き、新しい本葺の銅瓦は灼つく樣に暑い。その暑い工事場では第二段の大工事の中門の製圖が孜々《しし》として進められてゐました。その設計も漸く出來上がつて、一方官廳の手續きやら、他方用材の調達やら目に見えぬ忙しさがありました。

○

材木は山にあるものに違ありませんが、中門の柱材になる内地檜材（仕上げ直徑二尺一寸、長さ二十一尺）の大材は容易に見付かるものではありません。大阪には澤山の材木が寄つてゐても、その中から漸く三本、名古屋中の材木濱から二本、土佐と廣島から夫々二本といふ風にさがし集めても全部の柱十八本には、はるかに遠い。この間にあつて舞臺講の方々殊に中山音八郎氏等が非常に奔走して下さつたことは感謝に堪へません。幸に大阪營林局の斡旋で高野營林署管内から八本の拂下げを受けて漸く揃へることが出來ました。先年天理教の新築に柱の大材を調へるために五年の月日を要したといふことが始めて頷けます。

今度の中門再建の用材は全部日本檜材にして、聖徳太子御創建當初の姿を仰ぎ、千年の後まで動きなき伽藍の莊嚴を築き上げたい念願であります。それで八月二十日には二十萬才の檜材の御木曳を致しました。さうして、境内に運ばれた山の樣な材木は、大きな工作場にあふれて其處此處には十數人の木挽の大鋸に挽かれ、ついで十馬力の製材機で熟されて行きます。大工の釘る木屑と共に香り高い檜の匂ひは工作場に滿ちて、大造營の緒についたのはすがく〳〵しい初秋の頃で、金堂の大屋根の銅色も漸く沈着いたさびをみせてゐました。

○

色々の手續きを經て中門改築の認可も下つた。十月十五日のよき日を選んで、貫主導師となり一山總出仕して、地鎭の作法も懇ろに營みました。愈々基礎工事に掛るのです。監督者の周到の用意と綿密なる測量のもとに、先五重塔趾に發見した造營當初の礎石の中心から眞直に糸が引かれて、中門の眞中は正しく推古元年と同じ位置に据りました。かくて新中門の柱の位置は夫々定められて行きます。元氣のいい土工達の鶴嘴に元の礎石は掘り起されて、地下六尺の深さまで完全な基礎工事が施されます。柱の位置に櫓が組まれて、太い丸太の地突きが始まる。穴の中と外で丸太の綱引く大勢の人夫とで掛け合ひの音頭「ヨーイ、コラ」の景氣のよい聲が幾日も續けられました。もういよいよ大丈夫と中へ混凝土が流されて「太柱ふと敷きて」といはれるこの位置は千古動かないであらうと思はれました。やがて新しく切られた、礎石がこの上に据ゑられます。中門の基壇は第一にも第二にも堅固といふ言葉に盡されます。

○

門といへば附屬建造物に考へられ易い。併し四天王寺の中門は大伽藍莊嚴の第一段で、七堂伽藍の中でも重要のものであります。再建の中門は今度古式に從って重層とせられるのでありますから、高さ六十尺にもなります。金堂の大棟（八十尺）と殆ど近く、同じ大きさの鴟尾が置かれるのでありますから、その立派さも思ひやられること、思ひます。この大工事の假設足場も愈々組立てられ始めました。牛車幾臺となく運ばれる足場丸太が大きく、高く中空に組み上げられて行く。この高萓の中で新築の中門が一歩一歩と出來るかと思ふと何となく頼もしい心地に充されます。

一方工作場の方は製材機の唸る音に混つて、大勢の大工の鑿の音が高々と響く。墨の通りに木作りされて行く柱や槓の間に疊々と桝料が荒削りのまゝに重ねられてゐます。これ等の桝や料が千個近く積み上げられたら中門の所用が充たされる譯です。

大厦は一日にして成らず、一つ一つの鑿趾が營々として日數を重ねる所に出來上るのでありますます。新春の風寒うして金堂の風鐸はさはやかな音色をはるかに傳へます。恰も新しい復興への歩みを急ぐ衣擦れの様に。

（『四天王寺』昭和十一年一月号）

トラックやクレーン車などない時代、文中にあるように「牛車」で資材を運んでいたなど、往時の様子がよく偲ばれる。若く不慣れな当事者としての苦労は、この報告文からも読み取れるが、そうした努力も千年の未来へ遺す重大な責務と心得て、学問を中断して懸命に実務に向かっている、真面目な常順の心情が伝わってくる。事実、聖徳太子建立以来、度重なる災害・戦火にも甦って、人々の信仰の対象となってきたこの日本最古の寺院を復旧することは、それだけで充分に意味のあることであった筈だし、学問のために洋行までさせてくれた貫主への報恩の気持ちもあったとも思われる。また、この様な千載一遇の機会に、非力ながら歴史に残る事業に自らの手をも貸すことが出来ることは、恵まれた得難い経験になると、納得して従事していたに違いない。

常順は、学問に憧れるほどのロマンチストであった。

千年の後に伝えられる五重塔・中門の再建に携わることのできることは、彼のロマンチックな想念を充たして余りあった。

そうして、ともかくも今は、寺の再建に全力を尽くすべきであると、認識していた。

しかし、この時代。

「先年天理教の新築に柱の大材を調へるために五年の月日を要したといふことが始めて頷けます」

と常順の書いた天理教は、大本教（一九三六・昭和十一年三月十三日解散命令）や、ひとのみち教団（翌年四月二十八日、不敬罪容疑で結社禁止）と共に、大検挙が行われ、新興宗教は片っ端から衰頽していったのである。

11　おばあちゃんの話

あれは、泰《や》っちゃんが数えの四つになったばっかりの冬のことやった。今で言うたら、ちょうど二つ半くらいの頃やったなぁ。なんやしらん、急にえろう寒うなった日があってなぁ。当時のことに、泰っちゃんにはねえやが付けてあったのやが、そのねえやが大江神社さんへ遊びに連れていってたらしいんやが、夕方になって帰って来たら、こんこん咳をして、なんやちょっと熱もありそうな様子でな。それで、もう今日はお風呂は止めて、早よ寝んねしょう、言うて、春子さんが寝かせはったんやけど、夜中にえろう熱が高うなったみたいでな。これはいかん言うて常順さんが、A先生《せんせ》に電話を掛けはったんやて。すぐに注射もして貰ろて、お薬もくれはったんやそうや。どんな注射やったんか、わては知らん。とにかく、明くる朝になってそんな事になってる言うので、わてはびっくりして泰っちゃんのお寝間に行ってみたら、ちょっとはお熱がさがったらしゅうて、「おばあちゃん、おはようございまちゅ」て言うねん。わては、もう嬉しゅうなって、こんな元気やったら、大丈夫や、ちょっとの間、かしこうねんねしてたら、早よ治るさかいな、言うて安心してたんや。

常順さんが、洋行から帰ってきやはったんは、昭和九年の六月やった。泰子は、その翌の年やから、昭和十年になるかいなぁ。八月のお朔《ついたち》に生まれたんや。ほんまに玉のような子やった。初めての子ぉやから、みんな大喜びしてなぁ。

わてなんか、常順さんをわが子のように思てたよって、ほんまの孫とおもてたがな。ええ子で、あんまり病気もせんと、元気に育ってたのや。賢い子ぉでな。なんでも直《じき》に覚えて、ほんまに頭のええ子ぉやった。

ちいちゃいのにあんまり物覚えがええから、僧正さんが春子さんに、子供には、お父ちゃんのことを「旦那さん」て呼ばせなさい、て言い付けはったんや。そやけど、春子さんは返事もせんと、ぷい、と膨れ面をして横向いてしもうてなぁ。あとで春子さんは、あんなこと言わしたら、子供が学校へ行って笑われる、言うて、これぱっかりはなんぼ僧正さんの言い付けでも聞かれへん、言うて泣いて常順さんに訴えてたそうな。まあ、そやから僧正さんも折れて、「おとうちゃん」「おかあちゃん」と呼ばすことにしやはったんや。その代わり、しょうがないから僧正さんのことを「だんなさん」て呼ばせはって、わてのことは「おばあちゃん」と呼んでもええことにしてくれたんや。わては、それが嬉しゅうて嬉しゅうて……。ほんまに、涙がでるほど嬉しかったんや。子ぉの無いわてが、おばあちゃんになれたんやさかいなぁ。

常順さんを、十の歳からあずかって、わが子のように育ててきたのやけど、常順さんはわてのことを「おばさん」て呼んでたのや。僧正さんは死ぬまで、わてのこと「岡田さん」て呼んではった。わたいは、ちゃんと白無垢を着て、僧正さんの所へ嫁いできたのに、とうとう籍もいれてもらえんじまいやった……。あの時分のこっちゃからな、子ぉも産ましてもらえなんだ。その子無しのわてに、おばあちゃんて呼んでくれる孫に初めて恵まれたんや。こんなこと言うても、あんまり解って貰えんやろなぁ。

その冬、こんどは男の子が生まれてなぁ。常順さんは、昭和十三年の一月三十一日に生まれた男の子やから、旧正月の元日生まれや言うて、正元《まさもと》て言う名ぁをつけはった。その男の子が、坊《ぼう》ちゃんや。みんな、坊ちゃん言うて呼んでたわ。これがまた可愛《かい》らし子でなぁ。常順さんにそっくりやった。

泰っちゃんは、男の赤ちゃんが生まれたことはよう知ってたよ。そんでも、泰っちゃんが風邪を引いてしもたんで、染《うつ》したらいかん言うので、泰っちゃんを奥の十二畳の間《ま》に寝んねさせることにしたのや。毎日、A先生が来てくれてはったんやけど、一進一退で、一向にすっきりと良うならへん。なんでも、始めはちょっとした風邪や言うことやったんや。それで、みんなじきに治るやろ、思うてな。そんな長患いになるとは夢にも思《おも》てえへんかったん。泰っちゃんは、おとなしゅうに寝て、お薬もちゃんと呑んで養生してたんや。ほん、賢うして、よう言うことをきいてな。それやのに、夕方になると高い熱が出てなぁ。それがだんだん悪うなってきて、肺炎になってしもうたんや。もう、わたいが、ずうっとそばについて、そおっと遊んでやってたんや。

常順さんは、室戸台風のあと、五重塔を再建する営繕課長に任命されはって、学問そっちのけで忙しいことやったのや。それでも、ちょっとの間でも、東光院へ帰って来やはる度《たんび》に、奥の間ぁへ行ってな。枕元に座って、「泰子、加減はどうや」言うて、頭を撫でてやってな。

泰っちゃんはおトト（魚）が好きでな。滋養のあるもんを食べさせて、元気をつけてやらないかん言うて、おかあちゃんが色々と工夫して、好きなおトトに玉子を混ぜて、そぼろみたいにして食べさせようと思いはるんやけど、どんなに細《こま》こうにしてもお魚だけ選って、玉子は残すのや。そんな時分のことやから、解れへなんだんやろけど、ひょっとしたら玉子のアレルギーやったのかもしれへんな。子供は、自然とからだに合わんもんは受け付けへんよってにな。おしまいには、おトトも消化できんようになったんやろか食べんようになってしもて、お粥さんにして、それもだんだん重湯みたいに炊いてなぁ。春子さんは、あれでなかなか上手にお粥をたかはるのや。ちいさなゆきひら（行平鍋）に、とろりと柔らこうにお粥を炊いて、精つけなあかん言うても玉子は食べへんしな。梅干しで味つけて美味しいにして作らはるのや。わてが、それを、そろと散蓮華《ちりれんげ》（陶製の匙）で掬うて、ふうふうして冷ましてやって、食べさせてあげるのやけど、ちょっと食べたら「おばあちゃん、もうええ」て言うて、たんと食べえへんのや。なんとか元気にしてやろう思て、「もうちょっとお食べ」て言うてもあかんのや。ときどきよう食べてくれたなぁと思たら、すぐ吐いてしもうたりしてなぁ。

井戸水を汲む釣瓶の恰好した木のおもちゃがあってな。気分のええときには、「ギッコン、

ギッコン、ジャー」言うて水を汲む真似をして、遊んでやるのや。それでも、ぽつんと「おばあちゃん、泰っちゃんなぁ、ほんまはしんどいねん」て言うのや。春子さんは、それでのうても、東光院の仕事はぎょうさんあって、忙しい。座敷だけでも、それ、十二畳の間やろ、それからお納仏、六畳の間に八畳、応接間に玄関に中玄関、囲炉裏の部屋、台所は今は板の間やけど、始めは土間でお竈《くど》さんが三つもあった。それから、それ難れが小っさな家一軒ぐらいの広さはあるやろ。そんなんを全部お掃除して、長い廊下を毎日雑巾がけして、お庭がまた広い。女中さんが居っても同じように働かんならん。おまけに、おむつの洗濯もせなあかんし。夜も三時間も寝んうちにお乳も飲まさなあかんし……。若いよって出来たこっちゃろなぁ。わてらとてもあんな真似はでけへん。泰っちゃんの枕元にじいっと座っててやってただけや。

春子さんは、女学校まで行ってた才媛や言うことやったけど、寺へ来たら女中さんと同じや。片時も座ってる間ぁなんかあれへん。おまけに直に赤ちゃんが生まれて、慣れんことばっかりや。次の子まで生まれて。そやから、泰っちゃんが患うたら、余計《よけ》用事が増えて、てんてこ舞いやったやろ。泰っちゃんは、可哀相におかあちゃんにゆっくり看病してもらわれへんよって、おばあちゃん、言うて、わてによう懐《なつ》いてくれててなぁ。

おとうちゃんの常順さんは、五重塔の材木の買い付けに、四国やら吉野山奥やらに行かはって、何日も帰らはれへん日ぃが続いたりしてたんや。

普段から聞き分けのええ、物覚えのほんええ子で、おとうちゃんやおかあちゃんが忙しゅうしてはっても、あんまり淋しがらんと、よう辛抱してたわな。おかあちゃんが、つぎの子ぉを産みに病院へいかはった時も、よう聞き分けて賢うに、おばあちゃんと待ってたんやで。

その男の赤ちゃんが、ようよう首の据わるようになったころ、とうとう泰っちゃんは、死んでしもうたんや。もう、わては悲しゅうて悲しゅうて、泣いてばっかりして、四十九日の間、ずっとお仏壇の前に座って、一日中、御詠歌を唱えてばっかりしてたもんや。

泰っちゃんは、ほんまに賢い子ぉやった。

泰っちゃんのお葬式は、東光院でやらはったのや。門の前に、出入方一同と書いた大きな樒が立ってなぁ。四天王寺荒陵会の弔旗が、それあの金木犀の木の前に立ててあったわ。親類の人が皆来やはった。常順さんの兄さんの六郎さんも、弟の仁智朗さんも、それから、春子さんの方は姉さんの玉置さん夫婦、跡取りさんの森本庄三郎さん夫婦、妹の上神さん夫婦。まあ、身内ばっかりのお葬式やった。小さな棺桶に金襴の布を着せてな、釣瓶のオモチャも入れてやったんや。可哀相に痩せてしもうて……。わては、もう辛うて辛うて。今でも、思い出したら泣けてくるわ。

五重塔なんか、わてには、どうでもええのや。五重塔なんか建っても建てへんでも、わてはちょっともかめへん、泰子が生きててくれた方が、ずっと嬉しかったんや。死んだ子の歳を数えるなと言うけど、わては、いつでも、泰っちゃんが生きてたら、今年は幾つやなぁ、とお正月が来る度《たんび》に思うてた。

坊ちゃんのあとに年子で生まれたのが、善っちゃん、あんたや。

五重塔は、善っちゃんが生まれた翌年に建ったんや。東光院の離れに居っても、朝はようから舞楽が聞こえてきてな。表に出てみたら、えらい行列でな。五重塔のことなんか、わてはよう解れへんけど、常順さんも、泰子に死なれて随分がっかりしてはったやろうと思う。そやけど、常順さんは、愚痴らしいことは一言も言わはらなんだ。常順さんも春子さんも、男の子が生まれて大分に気ぃが紛れていったのやと思うけど、やっぱり絶対にわすれてはれへんなぁ。

僧正さんは、坊ちゃんが生まれると、えろう喜びはってな。すぐに、この子が大学に入った頃に受け取れるとかいう掛け金を始めはった。あの吝嗇な僧正さんが、当時、相当高かった掛け金を毎月欠かさず掛けてはった。この子には、ちゃんとした大学を出して、東光院を継がさんならんと、えらい期待してはった証拠や。坊ちゃんが、高校を卒業した年から、二百円ずつ奨学金みたいにしてお金がおりて来たやろ。途中に戦争があって、むちゃくちゃなことになってしもうたさかい、二百円では本一冊くらいしか買われへん時代になってしもたけど、当時は、二百円もあったら充分大学の費用も出たし、まだまだ贅沢なくらいのもんやったんやで。

それやこれやで、泰っちゃんが死んで悲しい気持ちは、なんとのう薄れていったんやと思てたけど、その翌年、昭和十四年の同じ八月に生まれた女の子に、智子《さとこ》という名ぁをつけて、区役所へ持っていきはったんや。ところが、その頃、智子内親王いうお方がおられてな、あとで大谷の本願寺へ降嫁なさったお方やが、その為に、禁止文字とかいうことで、智子はあかんかったんやそうや。それで、仕方なしに善子て変えて届けを出さはったいうことや。

なんで、智子てつけたかったか、わてには解ってました。

泰っちゃんが、半年も患うて、とうとう十三年の七月二十一日午後十時二十五分に亡《の》うなってしもうたんやけどな、常順さんが戒名を付けはったんや。

泰光智俊童女というのや。

智子は、常順さんが、次の女の子に泰っちゃんみたいな賢い子になって欲しいと思てはった証拠や。善っちゃんのことを、えらい可愛がりはったんも、泰っちゃんと重ね合わせてはったんやと、わては思てる。

あんたは、徳な子ぉや。

それにしても、泰っちゃんは賢い子ぉやったな。よそのお人が、この子は天才やて言わはったもんや。常順さんが、坊ちゃんが大きゅうなった時に、「お前に、あの姉がおったらなぁ」て一言だけ言わはったげな。

泰っちゃんが生きてたら、今頃はええお嫁さんになって、ええ子ぉを産んでたやろか。

12　昭和新五重宝塔完成

昭和十五年五月、荒陵山四天王寺の五重宝塔は完成し、五日間にわたって盛大に落慶慶讃大法会が厳粛に執り行われた。昭和九年九月二十一日の室戸台風で倒壊した五重塔は足掛け七年の歳月を費やして復旧し、華麗な姿を大阪の空に再び現したのである。

落慶式の前日の『朝日新聞』には、次のような記事が掲載された。

千載ののちに残す昭和の宝塔―大阪四天王寺五重塔の落慶法要はいよいよ明日二十二日から五日間厳かに奉修される。六度姿を消して六度復興、昭和九年の大暴風に倒れてより実に七年ぶりの紀元二千六百年のこの佳き年に鎮護国家の宝塔を仰ぐ全国百万信徒の感激はいかばかり―

四天王寺では一山挙げてその万全を期し、連日にわたる大規模な準備を進めている。なにしろ四万坪の法域、八十棟の堂宇をこの大法要場にあてようというので出口常順師が先頭に立ち全僧侶を動員し、太子殿、金堂、六時堂をはじめ全伽藍の秘扉をひらいてことごとく五色の幕を張りめぐらし、六時堂、石舞台にははやくも大太鼓、曼珠沙華などがならび古雅華麗な当日の舞楽をしのばせている。
万全の準備が整えられた落慶法要の式次第は、次のようなものであった。

伽藍復興五重宝塔
　落慶慶讃大法会厳修　荒陵山四天王寺
五月二十二日（開闢《かいびゃく》）午後一時
宝塔入仏開眼供養　入仏開眼舎利供養修法
五月二十三日（第二日）午後一時
鎮護国家大祈願会　四天王合行秘法厳修
五月二十四日（第三日）
聖徳太子千三百五十年御聖忌大法要
一、午前十時　聖霊院法楽…於太子殿
一、午後零時半　舞楽法会…於六時礼讃堂
五月二十五日（第四日）午後一時
皇紀二千六百年奉讃大法会　経供養厳修
五月二十六日（結願）
一、午前九時　事変関係戦没英霊追悼大法会　百光明密供修法

昭和15年に再建された五重宝塔（昭和20年３月に空襲で焼失）

一、午後一時　宝塔再建有志総回向
　　水陸慈済放生会厳修

今日の視点からみれば、落慶法要のプログラムとしては、些かテーマが外れているのではないか、と思われる内容の法会が加えられているような印象を受ける。

しかし……。

この間の世情は急速に軍事大国日本に変容しつつあったのだ。ざっと大まかな事件を拾ってみても、十年、美濃部達吉の天皇機関説がやり玉に挙がり、これを機に学問の自由は奪われる結果となった。三年前に、犬養首相がテロリスト達によって暗殺され政党政治の命脈がつきたばかりのことである。翌十一年には二・二六事件が起こり、その結果、軍独走の途を開いていくことになる。思想的統制も萌芽を見せ、新興宗教などへの弾圧が行われ始めたのもこの頃である。十二年七月には蘆溝橋事件勃発。遂に中国と開戦。秋には宮中に大本営が設けられ、十三年には、国家総動員法が成立、統制経済体制がすみ国民の日常生活は圧迫されていく。この間、南京虐殺を扱った書物なども発禁となり、映画まで統制されはじめた。十四年、ノモンハン事件。大敗した日本軍は、しかしこれを教訓とすることはなかった。

五重塔再建は、このような不穏な時代背景の中で進められていたのである。後に記すが、用材にも事欠いた裏事情があったため、再建の必要性を軍国主義に潰されてしまわないための大義名分を必要としたのであった。

さて、この五重塔落慶法要の内容については、『大阪毎日新聞』（昭和十五年五月十九日）に詳しい。五段抜きの見出しで「廿二日から五日間　四天王寺五重塔落慶法要」「本社機から―五彩の蓮弁　舞楽や行列・寿ぐ法悦」と大きな活字が踊った。

漠々たる戦雲亜欧を蔽う秋、日本のありがたさは一方に興亜の聖戦を進めつつ一方には五重塔が建立され昔ながらのおおらかな落慶法要が厳修《ごんしゅ》されるなど、物資不足の声はあるが、まだまだ欧州諸国から比べればそれだけでも〝極楽浄土〟であろう。その五重塔落慶法要は四天王寺で廿二日から五日間執行され参加延人員千数百名によって、連日いろいろの儀式が修せられる。いまその次第を解説すれば…

と前置きし、日を追って詳細な解説を加え、行事予定を案内している。

第一日目　宝塔入仏開眼大供養・入仏開眼舎利供養

密教で舎利秘密供という同寺創建以来最極秘の秘法とされている式法で、導師は四天王寺貫主大僧正木下寂善師となっているが、目下同師は病臥中であるから、代人が勤めるであろうが導師以下百七十余名の役人が本坊に参集装束を整え午後一時先仏、講旗、稚児、楽人、衆僧、童子らに続いて導師の乗った輿、天蓋などから成る導師列が本坊を出発し椎寺町から西門を経て中門にいたる。一方仏舎利を奉戴した玉輿は金堂西門を出て中門に向かい、また聖徳太子の聖霊を奉安した鳳輦《ほうれん》の供奉列は獅子、菩薩、迦陵頻《かりょうびん》、楽人《がくにん》、長者などが鳳輦を警固して聖霊院虎の門を出て中門に向かい、この三行列が南門と中門の間で出合いとなり、導師は輿を下りて草履履きになり玉輿、鳳輦を塔前に進められ再び長者の祝詞で開扉される。つづいて塔内の儀式が行われ開眼作法を行った後鳳輦還御となって式を閉じるが、この日から数日、本社は奉賛の意味で大毎飛行士操縦の本社機で空中から五彩の蓮弁（紙製）を撒くことになっている。

第二日　鎮護国家大祈願会　四天王合行秘法

大阿闍梨曼殊院門跡久田全洸師が導師となって、午後一時百余名の行列が本坊から前日同様の順路で五重塔前に到着し導師は輿を下りて入座し管弦楽や読経のうちに塔の四方正面から散華が行われ、導師の表白につづいて四天王合行供が修法され読経、奉楽の裏に秘法が終了する。

第三日　聖徳太子千三百五十年御聖忌大法要　聖霊会舞楽法要ならびに聖霊院法楽
古来二月廿二日太子御忌日に厳修されていた四箇法要と舞楽を塔再建奉讃に併せて執行するもので、散華大行進、献茶、供舞が行われるので舎利奉安の玉輿太子聖霊奉安の鳳輦が出向いて舞楽を御覧遊ばす要領になっている。この日の導師は木下大僧正（代人）と聖霊会舞楽法要の方は中之院僧正森田潮應師、聖霊院法楽の方は青蓮院門跡大僧正田村徳海師で聖霊院法楽は午前九時から聖霊院で執行、聖霊会舞楽法要は午前十一時本坊を出発二列に分かれ聖霊院前と金堂前とに到着、両列とも荘厳な諸式があって輦輿はそれぞれ中門から塔前に入り両導師が輦輿両前に香を献じ木津宗匠が献茶し「桃李花」の奏楽があって後輦輿は再び行列美々しく石舞台前庭に移り、前庭の儀があって六時堂へ入って供物など捧げられていよいよ舞楽が初まり菩薩、獅子、迦陵頻、胡蝶など次々に舞台に上り秘曲が奏される。
第四日　皇紀二千六百年奉讃大法会、経供養
二千六百年の佳き年を奉讃し、浄写した経典を本尊として十種の供具（華、香、瓔珞《ようらく》、抹香、塗香《ずこう》、焼香、幡蓋《ばんがい》、衣服、伎楽、合筝）を奉献する儀式で浅草寺貫主大僧正大森亮順師が導師となって厳修する。午後一時第二日と同様の行列が同様の道順で塔前に到着、塔壇上で散華大行道などが行われ、田中槐堂氏が新たに慎写した経文の開眼作法が修せられて後、十種伽陀、十種供具があり分経、読経などの儀式があり、それと前後して「柳花苑」「心羅陵王」「酒胡子」などの奉楽がある。

第五日　支那事変関係戦没英霊追悼大法会、百光明密供、宝塔再興有志総回向大法会、水陸慈済放生会

光明真言の密法によって戦没将士の英霊を供養しまた塔再建のため浄財を喜捨した人達の現当二世の安楽を祈る放生会《ほうじょうえ》が行われる日で、英霊追悼は善光寺大勧進大僧正水尾䋿暁師、放生会は木下貫主（代人）が導師となる。英霊追悼法要の百光明密供は午前十時過ぎから執行、導師表白、修法の後「九條錫杖」「賦錫杖」などの儀があり鉦供養、奠香に続いて遺族の焼香がある。放生会は午後一時から塔前で執行され十万念仏大行進、読経、振弊、鉦供養などの諸儀があって導師の放生会作法、放生文など特別な作法が修せられ六時堂前の大放生池で鳩、鯉、亀などを放って五日間の法要が終了する。

この微細にわたった行き届いた案内の新聞記事は、大阪毎日の社会部記者上田長太郎が書いた。

この他、具体的な塔再建の建築の工法や装飾などについては、雑誌『四天王寺』に京都大学工学博士天沼俊一と四天王寺建築技師・吉村孝義の連名による克明な記録が、昭和十三年十月号から十五年の間に十数回にわたって掲載されている。

また「昭和再建五重塔について」と題した座談会が、十五年三月六日に開催され、肉声としての天沼博士を始めとする関係者の発言の消息を伝えている（『四天王寺』昭和十五年四月号に掲載）。

この座談会の出席者は、次の様な人たちであった。

四天王寺建築顧問・工学博士　天沼俊一、奈良美術院長　明珍恒男、神戸高工教授　野池修左、臨済学院教諭　中野楚渓、姫路市技師　藤原義一、同　大脇正一、四天王寺建築技師　大浦徳太郎、同　吉村孝義。四天王寺側からは営繕課長・出口常順、文書課長（雑誌『四天王寺』編集兼発行人）奥田慈応、庶務課長・坂本実哲の三名が同席し、司会を出口常順が勤めている。

坂本・奥田両名が一応の挨拶をしたあと、

奥田「なお大僧正がこの席に出られまして、御挨拶申し上げるべきでございますが、御承知の通り病臥中でありますので、失礼させて頂きます。（中略）司会を一つ出口先生へお願い致したいと思います」

出口「けふの座談会につきましては、奥田さんが特に塔の落成につきまして、色々御關心を持つておられるのでございまして、實は信者、それから市民の方々、或いは廣く天下の人々のために、この塔に御關係下さいました皆さま方、殊にまた専門的な立場から色々御關心を持つて應援して頂きました皆さま方に、ざつくばらんに塔の各方面から見たお話を願つたらどうか、何と申しますか、軽い意味の塔の見方といふようなことでお話を願ひますが、私に何ですか話の進行をやれというお話で、實は御辭退致しましたけれども、強いてせよとのことで、その方をやることに致します。これはどうも役得ではなく役損の方で困つておりますけれども、どうぞよろしく御願い致します。質問が或いはこんなことを聴かれては困るといふようなことが出るかも知れませんけれども、その點はヅブの素人が無闇に聴き出そうといふやうなことになるかもしれませんので、その質問は悪い、その質問はこういふ風にして欲しいといふことであれば、そういふ風に仰って頂くように願ひます。」

後年、管長になってからも、けっして自分から出しゃばって前へ出るようなことはしない、とても謙虚な人柄だと、よく人から言われたものだが、若き日の常順は、当時教学部長も兼任していたが、なんとも丁寧で謙遜した姿勢であったことが、よく分かる話し振りだ。この座談会中、天沼博士のさり気ない発言の中にも往時の社会背景が刻々と深刻度を増していったようすが、浮き彫りにされている。

「(垂木鼻の装飾瓦に) 最初鍍金した銅板に文様を透刻にして打つつもりでいましたが、銅がつかへなくなった時、出口さんが硝子ではどうかといふ案をたてられましたから、私はおおいに賛成をしましたが、それ限りになっていたのに、昨年遂に焼きものにきまつたので、これなら代用品として立派に役にたちます。」

「始め出口さんが硝子でやつたらどうかということでそれに賛成したのですが、それを打ちつけるのに釘でやれば割れるし螺子《ねじ》釘でつけるより他ないので、一時中止の状態でありましたが、昨年末私が朝鮮から帰つてきた時は、既に皆さんでいろいろお考えくだされたものか、出口さんから瀬戸物でやってはどうかというお話がありましたので、遂に夫が実現しました。」

尤も、塔の屋根は銅瓦で葺かれており、これは、日本の五重塔としては最初の試みであったというのだから、二、三年の内に金属の使用にも急速な制約が課されてきたことが分かる。

事実、前記の大毎記者上田長太郎の「新塔筆供養」(『四天王寺』昭和十五年五月号)に次のようなリアルな記述があり、塔再建に対する時代の逆風のありようまでがありありと読み取れる。

(前略)昭和十一年十月五重塔も木造の許可が下つて勢ひづき、出口常順師は用材集めに乗り出した。十三日には地鎮大法要が嚴修された。それを機會に私は「四天王寺五重塔再建物語」を上下二日間に亘つて連載し、その末尾に木下貫主をはじめ一山塔頭、檀信徒が草履穿きで托鉢行脚に出る筈といふ豫定を記した。廿二日にはその托鉢が實施されたことが報道されてゐる。(中略)

支那事變もはじめのうちは不擴大方針を堅持してゐたが、だん〳〵戦局が擴大するにつれ、總力戰が叫ばれ各種の統制が強化され、實のところ「塔」など不急のものは再建できるかどうかも危ぶまれるに到つた。

昭和十三年五月から大毎では金製品の賣却と献納の愛國運動を提唱した。そのさなかに五重塔立柱式が執行され、純金六十匁を用いた舍利容器が完成した。續いて銅献納運動も各所で提唱され佛教團體でも廢物になつた佛具なども、この際整理してお國のために使はうといふことになり、それが端なくも四天王寺の大釣鐘献納といふデマになつた。この鐘を鑄潰せば四萬二千貫の銅が得られるといふ計算なのだ。

私は明治初年の廢佛毀釈時代に短見者流の破壊の手が立派な美術品の數々を破毀したことを思ひ出した。もつともこの巨鐘は決して優れた作ではないらしいが、苟も「聖徳太子頌徳鐘」であり、鐘の内側にはいちめんに寄進した人の祖先の法名が刻まれてゐる供養の鐘でもある以上輕々しく處分されるべきではないといふ意見だつたので、お寺の当事者は固より各方面の意向を訊したところ、やはり同じ意見だつたので、「献納しない」といふ方の説に加擔して連日報道して、單なる思ひつきから出た献納説を打破した。

續いて九輪の銅が統制にかゝりさうな噂が出て、許可不許可が論議された。私は塔の性質上から見て許可されて然るべしだと考へて許可説に傾いてゐた。そのいざこざの最中に古い九輪が身替りになつて献納されたようなことがあつた。その経緯は今年の三月十五日に行はれた「四天王寺の新塔を語る座談會」で述べられたやうに府側の「大岡裁き」で滞りなく片づいた。

最後に避雷針問題でまた議論を捲き起した。それもまたお寺側の希望通り私達の報道の通り中心柱へ導線を通じて差支へなしといふことになつた。

そうしたいろ〳〵の問題が起伏するなかに塔の工事は着々進められて昭和十五年二月には九輪も取りつけ三月には足場の外圍ひの簀《すのこ》も取り外されて、新塔の姿が窺はれることになつた。（中略）

思へば塔が倒れる前から四天王寺を擔當して、めでたく塔が再建されるまで一貫して、その記事を書くことが出來たのだ。「新塔を語る座談會」で「佛天の加護」という言葉が繰り返へされたが、私も茲で私の文運に対しても、ひそかに「佛天の加護」を感じてゐる。

このリアリスティックな記述に較べ、雑誌『四天王寺』主宰で開催された座談会は、ひたすらアカデミックな、かつ、宗教的色彩の濃いもので、検討してきたような社会情況の変貌による再建への危機や困難や窮状などを、かろうじて乗り越えてきた苦労をさほど感じさせないものになつている。

常順の謙虚な促しによつて始まつた話は、四天王寺の新塔に試みられた意匠の特色の具体的な例についてや、塔の意義、また塔の扉に彫刻を施した明珍恒男の工夫談などに終始している。興味深いのは、創建当時の形に復旧するのではなく、周囲の伽藍との調和を考慮の上、相応しいものになるよう、建築様式は奈良式により飛鳥から鎌倉までの細部をとりいれられており、他には銅板の代用品として陶板を用いた事なども特色となつている話などが主である。しかし、塔再建の意義についての藤原義一の発言などにも、はしばしに時代の世論が垣間見られて興味深い。

「佛寺に置いては源の印度においてもさうですが日本でも塔が重要視され塔が中心になつて佛寺が出來て來たとそういふ風に考えられてゐます。これはむしろ出口さんの方が精しいのではないかと思ひますけれども法華義疏《ぎしょ》の中に嚴國嚴塔という言葉がありまして、國を飾るということと塔を飾るということは同じことである。飾るというのは榮えるということで、國が榮えれば伽藍が榮える。伽藍が榮えるほどの場合なら必ず國が榮えるといふので、さういふ風に國の繁榮というものの根本に伽藍の繁榮といふものを持つてきておるのでありまして非常に深い意味があるのであります。」

「ひどいのになると伽藍の再建などこの忙しい時代に無駄なものを作るといふやうに考へる。世の中が進んで文明的になつてくればくる程、さういふ文明では解決することのできない方面が一面にあつて、その足りないところを、例へば佛教なら佛教の教へによつて更に文明が新生の生命を得て生きて來る、さういふところに伽藍といふものの意味がなければならぬと思ひます。」「大阪に城が出來ます時に非常にこれを非難した人がありまして、あれを作るほどならば貧民病院でも作つた方がいいといはれたものですが、私ども今大阪を見まして、城一つあることが床の間に花を活けたやうなものでありまして、それくらゐの潤ゐはあつてもいいのじやないかと考へております。」

また、雑誌『四天王寺』にも、後記に「非常時經濟から準戰時經濟へ、更に大本營の設置によって、完全な戰時經濟を中核とする戰時體制となった。」「本年號から表紙の圖案に、當寺出土古瓦を配することにした。天沼博士大脇出口兩先生の指導によって、毎月各時代別に掲げていくつもりである。紙の暴騰は實に底知れぬ状態である。豫算の關係上、本誌は減頁の上に紙質もさげねばならぬ事になった。のみならず、來月號から、今まで無代進呈していた方面も大整理をする事になった。云々」等の記述が（昭和十三年一月号）見られ、次第に貧窮してきた世情を具体的に読み取る事が出来る。

事実、落慶法要の当日の新聞の一面トップの記事は、「独軍遂に仏領へ進入」の見出しで、「ドイツ軍とフランス軍を主力とする連合軍との大開戦は白領リエージュより仏領セダンの間においてミューズ河をはさんで開始された」（『大朝』）、「独軍、アベヴィル進入、疾風・英仏海峡に到達、在白連合軍を本体と切断」「仏第九軍団粉卒」「フランスのジロー将軍が捕虜に」（『大毎』）などと報じている。和蘭の女王はイギリスへ逃れ、ロンドンに政府を再組織した。国内では、六大都市ならびに一部主要隣接都市はいっせいに砂糖とマッチが切符制となり、需給の緊迫してくる様子が身近に及んできていることが判る。

しかし、昭和十六年一月は、出口常順編集するところの雑誌『四天王寺』を「五重宝塔再建慶讃特集号」とし、これまで平均約五十頁くらいの厚さの本を、一挙に百七十六頁の分厚い物に仕上げ、自らも再建後日物語を掲載した。

歓喜の涙――再建後日物語――営繕課長　出口常順

言いようもない恐怖の嵐の中に、今迄旗竿の様に揺れていた五重塔の九輪から忽然と倒壊して行ったその瞬間が目に映った。（以下略）

○

塔の倒れた瞬間である。大樹は何本も倒れ、瓦の飛ぶ境内を座蒲團を頭にかぶって、足袋跣で、その日の私の持場西門の納骨堂から泳ぐ様にして本坊へと走った。引き切りなしの注進―現場には人が埋つている、金堂が危い。太子殿の屋根が抜けた、總動員、救助へ。私は金堂内陣の佛舎利奉遷のために衣躰を改めて向つた。金堂は今にも倒れる様に大きく傾いて軋む物凄い音が風の間に引きりなしに聞える。裏堂の外れた扉の間から這入ると眞暗、連子窓の明りを通して外陣には幾つもの佛像が倒れて、あやうく躓づくのを避けながら、一心に眞言を唱へつゝ作法型の如くにして舍利塔に上つた。黝黒の中に大梁が恐ろしい音を立てゝゐるが、佛舍利を捧げて私の心は云ひ様のない平静を覺えた。その時の心境は説明の出來ないものであつた。堂外には門役が待つてゐた。雑然と積木の山になつていた無慘な塔のあとには早くも勇敢な一山の人々が上つて人命救助の動作が始まつていた。やがて軍隊の出動、出入方組、鬭矢組、大林組などが三つに分かれて積み重つた巨材が綱で引き出された。これから三日間不眠不休の救助動作が續けられた。學校からは炊き出しが出る。覆をしたいたましい擔架が幾つも引き出された巨材の間を縫って病院の地下室に運ばれた。目印に着物の切れが掲示されたのを思ふだに身の毛がよだつ。

一方比叡山から應援に來た青年僧侶達は甲斐々々しい行脚《あんぎゃ》姿で、遭難の學校、築港、堺三寶の濱まで回向して全市を見舞つた。同時に罹災見舞に來寺した人は毎日おびたゞしく續いた。畏くも御差遣の久松侍従を御迎へ申し上げたのは雑然たる巨材の間に丸卓子を置いた廻廊の一隅であつた。四天王寺本坊では一山會議が開かれて應急處置が協議されて出入方が動員された。天沼先生が來寺されたのは間もないこと。金堂に大きな控え棒が何本も施され、ワイヤーが幾筋も張られてもう大丈夫となつた。これが復興への第一歩であつた。

○

一應の跡片付がすめば何を置いても再建への原動力たる觀募に一山が努力したことは云ふ迄

もないことである。佛跡講、舞臺講、疊講を初めとして各講社、信徒の方々が淨財を喜捨せられ、斡旋せられたことは涙ぐましい感謝であった。併し觀募の初期、一應二應の努力も遂に行き詰つた。一山と信徒の各位が一堂に會して眞劔なる協議の結果大阪全市托鉢行脚といふことに依つて、寶塔再建觀進の行は西區の各町、裏通、露地の奥まで法螺貝の響を、讀經の聲と御詠歌の鈴の音は流れて行つた。

畏くも伽藍復興の為めに金壹封御下賜あらせられたのを始めとして、新らしい駒札や寄附札は次第々々にその数を増して行つた。

○

木造か鐵筋かの問題ほど再建工事で當惑したことはない。（中略）多くの人々の側面の努力もあって初期の木造建築はその年の十月十四日に許可の指令が來た。不思議にも地鎭大法會の翌日であった。数多くの外護者の中こゝに銘記すべき二人、前大阪府知事安井英二氏、工學博士伊東忠太氏。

○

木造と定まると直ちに五重塔の特別御用材選定の爲に高野へ走つた。（中略）太子寶塔再建の功徳は帝室林野局長官を始め各營林局、事業所長等のうれしき厚意や援助があつた。用材は凡て長尺の巨材で高野から貨車幾十臺土佐から幾隻の汽船に運ばれて、木曾の柱材と合せて木遣《きやり》の音頭勇ましく大路を練って、始めて見る木曳きの華やかさに市民の眼を見はらせたこともあった。そうして境内の西南隅は御用材の山となり、日毎に木挽きの大鋸十數丁が木の香も高い大材を挽き、五十人大工の鑿音と製材機のうなりが勇ましく交響した。

○

近年の新聞ニュースとして四天王寺五重塔ほど長年に渡つて世に喧傳されたものはなかろう。大阪朝日新聞社、毎日新聞に倒壊の號外が発せられてから七年後の昭和十五年五月二十二日の落慶式の終るまでの記事が切抜帳に五冊も出來てゐる。而も號外活字の四段、五段抜の記事が大部分である。兩社とも社長、會長、重役の方々の援助は非常なものであったが、中にも大朝の木村巳之吉氏は再建事業の率先指導援助者として大毎の上田長太郎氏は記事奉仕者として塔の再建と共に永久に光る人である。殊に大朝の廣告部を中心とした百萬合力銅瓦寄進と飛鳥展と塔内壁畵奉納寄進とは再建事業の中の一大偉觀であった。再建途上の塔中心下の發掘調査及び色々の出土品は學界に新しい研究資料が投ぜられ千三百年の歴史の回顧と、四天王寺の認識に新たなる分野が圖られたことも新聞人の活躍に依つたことが多かった。

○

再建工事事務所の空氣—それは新装の中門と五重塔が如實に示している様に、うれしくも和やかなものであつた。塔の立派さは餘りにも有名な天沼博士の人格と天才と努力の結晶とも云ひ得る。工事七年の間に再々承はつた言葉の一つ「私は塔の再建に最善を盡くし得る天王寺へ来ることが毎週此の上もなく嬉しい」、ここに塔の立派さと純潔さの一面が伺はれるではないか。設計の原圖、模型、原型、實物何れの中にも直接博士の手に依つてうるわしき人柄と、尊き蘊蓄がにじみ出てないものは一としてない。その意圖は大浦、吉村、森本の三技師によつて美しくも反映されて塔への莊嚴となって表はれた。又博士に影の如くに随伴して時に相談役となり時に和楽の泉となった郷土研究者大脇正一氏の存在をほほえましき塔影としてこゝに始めて御紹介して置くことも必要であらうと思ふ。

文化塔にも又再建新塔にも一つの不思議な因縁がある。それは、工事施工者金剛家は第三十七世治一未亡人芳江女史であるが、昔の塔も同じく未亡人の代に再建されたと傳へられている。昔のことは知らぬが、芳江女史が多くの荒い大工や弟子を督勵して工事完成に心血を濺いだことも、新聞や雑誌に伝へられた処である。

私の立場として終始一貫、工事従業員に守らせたこと、それは「お互いに太子様の寳塔再建てふ千載一遇の有難い仕事に従事するものは、常に和合、協力を第一とすること、喧嘩口論一切工事場に無用」といふことであった。孜々營々として一重毎に塔が中空高く出来上がつて行く七年の間、一人の大怪我もなく紛争もなかつたことは太子様の御加護として有難く思つてゐる。

同時に長年月の中幾多の難関―鐵筋、木造の問題、用材の集積、銅使用禁止、資材制限、九輪の鑄造、金箔の使用、避雷針の問題―これ等は幾度か頓挫に瀕し困惑の極度に達した問題だが、その都度一條の光明と共に好轉されて初期の通りに凡て完成されたことは、全く聖徳太子の御冥鑑に依るものと一同希有の思に充されてゐる次第である。

○

うれしくも寶塔再建工事は豫定の日を逐ふて着々と進捗した。併し肝心の御佛畵、塔内四天王像、繧繝極彩色、御扉の彫刻その他の佛具などは、非常時局の進展と共に到底完成する見込みが立たなかつた。こゝにも又有難い光明が輝いて、御佛畵の方は大阪朝日新聞社の木村巳之吉氏の非常なる努力と斡旋に依つて堂本印象畵伯が奉仕拝寫に精進せらるゝことゝなつた。四天王像は新納忠之介氏の拝刻となり、佛具荘嚴具の謹製には廣瀬都巽氏の斡旋に負ふ所が多かつた。御扉は明珍恒男氏の奉仕となり、塔内のまばゆき迄の莊麗な繧繝極彩色は天沼博士指導せられ、恰も春風春水一時に到るが如く名匠巨擘が狭き堂内に蘭菊美を競ふことになつた。最後には、徳風會の外護となつて二重の基壇には蓮華紋が浮彫され、百四十尺の上の金色燦然として九輪には風鐸が鏗鏘と鳴つて、太子鏤金の昔を偲んで遠く十里の外から寶塔を望むで拝することが出來る様になつた。

かくて輪奐《りんかん》の美と荘嚴の麗しさに完成された昭和の新塔は五月空に魏々として聳え丹碧の偉観は四囲をしのいで、仰ぐものの目を拭ふて自ずから拝跪した。越えて五月二十二日の曠古の落慶大供養の盛儀は歡喜と法悦に終始した。

今獨り塔前におろがむ時、譯は知らず歡喜の涙とめどなく流るゝを覚ゆ。自から手を合せて唱ふ。

「太子の御徳と御光に照らされて、我等と衆生と皆共に寶塔を茲に建立せり」――合掌――

13　アルバムから

ここに一冊のアルバムがある。

A四判の横長で、左端を縦に綴じた紐が古びて、先の房が痩せている。表紙は、緑と赤とオレンジの三角形が組み合わされたデザインで、模造革のようなザラリとした手触りだ。そのデザインの三角の右上がりになっていく一辺に添いながら、白いインクで「のびゆくすがた」、それから右下に「よしこ」と、いずれも小さな平仮名だ。几帳面で丁寧な文字は、まさしく父・常順の筆跡である。

最初のページには、泰子（亡姉・昭和十年八月一日生）の写真が二枚貼られている。いずれも手札型で、最初の写真の下には「昭和十二年・秋・奈良公園」と、これも白インクで書かれてい

左から父・常順、泰子（亡姉）、母・春子（昭和12年春、白浜千畳敷）

る。父は、中折れ帽を被り、ネクタイを締めオーバー姿で、左手には泰子の丸いビーズの小さなハンドバッグを下げている。母は、髪を中央で二つに分け後ろで束ね、丈の長いコートに白いショールを掛けているが、着物の袖丈はゆうに一尺七寸はあろうかと思われる。当時の数え方では三歳（満二歳）であった泰子は、父と母の間に、丸い縁の、正面に花が三つ着いたフエルトの帽子を被り、白い襟に赤と思われるワンピース、ハイソックスといった出で立ちで、小さな手で父親の右手の人指し指をしっかりと握って立っている。傍らには、鹿が十頭ばかり寄って餌を食べている。遠くには、まばらに人影も見える。今に変わらぬ、のどかな晩秋の奈良公園の風景である。

　次の一枚は「昭和十二年・春・白浜千畳敷」。母は絽らしき着物に白いパラソルをかたげて海を背景に立ち、浴衣姿の父は、大きな麦藁帽子と泰子を膝に、岩に腰を下ろしている。岩は、そのまま海に突き出し、穏やかな波に洗われている。

この頃の常順は、五重塔再建の重責を荷ないながらも、休暇には幼い泰子を連れて、のんびりと楽しい家族旅行をしていたようすが、これらの写真から窺い知れる。

この間、日本は、次第に重大な方向へと、堰を切ったように走り出していた。

同年、蘆溝橋事件から、日中戦争が勃発する。当時は日華事変と言った。

近年、新たな史実が白日の下に曝されはじめ、歴史が書きかえられようとしている。アメリカの戦後教育が、好戦的日本、侵略的日本という偏った宣伝に終始して誤った先入観を植えつけ、日本の戦後の支配的思想としていった経過も、次第に明白になりつつあり、まだまだ事実に至るまでには左右に大きく揺れ動き、多くの歴史的時間の経過を必要とするだろう。

『昭和大阪市史』にも、時局の変化が急を告げているようすが記録されている。

日華事変発生による時局の影響を受け、行政の末端にも組織化の必要を生じたが、当時政府が提唱した国民精神総動員運動の実践母体として、規律統制ある町会の結成が強く要望せられるに至った。(中略)時局に伴う銃後の護りが叫ばれ、市民の行政に対する総力的援助を必要とするに至って、町内会のごとき地域団体を、時局の要請する方向に改組することは、きわめて緊要事であった。そこで市は従来の放任主義を一擲して、十三年一月より新しい町会を目指して、町内整備運動を展開した。

アルバムの最初のページの右には、泰子の写真より二倍も大きい、兄の満一歳の記念写真が貼られている。

「昭和十四年・正月・正元」。正元は、兄の幼名である。

場所は東光院の庭。父は、新年らしく羽織袴の正装で向かって左側に立ち、これも羽織姿の母が椅子に掛けて、白い毛に縁取られた小さなオーバーと正ちゃん帽を被った満一歳の兄を抱いている。最初のページは、これで終わる。

この年、国家総動員法発令。大正デモクラシーが育てた政党政治は無残に崩壊した。

二ページ目になって、ようやく私が登場する。

「昭和十四年九月　善子　生　一ヶ月」

これも、背景に棕櫚竹が写っているので、東光院の庭で撮られたもののようだ。私の坐らされている椅子は、子供の頃まで応接間にあって見覚えのあるものだ。辛うじて一人で椅子に坐らされているものの、今にも、傾いでしまいそうになる風で、それを予想するかのように母の右手が、あたかも支えるかのように大きく写っている。真っ白なフリルのついた広い襟の産着がふわふわと柔らかそうだが、とても袖から手など出る状態ではなく、口も少し開けたままで、いかにも事のついでに生まれて来たような表情をしている。事実、末っ子として、世間知らずの甘えん坊で育ち、この後もポケッとした生い立ちになっていくのを、そのまま予告しているかのように見える。

私の生まれる三月前には、ノモンハン事件が起こっていた。

翌十五年五月、ようやく五重塔再建。室戸台風で倒壊してから、足掛け七年の月日を要した。塔再建の営繕課長として職責を果たした常順は、三月後の九月には雑誌『四天王寺』の編集長を拝命している。

同月、日独伊三国軍事同盟が締結された。

常順が編集責任を持ってから間もなく、月刊誌『四天王寺』には「本坊日記抄」なる欄が設けられた。この記録によって、寺史が具体的に記録されることになった。

この年に始められた「本坊日記」の一部（『四天王寺』昭和十五年十一・十二月号掲載）を紹介してみよう。

十月一日　點林堂永久梧窓善士（著者注・本木昌造）は日本に於ける活字の元祖として、その恒例追悼法要が其の銅像前で本木會主催の下に盛大に擧行された。（中略）

十月十二日　旭区女教員修養会員二百名は寺内を巡拝して後に静寂の客殿で東光院出口常順師の「時局と教育」に想を新にす。

十月十九日　四天王寺病院内科勤務桑田豊長軍醫中尉は京城醫専卒より京大松尾内科に研究を續け、昭和十二年より本院に勤務中、十三年九月に應召し中支方面に活躍中のところ十五年五月廿四日戰没。此の日郷里宇和島にて市葬が行われるにつき、同刻をもって病院に追悼の會を行ひ、一同故中尉の明朗快濶の人柄を追慕す。

十一月八日　出口常順師は天台宗教學部長に就任。

常順が、四天王寺の客殿で二百名の女教員修養会員を相手に「時局と教育」という講演をしていた、ちょうどその日、大政翼賛会が創立された。

『昭和大阪市史』は、大政翼賛制について、つぎのように記述している。

事変拡大とともに、政府は時局の前途容易ならざるを憂慮して、挙国総動員の非常時体制をもって、一路終局目的の達成に邁進すべきであるとし、まず国民精神の緊張を先決とする方針のもとに、国民精神総動員運動を起こすこととなった。すなわち十二年九月十三日国民精神総動員実施要項を決定、「挙国一致」「尽忠報国」「堅忍持久」の三大指標のもとに、国民の決意をかため、その徹底化を期することとした。（後略）

第二次近衛内閣が挙国一致の新体制を声明して、新体制準備会から生まれた大政翼賛会の実践要綱は次のようなものである。

一　臣道の実践に挺身す
二　大東亜共栄圏の建設に協力す
三　翼賛政治体制の建設に協力す
四　翼賛経済体制の建設に協力す
五　文化新体制の建設に協力す
六　生活新体制の建設に協力す

大阪府においては、十五年十二月十日、大政翼賛会大阪府支部結成式をあげ、ついで府協力会議を地域代表三十名、職能代表三十名をもって構成したが、本市においては市及び区に各支部をおき、市長及び区長が各支部長となり、市支部には役員として常務委員（十名）・顧問（二十一名）・参与（二十九名）があり区支部には理事（十名内外）をおいた。

この創立への経緯については紆余曲折があったが、十二月に発表された「実施要項」によれば、その目的は「互助相誡、皇国国民たるの自覚に徹し、率先して国民の推進力となり、常に政府と表裏一体協力の関係に立ち、上意下達・下情上通を図り、もって高度国防国家体制の樹立に勉む」というものであった。

アルバムの次の写真は「昭和十六年　善子・三　正元・四」。

こちらは、東光院の前庭で兄に手をつながれて立っている。これが二枚。二人とも、幼児らしくまるまる太っていて、毛糸のセーターを着、その上にエプロンを掛けている。冬の普段着のまま撮ったようだ。

同年二月九日の『朝日新聞』の一面トップの大見出しは、大政翼賛会についてであった。

「政道、政党とは異なり、高度の政治性を有す」

四月一日からは、小学校が国民学校に改変。教育は時局の進むと共に、国防教育に変転した。

そうして遂に十二月八日を迎える。

午前四時、内閣情報局から「今から気象管制にはいる」という指示が、報道機関に出された。天気予報その他これに類似した一切の放送をとりやめるということである。

午前六時ちょうど、陸軍省記者クラブにつめかけた記者たちのまえに、陸軍報道部長大平秀雄大佐と、海軍報道部員田代格中佐が現われた。

「発表を、おこないます」

そう言って大平報道部長は、手にした原稿を大声で読み上げた。

「大本営陸海軍部発表（昭和十六年十二月八日午前六時）帝国陸海軍は今八日未明太平洋において米英軍と戦闘状態に入れり」

この間、三分であった。（中略）

当時の新聞は、この時の情景をつぎのように報じている。

「ああこの一瞬、戦わんかな時至る。永久に忘れ得ぬこの名句、その長さは僅か三十字の短文であるが、適性国家群の心臓部にドカンと叩きつけた切札である。砕けるばかりに握った記者たちの鉛筆の走る音。カメラ陣のフラッシュの斉射、この間僅に三分間、かくて開戦を告げる世紀の大発表第一声は終わった」。（『大本営発表の真相史』元大本営報道部・元海軍中佐富永謙吾）

ラジオは臨時ニュースとして「大本営発表第一号」を読み上げた。

常順は、当時のインテリ層の一人として、常に内外の情勢にも並々ならぬ関心を持っていた。殆どの日本人の感情と同じく、往時の教育を受けた者として、当然の事ながら愛国精神も充分に持っていたし、特にその立場上、聖徳太子十七条憲法を遵守する姿勢に徹していたことはいうまでもない。

それでも尚、この大本営発表を聞いた時には、さすがに、「これはエライことになったなぁ」と内心、忸怩たる思いであったと、後日、正直に吐露している。

数年前、留学の後じかに米国を訪れ、その文明の進んでいること、経済力や産業の規模の莫大な有様を、自分の目で確かめているだけに、途方もない戦になるだろうという予測は充分についたはずである。他にも、長年アメリカに留学していた医師が、即座に「日本は戦争に負ける」と言い、親族の陸軍中尉と口論になり、「非国民」と罵られた人もいたという。しかし、当時、外国生活経験者など、そうざらには居らず、このような混乱が、各所で起こっていたとは言い難い。

常順の父・八平は、次男を兵隊に取られている。往時、長男は兵役を免れた。そこで、壹平（常順の幼名）を跡取りのなかった出口家の養子とし、仁智朗（常順の弟）もまた親類の未婚の老女の養子とし、各々の家の長男として、戸籍上兵役を免れるように工夫した。これは一般的に行われていたようで、子供を兵役で死なせるようなことをしたくないというのは、普通の親の発想であり、誰しもチャンスがあれば戸籍の上だけでも、長男にしたいと願っていたに違いない。しかし、このことについて、常順も仁智朗も詳細な説明を受けていなかったと思われる節がある。たまたま、弟・仁智朗の養家が、実家と同じ「中川」姓であったこともあって、仁智朗が養子に出されていたことは、その子弟（私の従姉妹）たちも知らなかった。

後々、なぜ常順を出口姓にしたのか、中川のままにしておけばよいのに、八平祖父さんはしょうがない人だ、と愚痴をいう係累が実際に居たことからも、八平の真意は理解されていなかったようだ。しかし、長男が兵役を免れたのは明治末期までで、常順は学生時代に、徴兵検査を受けている。前にも触れたが、体は健康なものの体重が極端にすくなかったために、丙種合格となった。当時の若者がよく罹る労咳（結核）のごとき体躯をみて、検査官の兵隊さんから、「しっかり長生きせよ」と励まされたという。八平は、常順が丙種合格ときいて、口には出さないが心中ホッとしていたに違いない。そんな気分が伝わるのか、常順は自分が丙種合格であったことを、いつも笑い話にしていた。兵役検査の話は、いろいろ伝わっているが、乙種合格でがっかりして、どうしても甲種になりたいと嘆願したとかいうようなエピソードも残されている。やはり、本人の家族や環境によって、ぜひ兵隊さんになってお国の役に立ちたいと願う男子は、少なくなかったのである。

常順も、十七条憲法の第一条「和を以て貴しとなす」を、もっとも信奉していたが「天子さまの命」となれば、命もなげださなくてはならない、という精神を、明治生まれの人間として、当然のことながら持ち合わせていたと思われる。『万葉集』の「海ゆかばみずく屍　山ゆかば草むす屍　大君の辺にこそ死なめ　かえりみはせじ」という歌のかかれた書を大切にしていた。ただし、兵役ではなく、自分の立場で、自分の力のおよぶ範囲で、日本国の役にたとうとしていたようだ。

十二月八日には、日本軍は真珠湾を攻撃し、第二次世界大戦に突入していく。

雑誌『四天王寺』の昭和十七年一月号に、前年の十二月八日の記録がある。

「宣戦の大詔を拝する日　四天王寺研心會記」と題する小文である。

研心會の十二月例會は八日午前十時から天王寺本坊において開かれ、此の行事中に宣戦の大詔を拝したのであるから、実に忘れられない日となったのである。この日は、釈尊成道の日である。二十五才で出家して三十才まで各地に道を訪ねて苦行したお釋迦さまが、最後に二レンゼン河の畔で身を清めて氣を新たにし、十二月八日の明星を仰いで大悟したといふのであるから、此の十二日八日は大東亜の宗教的の黎明の日として記念され、いはゆる「成道會」が行はれる日である。（中略）ところが此の日午前六時「西太平洋に於いて交戦状態に入れり」といふニュースを聞いた。（中略）午前十時過ぎに東光院出口常順師の挨拶に次いで、讀經儀の練習が成道の日にふさはしく南の陽を受けた方丈客殿で開催された。（中略）しかし次々のラジオは、明かに、宣戦の大詔を拝し、東條首相の放送を豫告するに於いて決意は成つた。会場の後方入口にラジオを備へつけ、その準備完了してから、讀經練習を休止すると共に、一同起立、東方を拝して宮城に對し奉つて最敬禮。畢つて其のままラヂオのスイッチを開く瞬間及び其の後の感激は恐らく生涯に忘れられないものである。筆には書けない。参集された方々のお互の胸の中にあるものである。

当時の日本国民の感情は、「やった」とか「胸がすっきりした」という反応が多い。しかし、ここにいう「お互の胸の中にあるもの」という書き方は、意味深長であり、当時としては誤解を招かないように気配りをしたぎりぎりの表現であったと思われる。

この文章には記名がない。しかし、臨機応変に「成道会」の会場にラジオをセットした人物である。この人にも、開戦には思う所複雑であったに違いない。

ところで、一年後、常順の「編集後記」に次のような記述がある。

昨年の十二月八日は朝七時から方丈客殿に研心會院二百餘名が般若心經を習練中に、事態ただならずと、會場入口にラヂオを急設し終るを待つて、只今、宣戦の詔勅がと告げ一同起立して東方を拝し、向き直つて首相の聲に聞き入つた。全員の總意自ら太子聖靈院に向ひ般若心經三巻に至心の祈誓をこめた次第である。(それにしてもあの時ラヂオの急設を命じたのはどなたであらうか。)

「えらいことになった」という常順の本音は、まもなく「しかし、天子さまが戦えとおっしゃるのだから、ここは一つ御国の為に頑張らねばならぬ」という健気な決意を固めるきっかけともなったのである。

戦前の最後の写真は「昭和十七、善子・四　正元・五」の一枚である。

兄は幼稚園児になっている。フエルトの正ちゃん帽、半ズボン・長袖上着の上に幼稚園の制服らしきエプロンを掛けている。そのエプロンに幼稚園のマークが入っており、胸から長四角に折り畳んだハンカチを下げ、革靴を履いている。私も、同じようにフエルトの帽子を被り、革靴を履かせてもらって、こんどは兄に手をつながれることなく、大まじめに直立不動の姿勢をとって、兄と並んで立っている。

二年前に結成された大政翼賛会は、一億国民の総運動であるのに対して、特に青壮年層を翼賛運動の義勇軍として、十七年一月十六日、大日本翼賛壮年団が結成された。

三月には、大阪市翼賛壮年団も誕生した。市団の名誉団長は市長、別に民間より簡抜した団長を設け、副団長一名・総務十一名を置き、役員の任期を二年とした。

この「民間より簡抜した団長」は、市内に四名であった。

山田庄助（東大卒）、出口常順（京大卒）、浅野和男（明治大卒）、中村広三。前者二名は、知的資源として、後者二名は共に豪快な髭面で応援団長であったので体育会系豪傑として、特色顕著な人たちが選ばれたのであった。

常順らは、本坊から帰ると衣を脱いで、戦闘帽を被り国防色の軍服を身につけて、ズボンの裾を脚に添わせるように折り、その上からゲートルを巻いていた。

この年、四天王寺貫主木下寂善大僧正遷化。

終戦までの私のアルバムの写真は、これで全てである。これを整理してくれたのは、少しずつ復興し始めた昭和二十二、三年頃で、父が残していた古い写真を集めて、私の為に一冊のアルバムにしてくれたものだ。

昨今の子供のアルバムとはくらべものにならないような、僅かな枚数の記録である。それが却って、この時代背景を物語っているようだ。また、亡姉・泰子の幼い遺影を、せめてそのあとに続く兄妹にも覚えておいて欲しいと願った父の想いが、今もせつせつと伝わって来る。

昭和十八年一月の雑誌『四天王寺』巻頭には、故木下貫主のあと就任した武藤舜應貫主の、「鎮護国家」の額文字をタイトルに、大阪翼賛会大阪市支部の「序」が掲載されている。

今や未曾有の難局に際會し、國民は擧げて勤皇護國精神を振起し、戦争完勝に邁進せざるべからず。本支部に於いて郷土に縁ある勤皇護國の烈士先覚者顯彰運動を強力に展開せる所以なり。（以下略）

巻頭は威勢のよい文章だが、「本坊日記」には前年度末あたりの戦争の実態を物語っている。

△大東亜戰争戰没者天王寺區合同葬儀五智光院に於て執行。

△大日本傷痍軍人會大阪府支部天王寺分會物故會員慰靈祭並秋季総會

△大東亜戰争第一周年記念日　この日本坊に於いては午前十時三十分五智光院宝前に、大東亜戰争戰没将士英靈碑を飾り、貫主御導師にて嚴粛裡に追恩大法要を営む。

△金屬回収、建艦、弾丸の資材として報國の赤襷する佛具類は本坊庭園に集積した。量實に六千貫、府報國團員の手によってトラックに積み込む。市の文化課より映畫班が馳せ参じて之をフィルムに収める。この日本坊より積み出した数四千貫。

ところが就任したばかりの武藤貫主が、十八年三月二日に突如遷化した。在任一年に満たない。

常順が、『四天王寺』三月号をようやく編集し終わった時のことである。次号にはまた追悼文を用意しなければならなかった。

常順の生真面目な性格が、雑誌編集にいかに真摯に取り組んでいたかということがよく現われている「後記」があるので、紹介しておこう。

△編輯子の誤記を二つ申し上げます。六月號竹村先生の書信は大和の転法輪寺でありますが京都嵯峨の釋迦堂と書いたのは全く記者の誤であります。（以下略）

△一語の不注意一字の誤植も出來上って來た雑誌の全体を破壊するから其の一ヶ月間が憂鬱になる。思わぬ點で喜んでもらったり思わぬ事で失敗したり其の失敗は思わぬ所から來る。

その六月号には、新しい貫主田村徳海大僧正の就任を報じる記事とともに、四天王寺大梵鐘献納の詳細が掲載されている。

あのままでは運搬できないので、先ず龍頭から下され、特別の技術で裁斷される工事も大部分完了して晴れての献納を待つばかりになったが、何千何萬の念佛やお経がこもっているのだから、よき彈丸となれ、よき大砲になってくれる様にと祈りを込めて、参拝の人々が新しい祈念をこめている。

この情景は、私も覚えている。大梵鐘の吊られていた大釣鐘堂は、東光院の西隣りに位置しており、子供であった私も、鐘を切り刻んで搬出していったときの有様を、始めから終わりまでじっと見ていた。満四歳の子供の目には、切られた釣鐘は畳ほどの大きさに見えたが、実際はもうすこし小さかったかもしれない。

> 天王寺、浪速、南三區に點在する郷土先覚者の銅像大小十數體、お馴染みの大楠公、二宮金次郎、區内國民學校の校庭から、ここ四天王寺萬灯院の裏庭に各々赤襷で駆けつけ身を以ての七生報國の垂範をみる。

という「後記」もある。

数少ないこの時代の資料『四天王寺』も紙質は悪化し、ページは減少している。

昭和十九年から一・二月号合併となり、三月号から編集後記は表四にまわる。本坊の年間行事も履行できなくなったのか、「本坊日記」も書かれなくなった。

雑誌も『太子鑽仰』とタイトルを変え、表紙から写真版など消えた。

そうして翌三月、大阪大空襲。四天王寺七堂伽藍ことごとく焼けてしまった。

常順は、『太子鑽仰』（昭和二十年十月二十二日発行）の編集後記に、つぎのように報告している。

> 本會の母胎、四天王寺は三月十四日大阪最初の大空襲に、太子御建立四個院の根本道場敬田院の御遺蹟たる中心伽藍、中門・五重塔・金堂を含む全一廓が烏有《うゆう》に歸し、太子聖靈殿をはじめ境内數々の諸堂宇も殆ど同じ運命に遭った。本號にありし日を偲ぶよすがに寺の写眞數葉を収めた。

14　沖縄へ

出口常順は、戦後、アメリカ領土の沖縄に渡った、最初の民間人である。

当時の新聞等の報道は競って、「宗教人として初めて」という表現をしている。それは占領軍への配慮からか、或いは、四天王寺管長を一民間人扱いしたのでは礼を失するとの慮りからなのか、定かではない。

これより先、昭和二十六年一月九日、田村徳海管長が遷化、新管長に執事長であった常順が選出された。

四天王寺管長故田村徳海師遷化のため次代管長を推薦することとなり二月十五日午後三時から四天王寺本坊で支院および信徒代表から成る推薦委員会を開き満場一致を以て出口常順師を管長に推挙しここに新管長が決定した。（『四天王寺』昭和二十六年三月十日号より）

新管長出口常順の普山式は五月二日、三日の両日に亙って盛大に行われた。式場五智光院には仏舎利を奉安する鳳輦を据え勝鬘院会奉行となり大導師出口管長、呪願師一音院をはじめとする諸役で舎利供養を厳修、つづいて客殿で大披露宴が開かれ、新管長の挨拶ののち、列席諸名士から交々祝辞が述べられた。なお参列者は、両日で七百名に上った。

常順は、管長就任の挨拶として次のように述べた。

「私は十一歳で当山市川大僧正の弟子となりまして、さきの関西大風水害で堂塔伽藍が倒壊いたしました時には、営繕課長として復興の衝に当り百万の合力を得て新塔並びに伽藍を再建し昭和の木造建築の代表と称されておりましたが、惜しくも戦災を蒙り僅か五年で灰塵に帰し、また皆さまの御協力を支柱に頼んで再建に乗り出すことになりました。思えば塔を建てるなど人間一生のうちに経験した方々は少ないことですが、これを私は一生のうちで二度までやらせて頂くことは誠にありがたき仏縁と存じ、不撓不屈の勇猛心を奪い起こして事に当たろうと存じております。しかし、それは短時日では成就いたしませんと同時に、目に見える塔を建てると共に、心の宝塔を建てることに努力いたしたいと存じております。時恰も聖徳太子千三百三十年の御聖忌を迎え、とりわけ意義深い時に管長に就任いたしましたことを御仏のお導きと念じ、皆さまの御力にすがって仏道興隆に精進いたしたいと存じております。」

これまでとは異なり、この時の管長は、五重塔のみならず、境内の全堂塔伽藍復興という困難な重責を、当初から生涯を通じて引き受けねばならない立場にあった。

七堂伽藍は全て烏有に帰して、荒涼たる焼け野原と化した名跡ばかりの大日本仏教最初四天王寺の管長に、常順は就任したのである。

さて、当時はまだアメリカ領土であった沖縄に渡島するには、当然の事ながらパスポートを必要とした。しかも、終戦後六年の歳月を経ても、米軍は、軍関係の特別な使命以外、一切の渡島を許していなかった。

そのような状況下ながら、昭和二十六年秋には、沖縄仏教会会長から、激戦地沖縄の十数万（当時の概数、現在では二十余万といわれている）に及ぶ戦没者の慰霊に、是非、日本から来島して欲しいとの招請が、四天王寺管長・常順の元にもたらされていた。

更に翌年二月には、戦後初めて沖縄から遺骨が大阪港に帰還してきた。

昭和二十七年三月十日の『四天王寺』（月刊誌であった『四天王寺』は、昭和二十一年八月で途絶え、二十五年に復刊されたが、この時期はまだ冊子にはなっておらず、B５判八頁の新聞状の刷り物）の記事は、次のように報告している。

初の沖縄遺骨出迎

太平洋戦争の犠牲となって硫黄島その他に屍をさらした幾多の英霊のうち二十一柱の遺骨が戦後はじめて、二月八日朝大阪港に帰還した。（中略）連絡を受けた当寺では、出口管長はじめ、一山僧侶、遺族代表らで出迎え、二十五番浮標にかかった同船臨時祭壇に安置された遺骨を懇ろに回向し、同十一時下船、当寺内の英霊堂へ先ず安置された。つづいて十五日大阪府遺族連盟が施主となって英霊堂で慰霊法要が営まれた。

これらの遺骨は、和智恒蔵師が硫黄島の洞穴の中で拾い集めて荼毘に付したものの一部である。以来、四天王寺の英霊堂には、南方の島々での戦死者の遺族たちの参詣が絶えず、遺児の団体代表七十五名らも、父かも知れないという儚い期待をたくして参詣に訪れていた。

常順らは、昭和二十六年秋には沖縄慰霊を発願、常順の記述に拠れば「その筋」（ＧＨＱの事か？）に申請し、許可されるのを今か今かと待っていたのである。すでに慰霊団も組み、氏名も発表し、慰霊祭のための長尺の卒塔婆や祭壇など、着々と準備を整えていた。

翌年の春頃には、かなり渡島への明るい見通しがたっていたようで、常順は『四天王寺』四月号に、沖縄の人々への次のような挨拶文を掲載している。

渡島の御挨拶に代えて
沖縄の皆様
皆様方は、不幸な戦争のために荒廃に帰した郷土の復興に日々努力して、再び南の海の楽土を建設するために、精進をつづけて居られることと存じます。
殊に、戦雲収まるや逸早く復興に立ち上がられ、恩讐を越えて「怨親平等」の御仏の教えをそのままに、痛ましい犠牲者を厚く弔い、ここかしこに慰霊塔を建設して、懇ろに遺骨を集め、判明した英霊の遺骨遺品を日本に送られるなど、御地の空にひねもす夜もすがら、万斛のやるせない思いを馳せて居られる幾十万の遺族の方々に対して、いかに慰安となり感謝となっているかを思うとき、皆様方の深く且つ厚い御心遣いにお礼の申し上げようもない次第であります。

（中略）わが慰霊団渡島のことが一度当地新聞紙上に報ぜられますや、日本各地の遺族の方々から、日々幾通となく誠に切々胸を打たれる思いをこめて、英霊の眠る戦場の山野を指示し、念仏回向を懇請せられ、或いはいとけない遺児から「沖縄のお父さんへ」という可憐な手紙、亡き夫への手向けの歌や詩集、亡き子の好んだ煙草や菓子、戦友への供物、遺族が集まって経文を認めた散華等、その一つ一つに涙と心のこめられた貴い品々を託せられて参りました。

この幾十万の遺族の御心持を心として、私達慰霊団は、ひたすら新戦場各地を隈なく巡錫して、塔婆を建て、聖徳太子ゆかりの四天王寺亀井の水を注いで、至心に御回向申し上げ、又、海上の墓場なき英霊のためには、海上に舟を浮かべて、地蔵流しや塔婆供養を致したい心構えでございます。その法要については、御地の仏教会の方々とも協力して合同慰霊祭を各地で厳修する予定でありますから、何卒御参列を請い共に英霊の御冥福を祈りたいと思っております。（後略）

当初、組織された慰霊団は、四天王寺管長以下十四名であった。その中には、作家・今東光（天台宗で出家、法名は今春聴）や、信徒という名目ながら、宮大工金剛組の女棟梁・金剛芳江も名を連ね、全団員は、すぐにも出発できるよう、パスポートの取得はいうまでもなく、予防注射まで受けて待機していた。

これらの事実から推測すると、春早々にも、自主的に組織した人数の慰問団で渡島出来るかのような予測が立っていたように思える。ところが、実際はそう簡単なものではなかった。

許可は一向に下りない。春も過ぎ、夏も終わった。

常順の言葉を籍りると、「百方手を尽くして、やっと三度目の願い出に対して、布教という名目で許可されることになった」のは、秋彼岸も過ぎた頃である。

名目は布教、しかも、許可人員はたった一名。

待つこと九ヶ月、揚句、名目が布教であるため多人数は不要とばかり、漸く下りた許可は一人だけという過酷な条件であった。

戦後、GHQが最も警戒したのは、国家神道であった。

そのために、いち早く信教の自由を宣言した。その目的の一つには、キリスト教布教も含まれていた。布教を自由とした以上、沖縄へ仏教徒が布教に渡島するという大義名分を阻止することは出来なかったのだ。

許可人員一名に、常順は困り果てた。仏教の作法を修するには、どんなにささやかな葬儀ですら、伴僧一人を必要とする。まして、沖縄仏教会会長らの招請を受けて、日本から初めて戦没者慰霊のために出向くとなれば、どんな法要であれ一名では出来ぬ相談である。そこで、また、改めて申請し直し、ようやく二名の許可を得ることが出来た。招請以来一年、春彼岸以前に正式に願い出てから、実際に渡島許可が下りた時は、秋の気配も濃くなっていた。

昭和二十七年九月二十六日、常順は伴僧としての南谷恵澄とともに羽田へと向かって出立し、翌二十七日、まだ明けやらぬ午前四時に、那覇飛行場へ降り立った。

島の風はすでにムッとするほどの熱気を帯び、墨染めの衣の袖や裾を吹き払った。

現在（二〇〇五・平成十七年）では、那覇空港は、主な各国の空港同様、すべてタラップから直接空港ビルに連結されて、地に足を下ろすという実感がない。が、往時は、羽田空港ですら飛行機まで歩き、タラップを上って搭乗した。

往時、どのようなタイムテーブルであったのか、飛行機は深夜に羽田を出て、早朝四時に着いている。

飛行場では、沖縄仏教会会長・名幸芳章師をはじめ、那覇無尽社長・中村夫妻等数名の出迎えを受けた。この瞬間から、滞在六日間の朝・昼・夜とびっしり組まれたスケジュールによる、多忙な巡礼慰霊行が開始された。

常順の沖縄島慰霊について、名幸芳章師の詳細な記録がよく伝えている。

九月二十七日
四時に御到着　一睡の御余裕もない程に今後の行事の打合せを行い、午前九時から先ず挨拶まわりとなった。琉球政府に主席比嘉秀平氏を訪ね、大阪府知事赤間文三氏のメッセージを手交し、次に琉球列島米国民政官府を訪問、ルイス准将に挨拶、琉球放送局や各新聞社、那覇市長、その他数ヶ所を訪れて挨拶廻りは終わった。夜は、午後七時から招請者主催によるしんみりとした歓迎の宴を開いて、沖縄戦の話などを申し上げる。

この時の挨拶廻りの様子を、『沖縄タイムス』は次のように報じた。

出口管長ら来島　島田知事とは三高の同窓生

大阪四天王寺管長出口常順師は、二十七日朝、南谷四天王寺内司課長を伴って来島、その足で本社を訪れ来島挨拶を述べたが、今回の来島について出口師は、次のように語った。

「戦没者慰霊のため沖縄に渡ることは春彼岸以前から計画されたことであるが、旅行の許可がなかなかとれずに遅れた。戦没者慰霊と伝道が来島の目的であるが、吾々が渡沖することになると、各地の遺族や戦友たちから回向を頼む便りや供物を寄せられた。戦死した島田知事は三高の同窓生であり、島田氏の霊前に供えるべく同窓生の寄せ書色紙もたずさえている」。

出口師は、来月三日ごろ帰阪の予定で滞在中の宿所は市内球陽館となっている。（二七・九・二八）

二十八日（名幸師の記録）

午前十時から、那覇市最大の劇場サンゴ座に於いて「沖縄戦戦没者慰霊大法要」を厳修、わざわざ日本から持って来られた御位牌や祭壇、仏具一式、五色の幕、総理大臣・厚生大臣・大阪府知事・大阪市長・遺族会などから贈られた花輪（これらは、先に船便で送られていた、筆者注）や、地元で供えられた花輪が祭壇の両側にずらりと並び、未だかつて見ない本式の立派な大慰霊祭である。猊下を大導師に、沖縄仏教会員が随喜参列、香煙薫ずる中に法楽が捧げられ、琉球政府主席・那覇市長の弔辞、そして、遥かに管長をお迎えして感涙にむせぶ遺族たちの焼香が始まり、その終わるまで更にまた読経が続けられて、式は荘厳に終了することが出来た。式終わって猊下の御講演が約四十分間、悲劇の島に和の精神を説かれて再び戦うことあらすなと、戦争にこりごりした島民にやわらぎの光明を与えられた事は感銘深いものであった。御講演が終わるとすぐ、これもはるばる日本から御持参下さった「日本の象徴」その他の珍しい、トーキーフイルムの映写があった。

慰霊法要と講演と映画と、……遺族達は感謝し満足して喜んで劇場を出て行ったのである。

午後一時、中食も「至急」である。午後二時から次の行事地蔵流しが控えている。

琉球海運会社の専務が元海軍中尉で、戦友の霊を弔って戴けると感謝し、沖縄港湾荷役株式会社の社長が仏教信者であるのが幸いして、何万円も出さねばかりられぬと云う船を一隻無料で奉仕して貰うことが出来、準備万端やって戴いて、こちらは乗船すれば良いようにしてくれてあった。専務の海軍さんが臨時艦長となり、その指揮の下に、祭壇を安置した一行三十名位の海上戦没者供養隊は、勇躍那覇桟橋をはなれて沖に向かう、那覇港内は戦時中、多くの艦船が爆撃された所で、残念ながらその御霊を弔う祭は未だ一度も行われていなかった。

その弔霊の第一回が猊下に依って導師された事はさぞかし亡き人々も、感泣した事であろう。猊下をはじめ供奉の人々に依って流される地蔵の御影幾万体は、海中の英霊安かれと、四方に飛び、那覇港一帯時ならぬ地蔵供養の法雨の花が降ったのである。

岸に立つアメリカさんは首をかしげて「海に流す宣伝ビラ」とは何か、わけが分からなかっただろうが、鐘の音や法衣姿で得心が行ったらしく真面目に見送りつつ、カメラをパチリパチリとやって帽子をとって会釈していた。（後略、この後、一行は荒廃した各寺院を参詣している）

翌日、『沖縄タイムス』が、この様子を報じている。

海上戦没者慰霊法要は、きのうひる三時より三十分にわたり那覇港内海上で厳かにとり行われた。法要船には琉球海運会社琉海丸を仕立て、船内中央に『戦没者慰霊位』を安置した祭壇を設け、出口大僧正ほか十八名が『延命地蔵和讃』を合唱、湊入口から港内にかけ地蔵札三千枚を海中に流し戦没者の霊を弔った。（以下略）

九月二十九日

午前九時発、沖縄中部戦跡巡拝の日である。（中略）一九四五年四月一日、突如として米軍が沖縄島中部地区の北谷村の浜に上陸、戦闘隊形を整えて此の第一抵抗線に攻撃を加えたのが四月七日であった。米軍五十万、戦車二千台、大小の砲門千以上の火器が一斉に攻撃を開始、（中略）五月三十日まで、二ヶ月間も同じ所で地獄のような戦闘がくりひろげられたのである。友軍五万、米軍三万（傷者を含む）がここに尊い血を流し、ために山形は完全に改まってしまった。（中略）その当時の友軍奮戦の有様をしのびつつ、四天王寺建立の白木の角塔婆が目に痛くしみこむようで、思わずホロリとなる。猊下はわざわざ四天王寺の霊水として持参された亀井の清水を塔に浴せしめて、ねんごろに回向された。（以下略）

九月三十日

沖縄島南部地区戦跡巡拝の日である。（名幸芳章『慰霊記』より）

ところで、父の沖縄訪問を書くにあたり、どうしても「島守の塔」に参拝しておきたかった。この思いは、私の中に流れる父の血がそうさせるような気がした。そこで私は、二月初旬（二〇〇五年）、沖縄へ飛んだ。飛行機の中で、かつてパスポートを懐に機上の人となった父・常順を想った。多分、父は、飛行機が沖縄の上空にさしかかると、真言を唱えながら数珠をまさぐり、島の隅々に未だ慰霊を受けずにいる英霊の無念に応えるべく、懸命に眼を凝らしていたに違いない。「草鞋履きで、全島の英霊に奉仕する」心積もりで、全島行脚の覚悟で準備万端整えて行ったのである。

タクシーの運転手さんに、平和公園の「島守の塔」に一番近いところへ、と頼むと、「『島守の塔』というのは知りません。何処にありますか」と聞き返す。どうみても沖縄の土地の人の風貌である。沖縄県民二十万の命を救った知事さんのことを、この人たちはもう伝え聞いていないの

沖縄平和公園、「島守の塔」の前にある歌碑

かと、無念に思った。この人の祖母たちが、「島守の塔」に眠る名知事の善政によって内地へ疎開することが出来、そのお蔭で命が永らえられ、あなたのような子孫たちが生まれたのかも知れないのに、と思うと今も残念でならない。

時間の経過が人々の心を風化させる実態を突きつけられ、言いようのない憤りを覚えた。

本屋でも、そんな経験をした。

「島守の塔」について最も詳しい書物・田村洋三著『沖縄の島守』を訊ねると、若い女店員が「あれは昔の本ですから、今、売り切れてありません」と言う。

「昔の本」ではない。二〇〇三年の四月に発行された最近のものである。内容は、若者にとって「昔の戦にかかわる本」なのであろうが、せめて沖縄現地の人たちぐらい知っておいて貰いたい、と、ここでも遣り場のない憤りを覚えた。

摩文仁の丘には、強い海風が吹きつけていた。

「島守の塔」は、平和公園を入ってすぐ右の、小高い丘の上に、海を見おろすように聳えていた。前に慰霊塔が建ち、石段をまっすぐに登り詰めた小高い丘の上には、自決の碑が建っている。近年、新しく碑が建て替えられているが、あたりの風景は、父の古いアルバムの中に写っているものと同じであった。

沖縄平和公園の案内板の（1）が「島守の塔」である。

二、三年前、沖縄からテレビ局の人が、四天王寺に取材に来ると、兄（当時四天王寺副管長）から連絡を貰った。島田叡さんという戦時下の沖縄県知事だった人物の業績を辿るために、本土の現場も収録して放映したい、というのが主旨だということであった。

最後の沖縄県知事とは、どういう意味を持つのか。島田叡知事とは、どのような人物であったのか。

それは、終戦後六年目に建てられた「島守の塔」に関する『沖縄新聞』の社説を読むと、かなり明解になる。

一九五一、六、二六、沖縄新聞社説

故島田知事の霊魂に捧ぐ

（前略）昭和二十年一月三十一日島田知事は空路来島着任に及んでいる。それより先の十・十空襲で既に那覇市は灰塵に帰し、米機動部隊のシュン動が伝えられていた矢先であったので、島田知事の沖縄行は、文字通り、死の着任であったわけである。

泉知事（前任者、筆者注）は図体は大きい割に臆病者であり、普天間の防空壕内に於けるビクビクして落ち着かない態度などは、あの当時の県庁職員から物笑いの種となっている位である。何時の間に手を打ったのか十・十空襲後出張と称し空路上京のまま帰らず香川県知事に転任している。

時あたかも沖縄上陸作戦直前内外の諸情勢は極めて我に不利で戦雲は全島を蔽っていた。内務省に於いては後任知事の人選に当たっては極めて慎重な会議が続けられたと承っている。日本国中広しと雖も大阪府内政部長島田氏を措いては全県民の陣頭にたって従容と死地に赴ける人なしと見込まれたとのことである。

沖縄に行って死んでこいと云うような人事であるから本人の栄達や家族の事などよりするとまことに気の毒極まる転任であるのは云うまでもない。しかし、内務省が島田氏に会って同氏が即座に沖縄赴任を承諾したので内務省としても寧ろ意外の感に打たれたらしい。某側近者が沖縄行を断念するよう勧めたら島田知事は言下に「俺が行かなければ誰か行かねばならないじゃないか、俺は死にたくないから誰か行って死ねといえないじゃないか」と語ったと云うが、実に美しい人間愛を示している。

苦しくなると人間は、他人の事を考える余裕がない。特に戦場などに於いては高位高官である者たちが、平常の言動にも似ず住民の非難の的となっている。伊場内政部長やその他二三の旧沖縄県庁職員及び西岡校長のとった行為は県民を裏切っている。

これらの者たちと島田知事を思いあわすとき、われわれは今更ながら人柄の高潔にうたれ神々しい感銘を受けるものである。敵弾雨飛の中でたちまち果てる瞬間の生命を島田知事は不平不満一つこぼさず、平時と変わらざるその立派な態度には側近者は無論のこと、住民も尊敬の念を持ち、どれ程勇気づけられ落ち着きを取り戻したことであろうか。おのが命を断たんとする瞬間にその態度の乱れざることは常人の到底及ばざるところである。日本の武官が激戦のさ中に於いて、軍人にもあるまじき卑怯な振る舞いをしたと言うが、これと対象するとき島田知事の高潔なる人格は益々光を放って来るものである。(中略)南めいの地に果てし、島田知事も夫人を迎えて七周忌をむかえる。その霊魂永遠に安らけく、島守の神として鎮座ますことを祈るものである。

「島守の塔」については、常順も、第三高等学校同窓会誌七号（一九五五年発行）に、切々と記述している。

太平洋戦争で日米両軍の最後の激戦地となった沖縄島の南端島尻には、涙なくして仰げない数々の塔がある。その一つ「島守の塔」こそ、わが三高の畏友沖縄県知事・島田叡氏の自決したところである。海、陸、空と立体的な銃弾の中で、鉄火の暴風に僵《たお》れていった軍民十幾万の枯骨を弔った塔は、ひめゆりの塔、健児の塔、白梅塔、魂魄塔、などから、名も知られていない塚迄も数えると二百を越えるであろう。その多くの塔の中で個人の名を刻んだものはただ一つ。而も一般からの醵金と、島民の奉仕とによって建てられたものはこの「島守の塔」一基である。

ふるさとのいや果て見んと摩文山の

これは島守の塔に捧げた懸賞募集当選歌（沖縄師範学校教授・仲宗根政善の作、作者は戦時中、ひめゆり学徒隊看護隊長、筆者注）であるが、いかに島田氏が県民から敬慕されていたかを知ることが出来る。

奇しき因縁で島田氏は私の一年先輩、大正十年の対一高戦には主将として、名中堅手として活躍、とくに駿足を誇る氏がホームに殺到したときの感激は、今尚、私達の眼底に残っている。

それから二十五年、氏に逢ったのは大阪府内務部長から風雲急な沖縄の知事として赴任するときの送別会の席で、たまたまその会場が四天王寺の方丈で、酒肴といっても申し訳のものだったが、意気は天を衝くものがあった。氏がその時、芳名録に認めていった「断」の一字は五ヶ月のその尊い生命の断を予言した形見となった。その日付は昭和二十年一月七日である。（後略）

常順が四天王寺管長に就任した時、荒涼たる瓦礫の野と化した境内を聖徳太子創建当時の七堂伽藍に復興することに全勢力を注がねばならない、という必至の覚悟はしていた。室戸台風による五重塔全壊・金堂半壊の復興ですら容易ならぬ労苦であった。営繕課長として山野を駆けめぐって用材を集めたり、塔復元の設計から果ては土方の喧嘩防止まで、多難であった復興の難行を身をもって実体験していた。それだけに、全伽藍復興という任務がいかに厳しいものか、一朝一夕では決して完成するものではない、とてつもない長い歳月を費やさねばならないということを、誰よりも一番よく解っていたのも常順であった。この重責に生涯を費やす覚悟で腹を据えて管長に就任した常順ではあったが、復興の目処など少しもたたぬ時期に、沖縄慰霊行脚という、これまた厳しい責務が双肩にのしかかってきたのである。

敗戦国日本の由緒ある仏教寺院・仏法最初の四天王寺管長として、戦傷生々しい沖縄の慰霊を先ず優先しなければならなかったことは、客観的にみれば大変な過剰負担ともいうべき任務であった。言うなれば、本来なら国が行わねばならない英霊鎮魂の任務を、国家に代わって最初に手がけたことになる。このような重責を担わされることになろうとは、現実的には予期せぬ出来事ではなかったか、と今の私には思える。

しかし常順は生来、今は先ずなにをなさねばならぬか、という命題の軽重を判断し、必要となれば誠心誠意そのことに没頭し、完全を期すまでは決して途中で投げださないという誠実な性格であった。当然のことながら、沖縄慰霊行脚に就いた時から、許された期間内で出来るだけ多くの戦争犠牲者の慰霊をしたい、また、遺族の追悼の意志をどこまで有効に伝えることが出来るか、そればかりを考えていたことは間違いなく、国家がなすべき事柄だなどという憤懣は、微塵もその思考の中にはなかったのである。万が一、国家の任務だと思い至ったにしろ、むしろ、お上の仕事の肩代わりでもさせて頂けるのなら光栄であると、喜んで労苦を引き受ける方へ回るといったタイプであった。

沖縄でのハードスケジュールは続き、いよいよ激戦地区・沖縄島南部の戦跡巡礼にはいった。

再び、名幸芳章氏の『慰霊記』九月三十日からの記録をひもとく。

午前九時、バス一台を借りて、仏教界・信徒等、四天王寺の旗を風になびかせつつ出発。午前十時から小禄村慰霊塔に於いて、海軍及び一般住民戦没者慰霊祭を行うことになっているので役場に向かう。式場は、小高い岡の上の塔前に祭壇を設け、十余の花輪で飾られ、村民や学校生徒等何百かの参列である。

この一帯は海軍が陣取った所で、岡の上には未だに空に砲口を向けている友軍の高射砲が六門並んでいる。東の空に向かったもの、南北を指すもの、射ちに射ってその場に全滅したのであろう。砲身も傷つき、鉄の破片が散乱したままである。

此の奮戦の地で、恐らく小禄村としては歴史始まって以来の荘厳な大法要に接したわけである。猊下の引導作法や塔をめぐる行道散華の供養に村人達は随喜の涙を流している。午前十一時法要を終り役場で一旦休憩後、浦添村に向かう。

或いは奪い或いは奪われ、二ヶ月の長期に渡って修羅の巷と化した激戦の岡の上に白布をかぶった浦和の塔がそびえている。塔前の広場には全村民が襟を正して大法要に参列、猊下の大導師のもと、白布がさっと風に舞って落ちると、絵巻物のような行道散華が始まった。八年前、血で染められた岡の上に、赤・青・黄等五色の蓮華が観音経の誦経と共に空に舞い上り、舞い落ち、時ならぬ法雨は激戦場一帯を五色の色でおおい、折り重なって倒れたであろう人々の英魂得脱が目に見えるようであった。日本仏教最初の四天王寺、日本仏教人最初の沖縄弔問、而も管長猊下親修の弔霊である。地下に眠る英霊も日本からはるばるの出迎えに、感激して立ち上がった事であろう。そして猊下の法衣に何万とも知れぬ日本軍将兵がよりそって、我が生れし故里へ「霊の帰還」の悲願がかなえられ此の日のくるのを八年間も淋しく待っていたのだ。ああ待ちに待ったその日が、日本に帰れる日が、遂に来たのである。行道しつつ目がしらが熱くなってくる。午後二時、式が終る。これからいよいよ南部の戦跡巡拝である。高嶺村に米軍指令官パックナー中将戦死の地があり、記念碑が建立せられているので、その地に猊下は怨親平等・皆供成仏道の回向をされ、岡の上から見える白梅の塔や栄里の塔に参拝、次に「姫百合の塔」に参拝。一九四五年三月三日、米軍沖縄群島慶良間《ケラマ》島に上陸するや、本島の上陸作戦近しと、日本軍は待機の姿勢となり、沖縄県民も軍と共に玉砕の覚悟を新たにしたその時、各高等女学校の生徒上級生達は、特志看護婦隊として、各地の陸軍病院・野戦病院に配置された。まず病棟の清掃作業に始まり、炊事班・看護班となり、一日三回の食事・運搬・洗濯・水くみと、段取りをきめて緊張している所へ、遂に米軍沖縄本島上陸の報がもたらされ、それから数日ならずして、前線から傷兵が次から次へと運ばれて来た。女学生達は軍医や衛生兵と共に一生懸命、治療と看護につくしていたが、艦砲射撃や爆弾のために、炊事中倒れ、水くみ傷つき、担架をもったままで死んで行く悲しい乙女達が毎日増えて行った。かくして六百余の女学生が兵の看護をしつつ戦死し、米軍に追われて南端海岸にたどりついたのは僅かに三十有余名、捕らわれて生き恥をさらすよりはと、国歌を奉唱し、校歌を合唱し、遂に清き一生を手榴弾に依って果てて行った乙女達、その霊を慰めその遺骨を納める「姫百合の塔」。

常順は、洋行する前も帰朝してからも学僧としての評価から学問に携わる任務に就いており、天王寺高等女学校の校長を勤めていた。女学生の教育に直接携わっていただけに、この塔にはひとしおの思い入れがあったに違いない。

　いまはまくらかたくもあらんやすらかに
　ねむれとぞ祈るまなびのともは

塔前に立つ歌碑は、生き残った二人の乙女に依って建立されたもの。猊下は親しく引導作法の弔霊を捧げられ、しばらく歌碑の前にたたずんで居られた。

午後五時「魂魄の塔」で、陸軍及び一般戦没者慰霊法要、三和村長始め村民・学校生徒等参列。「魂魄の塔」は無名戦没者納骨堂であるが、二百余の納骨堂の中、最初に建立されたので有名である。此の一帯は沖縄最南端で、兵も民も、ここまで来て遂に玉砕したのである。塔の中には三万余柱が納骨されている。私達が去年以来野や山や海岸、さては壕の中から収骨したのも皆此の中に納めて来た。猊下が持参された塔婆十三本の中、最も大きい（一尺角の十八尺）のは此の塔前に建立されている。

慰霊法要をすませて、摩文仁《マブニ》なる「島守の塔」へ向う。

米軍が上陸せんとする二ヶ月前、決死の覚悟で戦場たらんとする沖縄県最後の県知事として、島田叡氏は、家族も連れず、単身大阪府総務部長の職から転じて、知事として沖縄島に上陸。決戦場たらんとする沖縄を如何に行政するか、米軍上陸の暁如何にして県民を守り、食糧を確保するか、これが島田に与えられた最初のそして最後の問題であった。知事は、赴任一週間目にして米を獲得するために台湾に飛び、相当量の輸入に成功、それから後は日に夜をついでの血の出るような奮闘が続けられた。その人格、その手腕、部下は勿論の事、県民ひとしく知事の前に頭を垂れると云う立派な知事さんであった。三ヶ月余の戦闘を終り、正に日本軍が玉砕せんとする二・三日前、部下の健康を祈りつつ、遂に壮烈な自決をとげた島田知事。「島守の塔」は、終戦後最初の一般の献金に依って建立された、それこそ島の人々の総意に基づく事業であった。猊下は京都の三高時代の同窓として島田知事を知って居られ、島守る神と化した級友の前に、感慨無量の御気持で至心の回向を捧げられたと拝したのである。

名幸氏察しの通り、この回向の後で常順は、心の中で三高寮歌「紅もゆる」を歌いながら、一高との野球の試合でファインプレーをしてチームを勝利に導いた先輩の在りし日の姿を思い起こし、とめどなく涙を流していたのであった。

常順の「三高同窓会報第七号」に載った「島守の塔」の文章は、次のように締めくくっている。

いま故人の親しかった人々の寄せ書きは塔前に供えられた。内地から持参した檜の塔婆は立てられ、名香も薫ぜられて寺の亀井の水もそそがれた。夕暗闇迫る塔前に私は至心に合掌した。如法に修法を終えて後、声なく「紅もゆる」の一節を口ずさんだ。涙はとめどなく頬をつたわる。

塚も動け我泣く声は秋の風

奥の細道の翁の句がこれ程切実に心にしみた事はない。そうして過去四十年の私の仏道の行はこの慰霊巡錫のためであったとさえ感じられた。

この常順自身にとって特別の思い入れのある「島守の塔」の前に、山口誓子の句碑も建てられている。

島の果世の果繁るこの丘が　　　　誓子

筆者もいささか俳句に関わる身で、関心を持って読みかつ記憶しているのだが、誓子の句碑は全国いたるところに建てられており、ああ、こんなところにも来たのか、という感慨はあったものの、それほど驚かなかった。ただ、誓子にしては珍しい表現だな、というまた別の意味で印象に残った。後日、三高同窓会理事で、拙稿に校正ミスなどをはじめ所々の間違いなど常にアドバイスを下さっている海堀昶氏から、島田知事と誓子が三高で同級生であったと教えられ、大きくうなずかされるものがあった。俳人・誓子は京大出身である、という一般的な知識しかなかった私にとって、それを遡って三高まで思いが至らなかったのは盲点であった。それにしても、普段はぴしりと鞭打ったような冷酷なまでの的確な表現を好む誓子の俳句にしては、感情がこみあげ過ぎて絶句したような、識らぬ人には舌足らずとも読める珍しい表現をとった追悼句になっている。

誓子は、この俳句の中では、島田知事を踏まえて沖縄を島と表現し、この世の果てとも思える惨敗の戦の果てた場所、あの叡《えい》さん（叡という名前は、級友の間では「あきら」よりも「えい」で通ってたらしく、Aとサインされた写真も残っている。若き日の誓子・本名新比古《ちかひこ》はこう呼んでいたと思いたい）が自決したのは、今は木々の繁るこの丘だったのか、と、悲憤をむき出しにした絶句型で、誓子らしからぬ感情を露呈した俳句だと不思議な感に打たれたことに、やっと納得がいったのであった。

海堀氏の「沖縄・島守の塔参拝紀行」（三高同窓会報掲載予定稿）によると、

「山口さんは文乙、島田さんは文丙でしたが、此の両クラスは独仏の語学以外は合併授業のケースも多く、友人であったにちがいありません」と綴られている。それもその筈、誓子は野球部の応援歌まで作っているのだから、野球部の花形選手の同級生・島田叡とは親しい間柄にあったことに間違いはあるまい。

宿敵・一高が東から遠征してくるのを迎え撃つ勇ましい気迫が、青年・誓子の意気盛んな歌詞に込められていて、さぞ三高の野球部は鼓舞されたことだろう。この時の野球部の状況は『沖縄の島守　島田叡　―親しきものの追憶から―』の中の古海忠之氏の「叡さんの思い出」に詳しい。
「その時三高野球部は一高に二年連敗した後で、三高球史には未だ曾てない三連敗は断じて許されず、石にかじりついてでも勝利せねばならぬと全校生が奮い起ち、野球部を応援した時代」であり、その一端として山口新比古（誓子）の応援歌も出来上がったと思われる。しかも、その試合は、叡さんのファインプレーによって、
劇的な勝利を呼んだこの応援歌は縁起が良いばかりでなく、詩としても優れているので、戦後まで最もよく歌われた歌の一つです。思いもかけぬこのご両所の再会を目のあたりにして、感激のあまり声も出ませんでした。
と記す海堀氏の紀行文は、ここから誓子と応援歌の思い出に移っていく。その応援歌の全歌詞も紀行文に同封されていた。

応援歌　　大正十年　　山口新比古《ちかひこ》　作詩
　　　　　　　　　　　小山田嘉一　作曲

一
暗黒《やみ》搏つ翼東海に
揺《そ》ぎ初めては西の方
都の霞乱さんと
破壊《はえ》の痛創《いたで》を癒さんと

雲渦巻きて迫り来る
黙せ嵐の驕慢《たかぶり》よ

二

いざ今来たれ戦はん
忍びて溢る高潮《こうちょう》の
胸に燃ゆるか青焔《あおほむら》
ああ威力《ちから》こそ我にあり
永遠《とわ》の勝利は我にあり
偉《おお》いなるかな我が希望《のぞみ》

三

見よ天地に春は来て
光は吾の胸を撼《ゆ》る
生命は高く戦慄《おのの》きぬ
今か鼓の轟響《とどろき》に
力を奮ふ雄叫びに
万有声を潜むるよ

四

戦疲れ身動《みじろ》がぬ
汝が矛暫し地に伏せて
聞け我があぐる凱歌《かちどき》の
蒼穹《おおぞら》遥か反響《こだま》すを
大地に動揺《とよ》む呉藍《くれない》の
狂乱の舞見ずや今

（漢字は現代漢字、ルビは現代仮名遣）

大正ロマン華やかな時代を、第三高等学校生という誇らかな数少ない真の意味でのエリートであった学生たちの誰一人として、こんな悲惨な戦争に巻き込まれるなどと予見した人がいただろうか。そんなつもりで、勉学に勤しんでいたのではなかった筈だ。これから日本の先頭に立って、導いて行こうとしていた選ばれた優秀な人達であった筈だ。その一人だったからこそ島田叡知事のような人の上に立って然るべき人格者が育成されたのであろう。

常順の、口では表現しきれぬ厳しく辛い慰霊巡錫は続く。名幸氏の記録に戻る。

次に「健児の塔」へ参る。米軍上陸の必至の情勢にあった時十余の男子中学校では、勤皇鉄血隊が編成され、三年以上の生徒達がこれに加えられた。下級生は軍の命令に依って軍属として、各部隊に連絡・通信兵としての任務についたのである。

日の丸の鉢巻をきりりとしめて、校服の上に白だすき、伝家の宝刀や槍や竹槍、手榴弾を手にして、日本軍と同列につき、地勢にくわしい所から特に斥候兵・連絡兵・敵陣斬りこみ決死隊として訓練を受け、敵が上陸するや、鉄血隊の任務は忙しく、且つ壮烈、昔の白虎隊を彷彿たらしめる血だるまの兵と化したのである。七百何十人、尊き日本男士の最後を飾る「健児の塔」は、摩文仁岳麓に白亜の姿をくっきりと青空を区切って聳え立っている。戦死した生徒達の名が石塔にきざまれて、その功をたたえている。

　　石塔に刻まれし名をまさぐりて
　泣き入る親の一人なり我も

塔に刻まれてた我が息子の名をまさぐりつつ泣き入る親の姿はいまでも見られるのである。「健児の塔」を供養して、次に海岸へおりて行った。すでに夕闇せまり、薄暗くなった白砂の浜へ祭壇を設け、皇軍の血に染められたであろう砂を木箱に納めて、猊下の八魂の秘法、光明供が厳修せられた。さらさらと岸うつ波の音。

暗黒迫りくる玉砕の地、摩文仁の海岸、鬼気迫る思いである。仏教会員、信徒一同の誦経の中に猊下の秘法は進められてゆく。祭壇に安置せられた英霊の位牌の上に、どこから来たか一つのトンボあり、猊下が修法されている頭の上をぐるぐるまわっていたが、一つが二つになり、二つが三つになり幾つかのトンボが、位牌と猊下の頭の上を円を描いてとびまわったのである。「英霊来たれり」――信徒も仏教会員も、とびまわるトンボの姿を追いつつ、いよいよ不思議に打たれ、唱えるお経に力が加わってゆく。

摩文仁の海岸で常順一行の慰霊祭。暗闇の中、トンボが数匹現れ、常順と位牌の上で円を描いていたという

いつしか暗黒と化した頃、光明供は終り、招魂の砂を捧げて一同は帰路についた。かくして沖縄島南部地区の巡拝は終ったのである。

今では、この摩文仁の丘には、見渡す限り平和の礎《いしじ》が立ち並ぶ。そこには沖縄戦で亡くなった人達の判明したかぎりの名前が、一人一人都道府県と外国人別に刻まれている。この丘の先端は切り立った崖で、足下に太平洋の波が打ち寄せている。しかし、この崖と海の狭間の僅かな岸に、常順が祭壇を設けて光明供を修した摩文仁の浜がある筈だ。私は、どうにかして降りてみたいと思った。しかし、崖近くは全てコンクリートで柵が設けられてあり、危険につき立入禁止の立て看板が目につく。柵のために、崖をぎりぎりまで近づいて、覗き込むことすらできない。なんとかかの場所を見るだけでもよいと、記念館の最も高い展望台にエレベーターで昇ってみたが、碑や海は見晴らせても、足下は死角になって一瞥すらできなかった。あのような険しい崖を海岸まで降りて行って、法要を営んだのかと、沖縄行脚の厳しさの一端を実感した思いであった。

翌十月一日、常順ら戦跡巡拝の一行は、島の北端部へ向かう。

朝九時から、牧港納骨堂・石川市南方のサンジャーヌ壕、午後は与那原町の若桜の塔・激戦地の運玉森・南風町の慰霊塔などつぎつぎと回向して廻る。特に、南原町は陸軍病院壕のあった所で、名幸氏は次のように記述している。

米軍迫るや、二千余の傷病兵は、自ら歩ける者以外は全員壕内に自決したという悲壮な場所である。この壕内に、姫百合女学生隊も数名玉砕している。

いよいよ最終日、十月二日には、常順は琉球放送局からラジオを通じて全島に挨拶をし、インタビューにも応じている。ハード・スケジュールであった沖縄戦跡巡拝の日程を、すべて快晴の下に勤め上げ、空路帰国（当時沖縄はアメリカ領土）の途に就いたのであった。

さて、焼野原と化した四天王寺は、かろうじて亀の池で猛火が止まり、そこから北側に建つ六時堂・食堂《じきどう》本坊、丸池より北に位置していた各院（中之院は焼失）が焼け残っただけであった。そこで、戦後すぐにバラックの仮の北鐘堂・南鐘堂を造って回向、また食堂を移築して金堂に直し、供出した旧大釣鐘の跡の鐘堂を「平和祈念霊堂」として改築されつつあった。

ところがその年の九月三日のジェーン台風で平和祈念霊堂本尊仮奉安殿の屋根が吹き飛ばさ

れ、ついで仮大師堂と仮南鐘堂が倒壊、食堂を移した仮金堂まで倒れてしまった。風速四十四メートルの風の前には、本建築以外のものはひとたまりもなかったのであった。

即日、再びこれら仮堂は再建の計画がたてられた。これらは全て前管長田村徳海師の時代で、常順は執事長であった。しかし、田村管長は就任以来ずっと病床に伏したままで、一度たりとも管長としての任務を実際に果たすことはなかったのである。当然、執事長であった常順にその代行任務が重なって課せられていた。言い換えれば、常順は管長職に就くまでに、すでに管長の代行を全てこなしていたのである。この戦後のバラック作りの仮堂の処置にしても、執事長以下の山内各院の僧侶たちの総意を結集して事を運んでいた。

しかし、本格的な復興事業に取りかかったのは、常順が管長に就任してからであった。先ず、聖徳太子の寺院として太子殿再建にとりかかる。昭和二十六年七月二十日、再建太子殿用材として木曾から三十八本、高野山から三十六本の巨材が到着、かねて貯蔵していた三十二本を合わせ、その内の主材十本を境内に搬入する盛大な木曳式を行った。港町駅を午後二時に出発した読経・法螺貝・木曳歌に導かれた牛車の行列は、一時間半をついやして四天王寺に到着、仮太子殿の前で法要を営んだ。

これが、常順の生涯をかけることになった四天王寺伽藍復興の振り出しであったとは、当の常順ですら知る由もなかったのであろう。

後年、常順は、生涯をかけて自らの選び取ったテーマの研究を続けている学者に会うと、必ず

「私は、あなたのような学者になりたかったのですよ」と穏やかに語っていた。少年の頃、中学校へ行きたいばかりに、親元を離れて大阪の四天王寺の小僧になった時の志を、いつまでも夢として抱き続けていたに違いない。四天王寺伽藍復興という大事業をなし遂げた暁には、本来研究したかった学問に戻りたいと、常に心の奥底では願っていたのだろう。しかし、常順の前に立ちはだかった現実は、一朝一夕で果たせるような、た易い任務ではなかった。

『四天王寺』誌に、「成功への道」と題した、常順にしては、聖徳太子をはなれた珍しい内容の文章が残されている。

人は一生の中に何度かは重大な岐れ道に立つことがある。右するか左するかに依って、成功への栄誉に輝くこともあれば、僅かなつまずきから、奈落の底に落ち込むこともある。同じく成功という中でも、乾坤一擲のめざましいものもあれば、粒々辛苦の結晶というような地味なものもある。前者は石火の機をつかむ練達の士のみのよくする所であるが後者は平々凡々の人でも、よくその忍耐と努力で一歩々々と築き上げることの出来るものである。英雄達人の心境は、その人に就いて聞くほかはない。平凡人の築き上げた道は、巷間いたる所にあるけれども、それが忍耐強く実行出来るか否かに依って、成功かどうかということがきまるのである。

常順は自らの歩む道を、ここでいう後者になぞっていたに違いない。そうして結局は忍耐強く延々と努力する、本格的な生涯を歩み出していったのである。

四天王寺の事業の進展や復興の進行状況の一端は、常順自身の筆になる昭和二十八年の年頭の挨拶（『四天王寺』誌）に詳しい。

前述は省略するが、「新年を迎えて」の中の必要な部分を紹介しておこう。

四天王寺では太子開創の御精神に立脚し、その御偉業である敬田・悲田（教化と施薬・療病、筆者注）の二大事業には、（中略）世相に鑑み伽藍復興の大事業に先立つて、機構の改善と業務の充実につとめ、その成果を認められている次第であります。（中略）

境内の大半焼土と化した寺域にあって、堂塔復興の事業は、容易ならぬ大業であることは申すまでもありませんが、正法弘通の浄業は一時もゆるがせにする事は出来ませんので、大衆の信望に応えて、逸早く重要伽藍の仮設をみた中に、（中略）廿六年十二月には黄鐘楼（北引導鐘）の落慶、又、昨年は万燈院《かみこさん》が改築竣工し、ここに太子の御本殿である聖霊院の着工とまで運んでまいりました。中でも英霊堂は、府下八万の御遺族の信仰を厚くし、御丈二丈一尺の阿弥陀仏を中心に、戦没英霊を合祀した清浄荘厳な殿堂であり、御遺族の方々の魂の拠りどころとなっています。

尚敬田事業の一環として、旧年九月下旬沖縄へわたり、未だ戦禍のいえぬ全島を巡錫して、怨親平等慰霊の回向をつとめ、帰りましてからは当山で府下の御遺族、信者の方々を招き、改めて慰霊の大法要を厳修し、併せて記念の講演や映画・写真展を開きました。（以下略）

15　聖霊院落慶

四天王寺が、真っ二つに分断されている。

東門《とうもん》から西門《さいもん》へ、一直線に四車線道路が貫き、その南側にはアパートが何棟も立ち並んでいる。わずかに、北側に六時堂がのこされ、戦没者を祀った英霊堂がその後ろにぽつんとあるだけの、見すぼらしい姿になってしまった。

西門のあったあたりに新しく市電の駅が出来て、その傍らに、小さな石碑が一つ立っている。

「此之処四天王寺跡」

聖徳太子創建になる日本仏法最初の大寺四天王寺の七堂伽藍は跡形もなく、偲ぶよすがもない。

大変なことになってしまった。

「わっ」と声をあげて、常順は自分の叫び声で目が覚めた。

汗をびっしょりかいていた。「ああ、夢だったか」と思わず胸をなでおろした。そうして、まだ明けやらぬ暗い天井の杉板の雨漏り痕を見ながら、「それにしても、あの時はうろたえたなぁ」と悪夢のような事件を思い起こしていた。

一九四五年春の大阪大空襲で四天王寺全山伽藍が殆ど焼失したあと、八月にようやく終戦を迎えた。翌年、四天王寺は天台宗末寺という立場を離脱、独立宣言した。その折、当時の貫主田村徳海大僧正と塚原執行《しぎょう》が宗務本庁に辞表を提出した。

その当時から田村徳海貫主は老齢なうえ病気勝ちで、実務は副住職の出口常順に委ねられていた。同年秋、時の首相・吉田茂が四天王寺を来訪した時も、貫主は自室に引き籠もったまま会わず、出迎え応対したのは常順であった。四天王寺のすべての差配は常順の双肩にかかっていたといっても過言ではない。

さて、一九四七（昭和二十二）年、大阪市は、戦後処理の一環として区画整理委員を一般市民から五名選出し、焼野原と化した土地を如何に整備するか検討するという市政方針を発表した。地区の整理のために一般市民から委員を選出するなど、戦後民主主義の実践の良き第一歩ではなかったか。昨今、空いた土地の再利用のために、一般市民の意見を聴聞するような民主化された府政や市政を聞いたことがない。ともかく、終戦直後はＧＨＱが目を光らせていたこともあったろうが、一般市民から選挙で委員を決めることになったのである。この市政の新機軸は、市会議員たちには事前に知らされた情報であった。そこで市会議員も何人かこの委員の選挙に立候補した。

大阪市内には、寺院が約三百ヶ寺在る。その寺領だけでも、合わせれば広大なものになるため、戦後処理の成り行きには寺院側としても、一方ならぬ関心を払わざるをえなかった。常順は、当時、仏教会の役員（会長或いは副会長）の任に就いていた四天王寺支院・施行院院主南谷恵澄を、仏教界を代表するかたちで区画整理委員に立候補させた。まさかとは思っていたが、常順は、戦後の荒廃した社会の中で、人心にどのような邪心が働くか、四天王寺の焼跡の処理を区画整理委員が一体どのように扱うのか、一抹の不安を抱いていたためである。用心深いのは、生来の常順の性格であった。

選出される委員は五名。区画整理委員が選挙になるという情報を早くから知り得ていた市会議員らは、当然のことながら票固めをし、数名が選出された。そのなかで南谷恵澄は、全ての寺院の票を集めて第三位の得票で選出された。

翌一九四八年一月早々、第一回区画整理委員会が開かれた。その委員会で、四天王寺跡地利用の案が検討された。

その試案というのは………。

東門から西門へ道路を走らせるというものであった。

五名の委員の内、四名までがこの案に賛意を表明した。南谷は、はやる気持ちを抑え、その場では意見を述べることを差し控え、ずっと沈黙していた。この期に及んで南谷は、自分を委員に立候補させてまで、区画整理の行方を不安視していた常順の懸念が、不幸なことに図星であったことを改めて思い知った。四天王寺の七堂伽藍は全て焼け落ち、今は瓦礫の地となっている。何の障害もないと、殆ど既成事実をうのみにするように会議は終わった。

南谷は、飛んで帰るや副住職・出口常順に注進した。

「えらいことでっせ。あの区画整理委員会は、東門から西門に道路を走らすつもりでっせ。委員のなかに市会議員が入っていて、ほかの委員らもみんなその案で賛成や言うとります。私は黙って帰ってきましたけれど、これは一大事ですわ」

それればかりではなく、新しい道路に面した地価の上がりそうな地所を、獲物にたかるハイエナのごとく自分らが分配し、その配分も秘密裡に内定している気配であったという。

常順は、すぐに席を蹴り、寸時を措かず府庁へ走った。そうして四天王寺の寺域を文化財指定にしてもらうよう申請したのである。

四天王寺は、以前から国が史跡指定にするよう幾度も要請してきていたのだが、指定を受けるとなにかと制約が多く、寺院の修理やちょっとした建物の移動なども、いちいち国に報告しその許可を得ねばならず、またそのために煩雑な手続きを経なければならず、書類作成にも多大な時間を費やす上、なおかつ、事の成立する遅速にもかかわることを懸念して、歴代住職・貫主は懸案にしたままで、申請していなかったのである。したがって、史跡指定を受けること自体は、特別不自然なことでもなかったのではあったが、四天王寺の存亡の一大事を目前に、事は急を要した。

区画整理委員会の意図を知った大阪府も驚いて、すぐさま常順の要請を受け入れ、一月二十六日、四天王寺境内地を史跡名勝天然紀念物保存法第一条第二項により、史跡として仮指定したのである。

これで、何人といえども境内には手がつけられなくなった。

「四天王寺境内が大阪府の史跡仮指定を受けた」との情報は、当然、区画整理委員の市会議員たちの知るところとなった。これでは、秘密裡に利権を分け合うべく事前に画策してあった図面の施行は到底無理で、折角の密約は無効になる。

第二回の区画整理委員会は、罵声で始まった。

首謀者の某市会議員は、南谷恵澄を名指しせんばかりに声高になじった。

「この委員の中に、第一回の会議の内容をよそへ漏らしたものがある。これからの市政にかかわる大事業であるから、守秘義務というものがあるだろう」

「この時期に、大阪府が急に主導的に四天王寺境内を史跡の仮指定するなど、普通には到底考えられないことだ。四天王寺の関係者が裏工作したに違いない。実に怪しからんことで、委員の資格に抵触するぞ」

市議会議員と密約に加担していた人々は、口々にこう言って罵り、南谷を取り囲まんばかりにして吊るし上げた。

南谷恵澄は、元来、社交的で柔和な人柄であった。気さくな性格は、上下区別することなく気軽に声をかけ、その場を陽気な会話で和ませてしまう天性の徳性を持っていた。恐らく南谷の生涯で、他人から集中攻撃されるなど、この時ただ一度ではなかったかと思われる。この時ばかりは、特命を帯びて委員となり、ひとえに職務に忠実であったために被った汚名で、これが四天王寺境内を分断の惨状から救ったのであった。

しかし、いかに会議内で糾弾したからといって、これを公に訴えることは彼らには出来なかった。これが公になれば、むしろ咎められるべきは、秘密裡に利権工作を企てた市会議員らのほうであることを、さすがに彼らも承知していたからである。したがって某議員も、それ以上南谷や四天王寺を糾弾するわけにもいかず、切歯扼腕して事前の画策の図面を反故にせざるを得なくなった。

かくて四天王寺の境内は、無事に保全されたのであった。

これに遅れること三年、一九五一年（昭和二十六）六月九日、四天王寺旧境内は正式に国の史跡に指定された。

夏の明け方とはいえ、随分早い時間らしい、まだ暗かった。悪夢から覚めた常順は、両手で顔を撫で、少し痩せたなと思った。四天王寺分断の秘密裡画策に肝を冷やしてから、もう六年になる。あの翌年には、四天王寺は、新しく和宗を立宗して和宗総本山四天王寺になり、田村徳海大僧正は貫主から管長に、常順は副住職から執事長と呼称が変わったのだった。そういえば、執事長選挙の折りも、肝をひやしたなぁ。ひとつ間違えば、刺し殺されかねないところだった。

新しい制度を取り入れた四天王寺は、執事長を選挙するという形式を採った。副住職であった常順は、この戦後の混乱期を克服して四天王寺を復興させられるのは自分をおいて他にはないと自負していたし、副住職から移行する役職でもあり、当然のこととして執事長選挙に立候補した。この時、山内《さんない》の執事の中から、もう一人別の人物が立候補した。しかし、その人物は、これまでの実績からみても当選するのは難しい情勢であることは、誰の眼にも明らかであった。

そんなある日、常順は、近くの寺院に呼び出された。

そこは四天王寺の支院ではないが、大阪市内の寺町の中の一寺院で、さして個人的には親しくもなかったそこの住職が、日時を指定して「おいで願いたい」と言ってきたのである。常順は、例の六感で不穏なものを察知したが、執事一人を伴って、その寺へ指定された日、指定された時間に出向いた。タクシーに乗って行き、そのタクシーを門前に待たせておいたという。

寺の門をくぐり玄関に立つと、その寺の住職は現れず、案内の小僧が一人出てきて、本堂へと招いていく。すでに夕刻、あたりはしんと静まり返り人の気配がない。先導する小僧が歩く度に、古びた廊下がかすかに軋む。常順と同伴した執事は足音も立てずに、それに従った。しばらくいくと廊下は本堂らしき建物に行き止まり、堂の扉が開かれているらしく、中から蝋燭の灯が薄ぼんやりと漏れていた。

「こちらでございます」と告げるや、小僧は逃げる様に小走りで立ち去った。

常順が、合掌して本堂に入り顔を上げると、真正面に白装束の男が正座している。両脇にはその仲間らしい屈強の男達が同じ白装束で、ずらりと並んで坐っていた。よく見ると、正面の男の前には白木の三方《さんぼう》に一振りの日本刀が載せてあった。映画で観たやくざの儀式の場面そのままであった。常順は、本性は怖がりであったが、この時は無理に平気を装って、堂々と正面に進み出て正座し、親分らしき男に読経で鍛えたよく通る声で、

「私どもに何のご用か」

と訊ねた。親分らしき男は、おどろおどろしい口調で言った。

「執事長の選挙に、貴方は立候補をしておられるようだが、この度は遠慮して頂きたい。もし、この願いが聞き入れられない時には、貴方を刺して私も自害する」

男はやおら立ち上がり、白木の三方に載せてあった日本刀を手に取るや、三方を後方へ投げ、すらりと鞘を抜き放つと、そのギラリと光る抜身の白刃を、常順の眼前の畳に突きたてた。

「応か、否か」

常順は、生来の資質に反して、この時ばかりは生涯に一度の蛮勇を発揮し、男を見据えたまま凛と答えた。

「私は執事長選挙に立候補致します。辞退は致しません」

しばらく睨み合いが続いた。

隣に控えていた執事がぶるぶる震えている。

ややあって、親分らしき男は、黙って日本刀を畳から抜き取ると静かに鞘に収めた。そうして、これまでとは打って変わった穏やかな口振りで、こう言ったという。

「わかりました。しかし、貴方が執事長に選出されたなら、いずれは管長になられるのでしょう。その折、今の対立候補者を左遷させるようなことはしないで頂きたいのだが、約束して貰えるだろうか」

「わかりました。お約束致しましょう」

常順はそう答えると、一礼して速やかに席を立ち、玄関へと向かった。すると、その一団は親分を先頭に常順らの後につき従い、玄関まできて正座し一斉にお辞儀をして見送った。常順は、「勝った、勝った」と喜ぶ同伴の執事と一緒に待たせていたタクシーに乗ると、どっと疲れが出てくるのを感じた。しかし、何事も無かったかのような顔をして帰坊したのであった。

執事長に選出された常順は、二年を経ずして田村徳海大僧正の遷化のため管長の任に就くことになった。四天王寺の復興を責務としながら、戦後初めての沖縄の戦没遺骨を四天王寺に迎え、その縁で、まだパスポートを必要とする外国の沖縄へ出向いたのだ。沖縄慰霊行脚はハードなスケジュールであったが、それを終えて帰国してもゆっくり休む暇などなく、翌日から受戒灌頂が始まったのであった。

『四天王寺』（月刊誌）昭和二十八年十月号の巻頭に、「仏のみ声をきく」と題した常順の文章が遺されている。

富士やまの日本といわれる様に、国外から始めて富士の頂を見付けた時にしみじみと日本に帰ったという気持になる。恰度一年前沖縄の慰霊巡錫を終えて、明日からお受戒灌頂が始まるというので、急いで飛行機で帰った時の思出の一齣である。

まだ暗い午前四時沖縄を飛立って太平洋を一飛び、生憎の厚い雲の間から富士の頂上を左に見た頃、方面を変えて次第に高度を下げつつ羽田に向かうのである。飛行機は白雲の中に全く没して、斜にエレベーターが下って行く様に陸に近づいていること丈は勘でわかる。併し何時迄たっても雲の中から出ない。急に不安に襲われる。三原山に突き当たりはしないだろうか。高い煙突か建物に翼をひっかけはしないか。素人なりに不安に固くなっている時、スーと雲が薄れて白い線が下に光る、東京湾に寄せる波である。すぐ目の下に大きく街が浮かび上って来る。飛行機は悠々と大きく大東京を廻って羽田に向かつている。一分の遅速もなく正八時羽田空港に静かに車輪がつく。あとで聞いたことであるが、飛行機は絶えず電波に乗って、暗夜でも正確に鉄路を走る汽車の様に、航空しているとのことだ。知らぬものは、余計な心配をするものである。

併しよく考えて見ると人はだれしも無事に一生を送って而も最期の到着点に安全に正確に間違いなくつくことを保証することが出来るであろうか。手足の動くうちは、目の黒い間はとよく云うが、それも自分の意志の働く間だけのことで、飛行機が白雲の中に方向を失ったと同じ様に、自分の力でどうにも出来ない。死線に到着した場合、何人も安祥としていられるかどうか。この世に縁つきて、暗い不安な彼岸を望んだ時、幸にも善知識に手をとられ、み仏の声をききつつ安らかに導かれて、やがて光かがやくみ仏の前に立つことが出来たら、どれほどこのよき縁を有り難く思うことであろう。（以下略）

常順は、自らの不安を素直に表現して、そこから仏教の教えを説こうとした文章であるが、筆者には、心配性だった父の不安の描写をそのまま身近に感じて、人間・常順の魅力の一つになっていたことを懐かしく思い出す。

これは筆者の勝手な想像だが、常順はこの沖縄巡錫の旅で、生れて始めて飛行機に乗ったのではないかと思っている。フランス・ドイツに留学、往時の表現では外遊した時は、勿論船旅であった。それから、幾度も師匠や貫主のお伴をしたり、単独で上京したりしていたが、東海道線を使っていた。僧侶の身分で、往時、飛行機に乗るなど贅沢と考えられていたにちがいない。往路は快晴で、沖縄本島が足下に展望され、数珠をまさぐって英霊の冥福を祈っていた常順であったが、帰路は、大任を果たした安堵感はあったものの、いざ着陸となると、飛行機は雲に遮られて視界がゼロになり、まさに目隠し状態に置かれたのであろう。三原山に突き当たりはしないか、煙突や建物に翼をひっかけはしないか、など、いかにも常順らしい心配の仕様で、微笑ましいまでの脆弱さを持った一人の人間として、そしてまた幾多の修羅場をくぐり抜けてきたにもかかわらず、相変わらず繊細さを損なわれず、それ故に人にやさしく、慈しみの心が豊かで、宗教を説くにふさわしい人格であったと、改めて筆者は認識するのだ。理想的な強靭な精神の持ち主・スーパーマンでは、とても凡人の悩みなど理解できない。かえって、宗教家には適しないことであったろう。

四月の朝五時は、まだまだ暗い。常順は、悪夢から覚めてから、今度は実際にあった、やくざに威された悪夢を思い出したりしていたが、起きるにはまだ早過ぎると思い、今度は気分を変えて楽しかった発掘の仕事を回想していた。

室戸台風のあと、五重塔再建の前に四天王寺は遺跡を発掘した。常順が洋行から帰国して間もない、まだ若かった頃のことである。室戸台風のあとの五重塔再建のために、京都大学から天沼俊一博士を招聘した。象牙の塔の匂いをふんだんに身につけた博士との仕事は、三高や京大時代に戻った様で、充実した楽しい毎日であった。特に五重塔心礎下の発掘調査は、わくわくするほど実りの多いものであった。

古代、塔や寺院が焼けたり倒壊したりすると、それがたとえ推古元年に創建されたものであろうと、その瓦などを現代のように大切に扱うことをせず、瓦溜めに投げ捨て、その時代の新しい瓦を用いて再建する。そのようなことが繰り返されてきたため、塔の礎石下からは、続々と古代の瓦が発見されたのである。天沼博士の手伝いをしながら、図録を制作した時は、本当に充実した毎日で、学問がしたいという少年時代の夢が、そのまま実現されたようで、生涯の中でも数少ない楽しかった思い出である。

常順はすっかり目が覚めてしまった。

いろいろな難儀をなんとか切り抜けてきたが、まだ伽藍の復興は始まったばかりだ。早く目が覚めてしまったが、今日は大事な聖霊院落慶法要がある、高松宮両殿下も臨席される、そそうがあってはならない。持ち前の細やかな神経の持ち主であった常順は、すでに今日の仕儀を思案し、そろそろ起きようかと首をあげて枕元の時計を見た。

戦後、四天王寺は、何よりも先に聖徳太子の聖霊院の再建を復興計画第一次事業としてきたが、その入仏鎮座法要、併せて太子前殿落慶法要を挙行する日であった。聖徳太子前殿落慶慶讃大法要、聖霊院入仏鎮座法要、聖霊院落慶ならびに聖霊会舞楽法要を、四月二十一・二十二両日にわたり厳修した。

『四天王寺』誌（昭和二十九年五月号）に、常順はそれに関わって次のように認《したた》めた。タイトルは「根本を正す」というものである。

このたび高松宮殿下が太子殿の落成慶讃法要にわざわざ御参列をしていただき御焼香を賜ったのち、太子殿御宝前の前庭に、松と桃の二株の御手植をしていただきました。これはこのよき日を永く記念するとともに、参詣する人々に太子の御聖訓を心に思い浮かべていただく、たよりにしたいという考えからであります。

聖徳太子は御幼少の頃から格別にすぐれてましましたことは、太子伝暦や、太子御絵伝に書かれていることであるが、太子三才の条によると、女官達に伴われて宮中の後縁でお遊びになっていられた。一官女がその美しい桃の一枝を折り又片手に緑の松の枝を採って「どちらがおよろしい」と差し出すと、太子は即座に「松葉は万年の貞木、桃花は一旦の栄物」と仰せになって、松の枝をおとりになっという有名な物語が伝えられています。この物語に因んで松と桃の二本を太子の御宝前に植えたのであります。せんだんは二葉よりかんばしといわれるが、太子は已に三才の御年からすぐれた御気魄を拝することができる。

人は多く眼前の色香に迷って永遠のものを忘れる。殊に現代人は、はなやかな、そうして目まぐるしい文化というものに眼を奪われて、その本質も永遠の姿も見失って正しい判断も出来ないで、心もそぞろに帰する所を知らぬという有様ではないでしょうか。

（中略）

根本を正さないで表面丈を飾る。これが政治の面でも、経済、産業、生産凡ての所に恐ろしい行きづまりが来ていることに、早く気付いて対処しなければ、大きな破たんが必ず来るであろう。

こういう不合理は教育の面でも、個人の精神生活にも迫って来ていると考えられる。この責任の一面は今日の科学偏重主義の教育にもよるけれども、他面には精神生活の重要性ということを尊重しない結果とも見なければならぬ。科学的な知識だけを授けて、学校も家庭も個人も、精神的な修養、信念を養成さすことに少しも努力をしない。教育といえば学校の入学の時だけ親も子も血眼になっているが、家庭で神仏に手を合わすことや、祖先を大切に祀ることや、心の修養、躾方面のことといえば全く顧みていないと申しても過言ではない。現在の学校教育の知識一辺倒を匡正《きようせい》して、信念を養い、徳育を重んじ、立派な人格を完成さすのは寺院や、家庭などがその役割であると申さねばならぬ。修養道場たる寺院や家庭を青年が軽んずる風潮になっていることは嘆かわしいことといわねばならぬ。

知識一辺倒の結果、科学は極限に近いまでに進んだ。今迄夢にも思わなかった原爆や水爆が科学者の手によって作られたことは驚嘆することである。併しこれを人類の幸福のために用いるか、滅亡の為に投ぜられるかということは、これを用いる人の心の一点にかかることである。心の正しくあるか否かは人類の存亡にかかる迄、迫ってきている。

知識は全人類共通のものであるが、これを究めるには一人一人がこれに努力をしてゆかねばならぬ。平和と幸福は全人類が等しく望む所であるが、これを打ち立てて行くためには一人一人の心が正しく行動されなければならぬ。これを怠ったならば人間の平和と幸福は縁の遠いもので、人々は常に争いと悩みに苦しみ滅亡におののいていなければならぬ。

凡て根本を正さずして、その末は決してよくならないということは先にも云った因果の道理で当然の結果である。

人々の行動の根本はその人の心の向かう所によってきまる。

併し心の本性としてそのままではとかく自分本位になり、而も強い我欲に固まっている。金銭や物に対してはつねに貪欲を起こしている。自分の思う通りにならないことには忿怒《ふんぬ》の炎をもやす。自分の力が他に到底及ばぬときには嫉妬のうらみを結ぶ。人間のあらゆる悩みと相剋はここから始まる。この心の曲れるのを正すほど大切なことはない。

人の心が正しいか否かによって善と悪とに分れ、幸、不幸の結果となる。心を正すことこそ凡ての根本といわねばならぬ。聖徳太子が「篤く三宝を敬え」と教えられた根本は仏の教によらなかったならば人々の心を本当に正すことは出来ないからである。み仏に帰依し、我欲の心が正されてこそ行いは真実に叶うことが出来る。かかるよき一人一人の集まりによって真の平和と幸福とはもたらされる。人々の行いの根本である心を正すことは何よりも大切なことである。真実の信仰はこの正しき心を養うことである。正しき心からは、凡てのよきことが生れて来る。これが真実の道理であり仏の教えである。

我々は先ず根本の心を正さねばならぬ。

今から五十年余りも前の文だが、あたかも現在の世情を見据えて、信仰の必要性を説いたかのように読める。これからの精神の支柱に、果たして仏教の教えが世人に浸透するものだろうか。

奇しくも、二〇〇六年四月、常順の長男・出口順得が、百十世四天王寺管長を拝命した。昨今の人心の荒廃を、どのように教化し得るのか、重大な責務を負うことになる。

16 この世でなすべきこと

「私はいつ死んでもいいのだよ。この世で、私のなすべきことは全てやった」

最晩年の父の言葉である。

幼少の頃からの夢、学問の道を歩みたいという本来の望みは、いつか伽藍復興が叶った日にこそ取りかかろうと思っていたようだが、現実はそう簡単なものではなかった。ある時期、常順はそのことに気付き、自分が好きな学問の道を進むよりも、自らの使命として与えられたのは、聖徳太子の築かれた日本最初の仏教伽藍を、本来の姿に復興させることだと悟ったようである。多分、それは「高昌残影」と題する資料、若き日に研究テーマにしようとヨーロッパから持ち帰り、戦火の中でも女学校の地下室にアルミ缶に入れて保存していたために焼失を免れた貴重な資料を、一九六〇（昭和三十五）年に京都大学の藤枝博士に譲り渡した時点で、きっぱりと断念したに違いない。自分は、学問をせよとこの世に生を受けたのではない、四天王寺を廃寺にするなとの天命を与えられて生れてきたのだ、それが同時に、世の人々のためになる仏の道なのだという、諦念にもにた悟りの境地に至ったのだろう。

いずれにしろ、戦火に舐め尽くされた四天王寺の七堂伽藍は、常順の全生涯を投げ出さねば復興など出来る筈はなかったのである。

後の話になるが、常順が喜寿を迎えた折、学問への希求の象徴であった資料「高昌残影」は解説を付した図録となって出版され、喜寿の祝いとして委嘱した藤枝博士から手渡された。

以下は、その図録に添えられた常順の序である。

「高昌残影」序

この図録にはトルファン盆地の古高昌国遺跡より出土した写本・刊本断片一三〇点を収める。この一群の断片が私の手に帰した由来を先ず申し述べたい。去る昭和七—八年（一九三二—三三）の交、私はベルリンに滞在して、同地のアカデミーにおいて、ル・コック Le Coq グリュンエーデル Grünwedel 両氏らの四回に亘るトルファン探検 Peussische Turfan-Expeditionen によって将来せられた西域古文献の研究に従事していた。そのとき、たまたま同地に永らく滞在していたラフマティ Rachmati 氏がトルコに帰国するに当たって、同氏の所持するトルファン出土仏典断片をベルリン・アカデミーに買取り方を交渉したのが不調となっていたのを、私が希望して申しうける幸運に恵まれたものである。

これら文献は、もともと私自身が研究するつもりで持ち帰ったのであるが、帰国早々に第一回室戸台風によって倒れた五重塔の再建事業、つづいて戦災によって焼失した伽藍の復興などのために、それに手を着ける暇もなく年月が過ぎ去った。その間、貴重な文献は戦災に際しては危うく焼失寸前の状態にまで立ち到るなどのこともあった。このままでは自身で研究することは覚束ないと悟って、昭和三十五年に、当時、京都大学人文学研究所で敦煌写本の共同研究を主宰していた藤枝晃博士にその研究と発表方とを委嘱し、同博士の快諾を得た。ところが、同博士は慎重というべきか周到と言うべきか、百点余の断片に解説を加えるについて、その頃は国交のないために入国の面倒であったベルリンまで、研究グループの誰れ彼れを伴っては一再ならず渡航し、彼の地に蔵する数千点のトルファン仏典を徹底的に調査するという行き方をとったので、また十年余りが経過した。昨年に同博士は京都大学を定年退職したが、なおもベルリン通いを止めず、今年春にも写本調査の継続のためにベルリンに出かけた。同博士の手許には、既にこの図録の解説材料がある程度の形をとっていたので、研究グループ中のベルリン調査経験者たちが中心になり、その出張不在中に、図録と解説とを出版できるまでに形を整えた。ベルリンでこれら断片を譲りうけてから四十二年、その間さまざまの奇しき運命を辿ったが、今や漸く陽の目を見ることとなった。このたび喜寿の賀を迎えるに当たり、これを同学の士に提供し得たことは私の大きなよろこびである。

ここに出版に際して、留学中並びにその前後に指導を辱くした諸先生、多年に亘り尽力せられた藤枝博士とその研究グループの諸氏、図録の印刷に優秀な技術を発揮した便利堂、非営利の出版を引き受けた法蔵館、これらの各位に深甚の謝意を表する次第である。

昭和五十二年十一月七日喜寿の佳辰に

出口常順

この資料の結末を書いておこう。

常順の執心した「高昌残影」の研究は、最終的には『トルファン出土仏典の研究――高昌残影釈録』として、常順の十三回忌の仏前に、その愛弟子、四天王寺国際佛教大学教授・古泉圓順の手に依って供えられた。

その跋に古泉圓順は、由来をつぎのように書いている。

『高昌残影』に収めるトルファンから出土した仏教経典写本の残闕と、我が師出口常順との出合いは、一九三二～一九三三（昭和七～八）年、師がベルリン留学中のことであった。師がサンスクリット語「法華経」文献の研究に従事されたウンター・デン・リンデン通りのドイツ科学アカデミーには、ル・コックらの「トルファン探検」から持ち帰った写本文献類が置かれていた。師は、砂漠の廃墟から見つけ出されたそれら古代漢文仏典写本にも興味をしめされて、その調査に手を染められた。そのことと関係の深い『高昌残影』所収の写本残闕が、師の手に帰した経緯については、すでに一九七八（昭和五十三）年に刊行された、藤枝晃編、出口常順蔵トルファン出土仏典断片図録『高昌残影』（法蔵館）巻頭に掲げた、師の筆になる「高昌残影序」に詳しいので、それに譲る。

師が二年の留学期間を終え、帰国してまもなく、それまでの学究を中断して、急遽手がけなければならない事態が、四天王寺に出来した。一九三四（昭和九）年九月二十一日午前八時、関西一円を襲った第一次室戸台風の突風による五重塔倒壊である。当日付けの『朝日新聞』号外見出しによれば「凄惨・戦慄の猛台風襲来。近畿地方未曾有の大惨事」としている。九月二十一日はお彼岸の入りに当たったが、時間が比較的早く、参詣者の数もそれほどではなかった。しかし、折からの雨風を五重塔の下に避けていた二十数名がその下敷となり、そのうち十名の尊い命が失われた。

四天王寺営繕課長の任に就いた師は、鋭意五重塔の復興に尽瘁、一九四〇（昭和十五）年五月、昭和新宝塔の落成を見て、落慶法要が厳修された。しかし折角四天王寺百万信徒の合力と、師の尽力によって甦った新塔は再び災難に見舞われることとなった。

一九四五（昭和二十）年三月十三日深夜から翌十四日未明にかけて大阪に飛来した米爆撃機B29の大群は上町台地一帯を襲い、投下した焼夷弾によって大阪の街を焼き尽くした。謂うところの大阪大空襲である。この夜、四天王寺の新塔は建立から僅か五年の命を終えて、午前二時ごろには焼け崩れてその姿を失った。折から迫り来る戦火の激しさに備えて、師はトルファン出土写本をブリキの缶に詰め、梱包をして、四天王寺の境内の西方、中之門の南に隣接する天王寺高等女学校同窓会会館であった以和貴館の地下倉庫に疎開させた。此処は当時四天王寺の中で数少ない鉄筋コンクリート建築物だったからである。伽藍を焼き尽くして已まぬ劫火もようやくに鎮まりかけた早朝、師は以和貴館に駆けつけた。道をへだてて向かいの塔頭中之院は焼失していた。以和貴館にも火が入って、其処此処が焼け焦げていた。師の預けた荷物も黒こげになって、外側の梱包は焼けてしまっていた。しかし中の写本には幸にも火が届かなかった。「もしブリキ缶に入れて置かなかったら」とは、その後、師が筆者によく語って聞かせた言葉である。

一九五一（昭和二十六）年、師は推されて四天王寺管長を拝命し、烏有に帰した塔堂伽藍の復興に再び取り組むこととなった。

一方、その年に筆者は師の弟子として四天王寺の門に入った。ブリキ缶から取り出された写本は、反故紙のごとく丸められていたが、それを一枚一枚取り出して、皺を伸ばし、台紙に止め、一応の体を成した後、その大きさや、形状に応じて五つに分けた。（中略）

一九六〇（昭和三十五）年、師は藤枝晃博士（当時京都大学人文科学研究所敦煌研究班責任者）にその整理を依頼された。（中略）藤枝博士は『高昌残影』写本の出所であるベルリン科学アカデミー所蔵のトルファン文書との比較研究のために再三渡独（東独）された。当時まだ国交のなかったころの東ベルリン行きは、大変なご苦労であったに違いない。こうして年月は経過した。

（中略）

藤枝博士が京都大学を退官された後、『高昌残影』の仕事は、龍谷大学のご好意によって、仏教文化研究所西域研究会で行うこととなった。

『高昌残影』解説編への取り組みは、写本の釈文作成とあわせて、解説原稿執筆を進めることであった。なにごとにも徹底を期さなければ已まぬという藤枝博士の仕事ぶりは、ここでも遺憾なく発揮されて、その都度原稿作成は振出しに戻った。（中略）
かくて、遅々としてすすまぬ解説原稿作りの間に、大きな出来事が起こった。
解説の脱稿を、一日千秋の思いで待ち望んでいた師出口常順が、化を浄地に遷して示寂した。一九九四（平成六）年三月三日のことである。
藤枝博士は、一九九七（平成九）年六月、ロンドンでの「二十世紀初頭の敦煌偽写本」会議に出席されたあと、体調整わず富田病院に入院されたが、（中略）七月二十三日、博士は鬼籍にその名を徒にされた。（中略）
ようやく功成って『高昌残影釈録』を上梓することが出来た。師出口常順がトルファン出土仏教典籍写本残闕をベルリンにおいて入手してから、七十年になんなんとする星霜を重ねた。（中略）
今日『高昌残影』図版篇に併せて『トルファン出土仏典の研究――高昌残影釈録』が刊行されたことは、ひとえに師出口常順の冥佑あってのことと思う。
師出口常順、藤枝博士の霊、この勝縁によって、一蓮に半坐されんことを。
平成十七年三月三日誌　古泉圓順

さて、少年時代からの夢であった学問を心ならずも放擲した常順は、全勢力を傾けて、五重塔・金堂など中心伽藍の再建に着手し始めた。これは、伽藍復興の第二期にあたる。

四天王寺の復興は、概ね三期に分類される。

第一期は、英霊堂（昭和二十三年三月、旧大釣鐘堂を改築）、北鐘堂（昭和二十四年完成）、南鐘堂（昭和三十年竣工）、聖霊院（太子殿）前殿（二十九年四月二十二日落慶）、亀井堂（昭和三十年九月四日落成式）、東西楽殿（昭和三十一年四月竣工）などで、なにをさし置いても戦没者の弔いと平和を祈念する堂の再建が急がれたのである。

さて、第二期の中心伽藍の再建に当たって、まず、大きな障害がその前に立ちふさがった。五重塔をはじめとする諸堂は、すでに木造では建築許可は不可能になっていた。鉄骨・鉄筋コンクリート造りでなければ認可されない。そうなると、地中に深く基礎を掘り下げる必要が生じて来る。ところが、かつて戦後のどさくさ紛れに道路を貫こうとしていた市議会の意図を阻止して、急遽、寺域を守るべく講じた対策、国の史跡指定が、こんどは伽藍建設が史蹟破壊に抵触することになった。当然、国の文化財保護委員会（当時、筆者注）は、主要伽藍の再建の認可に難色を示してきた。

常順は、直ちに上京した。

常順の日記から。

一九五六（昭和三十一）年二月五日　東京着

二月六日　九時過ぎ　文部省　文化財　社会〇課に出頭　大野（金剛組〈番頭、筆者注〉）同

伴
平岡課長　黒枝斎藤氏等面会　局長次長庶務課長に挨拶
建造物課に　服部氏伊藤氏に逢ふ
無形文化財に天王寺舞楽のことを依頼する
文部省宗務課に出頭　続いて養護教員養成課に学園の件を依頼
正午過ぎ司法省に吉村氏を訪ね　塔再建の件につき相談意見を徴す
二月七日の日記の欄外
会合の席上　和気アイアイの中に左の要項を得
1。四天王寺再建は現状蹟の上に再建すること　信徒　信仰と伝統歴史
2。鉄筋とすること
3。史蹟の上の〇〇を考えること　場合によりては破壊も止むを得ざるも有らゆる工夫をすること
4。様式は太子時代とすること　その基本スケッチは藤島氏責任者となりて〇ること
5。実施設計は藤島氏〇〇は棚橋氏に之に当る
本日の列席者は委員格となりて協力する　但し　課長は当事者により除く
このような経緯から、文化財保護委員会が文化財保護法第五八条第一項によって、発掘調査を三年計画で行うことを決定した。

一九五五（昭和三十）年七月四日から約一カ月間、第一次発掘調査が行われた。これが翌年、翌々年とつづき、再建の資料に多大な収穫をもたらすことになった。

発掘調査によって、得られた多くの歴史的収穫は、塔堂伽藍として具現されなければならなかった。

常順は、昭和新塔の折のような新たな発想の五重塔を建設するのではなく、出来るだけ聖徳太子創建当時本来の姿に復帰させるという主旨を忠実に進めていった。

一九五六（昭和三十一）年には、復興奉賛会を創立、総裁に高松宮殿下を戴き、会長には杉道介（大阪商工会会頭）が就任した。ついでながら、常順の三高の同窓生・杉捷夫（東大仏文科教授・翻訳家）は、会頭の遠縁に当たるという。

発掘調査の成果の得られた四天王寺は、設計者・藤島東大教授の設計・指導のもと、伽藍復興工事に着手した。いわゆる第二次復興工事（一九五六〜六六・昭和三十一〜四十一年）である。四天王寺という伝統ある大伽藍を復興させるためには、百万信徒は言うに及ばず、政界・財界・その他芸術家などなど、数えきれない人々の合力の結晶になるものであるが、その核たる常順の時勢を見通した素早い対応や、人柄・経歴に由来する強靱な人脈が、その根底を支えていたことも事実であった。

復興に関わって何よりも基本的なことは、浄財をいかにして集めるかということである。

一九五七（昭和三十二）年、二月二十日、二十三日の両日にわたって、四天王寺は一山を挙げ

「四天王寺五重塔諸堂再建祈願」の幟を掲げた
一山僧侶・信徒総出の托鉢大行脚

て、「五重塔再建祈願托鉢大行脚」を実施した。

この頃、「もはや戦後ではない」という言葉が流行し、テレビセットの売り上げが伸びはじめ、電気炊飯器が爆発的に売れ、太陽族が横行し、美空ひばりが塩酸をかけられ、南極観測隊が東オングル島に上陸して「昭和基地」と命名した。戦後の痛手から立ち上がった人々が、少しずつ暮らしに豊かさを感じ始めていた。

そんな折、管長・常順を先頭に一山僧侶が揃って、手甲・脚絆・深編笠に草鞋を履き錫杖を突き、主旨を大書した大幟を掲げ、太子殿前から出立したのである。行列は、先ず天王寺区役所に挨拶、道行く人々の喜捨と声援を受けながら、大手前に集合した信徒の団体と合流し、総勢四〇〇人の大行列となって市中を練り歩いた。途中、放送局、府庁などに立ち寄り中之島公園にて小休止を取った後、市庁前より朝日新聞社、毎日新聞社、商工会議所、産経新聞と順次歴訪し、扇町にて解散した。托鉢行脚の最大の目的は、四天王寺が伽藍復興へのスタートを切ったという世間へのPRで、頭座袋《ずざぶくろ》に投げ入れて下さる浄財は、その善意の重さに比して全体からみれば微細な額でしかあり得ないのは詮方の無いことであった。

二十三日の常順の日記には、つぎのような行脚の行程が記録されている。

「(午後)一時太子殿に集合、本日の托鉢行脚、約三百八十名来集、西門より阿倍野、新世界、松阪屋裏にて休憩。千日前より御堂筋を経て、南御堂にて挨拶をして一同解散」

この日の夜、常順は、長距離を托鉢行脚した疲れもみせず、阿倍野まで散歩をし、大阪郷土史家で『大阪ことば事典』の著者・牧村史陽を訪ねている。

これを皮切りに、五月には大正区材木町を中心に托鉢、八月には難波体育館前より浪速区桜川町方面、九月には此花区四貫島方面などなど、煩雑な日常の中で、しばしば托鉢行脚を行い、大阪市中を隈なく歩いて、一般市民の人々に喜捨を懇請して廻った。

一方、常順の友人・知人は、実業界・政界の要職に多くあり、この人々の協力・尽力が、最も大きな浄財献金の原動力になっていた。

中でも、中村広三率いる相撲協会・東西会の協力は、絶大なるものがあった。

中村広三は、戦時中、常順らと翼賛青年団支団長として、大阪市の要所を受け持っていた一人であった。その縁で常順とは古くから親しく、「準大阪場所」と銘打った相撲協会挙げての勧進興行という一大イベントを企画実行したのである。

一九五七（昭和三十二）年十月十二日の五重塔地固式には、栃錦、鏡里、吉葉山の三横綱が打ち揃って土俵入りをし、その翌日より「大日本相撲協会四天王寺五重塔再建勧進大相撲大阪場所」が、二十七日まで興行された。

四天王寺の復興第二期工事は、一九五六（昭和三十一）年九月から一九六六（昭和四十一）年八月までで、その間に「四天王寺復興勧進大相撲準本場所」の興行は六回にも及んだ。

一九五九（昭和三十四）年十月十一日、四天王寺仁王門の地固式には、栃錦・若乃花の両横綱が、翌年の十月九日の講堂再建地固式には、若乃花、朝潮の両横綱が、また一九六一（昭和三十六）年十月八日には、西大門地固式には、若乃花、大鵬、柏戸の三横綱が、それぞれ揃って四股を踏んだ。

ちなみに西大門は、松下幸之助の一寄進であった。

一九六三（昭和三十八）年十月六日には、太子殿奥殿（聖霊院）の地固式が、横綱・大鵬によって執り行われた。晴天の下、白系ロシアの輝くばかりの白い肌は太陽に輝き、長身美形の大鵬の雄姿を眩しめて、筆者の記憶の一ページを、今も鮮やかに飾っている。

この日から、二十日まで最後の「四天王寺落慶奉祝勧進大相撲（準本場所）」が興行された。

若き日、常順が室戸台風で倒壊した五重塔の建設に携わった時は、豪胆な木下寂善住職に実印まで預けられて、資金調達に頭を悩ませることなく、納得出来る良材を買い集めさえすればことが成就したのであったが、この度ばかりは総責任者として、浄財を集めなければならず、これには後々までも肝胆を砕いたようであった。

これは主要伽藍復興後のエピソードだが、父が、私にこんなことを尋ねたことがある。

「善子、手紙の宛名に様とかくのと、先生とかくのでは、随分違いがあるのか？」

大学の国文科に入って間もない頃のことで、たまたま『源氏物語』の権威・玉上琢弥教授に、その事をおしえられたばかりであった私は、すぐにこう答えた。

「上品な玉上教授が『皆さんが私に当てた手紙に、もし敬称が様と書かれていれば、私は侮辱されたものとみなします』と、いつもの物静かな口調でおっしゃったよ」

「そうか、そういうものか」

父は、深く悔やんだ様子で、

「実はな、こんど著名な日本画家にお願いして、伽藍復興協賛チャリティーの絵画展を開いて頂くのだが、私が一人一人、画家の方々に依頼の手紙を書いたのだよ。ところが、ある人には先生と書き、ある人には様と書いてしまっていたようなのだよ。それも、悪いことに弟子筋にあたる方に先生と書き、師匠になる方のところへは様の敬称で手紙が届いていたらしい。それで、その師匠の先生がえらく怒りはってなぁ。そうか、そんなに失礼なことやったんか。これは出向いてお詫びをせなならん。私は浅学にして知りませんでした、娘に教えてもろうて失礼を働いたのやと解りました、誠に申し訳ありませんでしたと、素直にいうて、頭を下げて謝ってくるわ」

大林組が、五重塔などの建設に費やされた莫大な建築費を、四天王寺が用意できたときの出来高払いでよいと契約してくれたお蔭で事業が進んだものの、借金を返済するのに後々まで日夜苦心惨憺したのだなぁと、つくづく父の苦労を思ったことであった。

しかし、四天王寺は、この間、伽藍復興にのみ専念していたのではない。四天王寺女学校を発展整備し、四天王寺女子大学・短期大学とし、また、四天王寺病院を総合病院に、悲田院の新築移転、養護のほかに新たに特別養護老人ホームを設けるなどなど、いわゆる聖徳太子の四箇院、敬田・施薬・療病・悲田を今日にふさわしい形に発展させる努力をしてきている。

一九六三（昭和三十八）年十月十五日。この日、四天王寺復興記念大法要が執り行われた。五重塔・金堂・講堂・回廊・極楽門（西大門）・仁王門・元三太師堂を再建、六時堂・英霊堂の修復を完了した、伽藍落成入仏開眼大法会である。

常順、六時起床。今日の天気が気にかかる。先ず、天気予報を聞いた。八時には本坊へ出仕し、当日の茶席の用意のため、掛軸などを持参して来寺した細見某と会ったあと、写経をしている。

式場の用意の担当は、長男・正順（二〇〇六年百十世四天王寺管長拝命・順得）で総指揮の役目を担っていた。

十一時、常順は昼食を摂り、その間にも何かと打合せをしている。
十二時、いよいよ落慶法要の行列が出発するころになって、空が晴れた。
「天気不思議に快晴となる」と、常順はその日の日記に記している。
笙篳篥《ひちりき》の伶人に導かれた大行列は、西門より入り式場へと進み、常順を導師として厳粛に式典は執り行われた。「粛々と式を進める。「八百人来寺」とは常順の記録である。
快晴であったが、風は強かった。五色の幡がはたはたと鳴り、末席ながら最前列の椅子に腰掛けていた私の制服のスカートを翻し、肩の髪を後ろに靡かせた。
この日から五日間、行事はつづいた。
十六日、聖徳太子偉徳奉賛大法会、経供養舞楽法要、元三太師落慶法要。
以下、常順の日記。
八時、本坊（昨夜よく眠る）　十七条憲（法、筆者注）を書き終わる。
三木氏（松下幸之助の秘書、筆者注）　田中塊堂氏（書家。常順の書道の師、筆者注）　来訪　田中氏と諸事打合せ
正順準備をして　打合せ
一時前行列出発　天井こしにて　椎寺町を廻り　西門より中門前を経て式場へ
経供養会　○高座上より法則を読む
堂内にて諸経開眼　作法

昭和 23 年 5 月 23 日、金堂落慶法要へ出発する大導師・出口常順（天蓋の下）と衆僧・稚児の列

昭和 26 年 5 月 22 日、英霊堂へ落慶法要のため入場する大導師・出口常順。向かって左の侍伴童子は筆者

たき、〇ありて　焼香　十種供養会　終りて元三堂開眼　入仏遷座法要を修す（以下略）

十七日、聖徳太子千三百五十年御聖忌聖霊舞楽大法会。

十八日、世界恒久平和記念大法会（万国英霊戦災死没者追悼法要）。

十九日、伽藍復興寄進者総回向大法会。

四天王寺の主要伽藍復興の功績により、常順は、一九六四（昭和三十九）年十一月一日、大阪文化賞を受賞している。

この後も休むことなく復興事業は続けられ、聖徳太子の御廟、聖霊院奥殿《しょうりょういんおくでん》の建築に取りかかることができたのは、一九七八（昭和五十三）年になってからであった。

元来、聖霊院（太子殿）は、五重塔など回廊伽藍の東がわに位置して、聖霊院・用明院・東照宮があったが、これらも戦災で焼失し、僅かに東照宮唐門だけが残っていたのである。

この時は、常順の長男・正順の構想のもとでことは進められ、同年三月四日、北の湖・輪島の両横綱が地固式を行った。

一九七九（昭和五十四）年、聖霊院の竣成を見た四天王寺は、聖徳太子奥殿落慶大法要並びに四天王寺伽藍復興記念大法要を、十月十三日から二十二日まで十日間に及ぶ、未曽有の規模で挙行した。

第一日目、奥殿入仏開眼供養には、高松宮両殿下御臨席。大導師・四天王寺管長出口常順。

『復興　四天王寺』には、その模様をつぎのように記録している。

前後十日にわたる法要は第六日・第七日に風雨に見舞われたほかは連日の好晴の中に厳修され、寺内外の賑わいも彩りを添えた。ことに第一日の奥殿落慶慶讃大法要の日には奥殿の西正面には高舞台が据えられ、それに向かい前殿の横の大天幕には招待参列の客何百人と数を知らず、塔堂の五色の幕、風鐸に下がる五彩の布、吹き流しで彩りも明るく、周辺の町並みも奉祝の色に浮き立っていた。午前十一時には総裁高松宮同妃殿下ご到着、午後一時より従前にまさる華やかな行列が中之門より椎寺町経由、西門より奥殿にと練行の上、奥殿内で式典が行われた。大導師出口常順管長によるご本尊の開眼の儀につづき救世観音供修法あり、両殿下のご焼香、散華、表白あり、大平総理大臣(代読)、松下幸之助氏、大阪府知事、大阪市長、佐伯勇氏(近畿日本鉄道の社長、筆者注)慶讃文奉呈があって式は閉じ、つづいて経供養あり、登天楽・蘇莫者が舞われた。塔・金堂をめぐる回廊では新西国三十三所の出開帳あり、本坊奥庭では茶席が設けられ、夕景に及んだ。第二日以後は連日各宗各派による法要また初日に劣らず、かくて第十日結願法要により、おごそかに一山の法要が終った。けだし、四天王寺の歴史を飾る盛儀であった次第である。

出口常順の生涯の中で、最も華麗な場面であった。

昭和新塔を、主力になって再建した木下寂善住職(現在の管長職)は、落慶法要の折には病臥して出られず、他寺の高僧が代行している。最初から携わり、ようようのことに建立をなし遂げた僧が、自らの手で落慶開眼法要を営むことが出来るのは、至極当然というわけではなかったのである。

戦火に廃墟と化した四天王寺境内を、創建当時に可能な限り近づけて見事に再建し、その総責任者としての任務を、常順は自らの手で最後まで果たすことが出来たのは希有の幸運であったというべきであろう。

『復興　四天王寺』序　出口常順

四天王寺は推古天皇元年（五九三）に聖徳太子のご誓願によって建立された大寺である。その時期といい、その位置といい、また、その規模といい、日本の歴史上画期的な意味を担っていた。

時は正に倭国から日本への新時代が開かれる曙の時代であったし、その寺地は飛鳥の都を遠く離れてはいるが、海外交通の門戸である難波の丘である。そこにいわゆる四天王寺式という、大陸様式を採用した壮大な規模で伽藍は建てられた。それは仏法興隆を念願された太子の公式の政治的な事業として第一に着手された官の大寺であった。従ってこの寺には新日本国の海外交通の門戸を飾るにふさわしい文化の粋が集められ、荘厳が施されたと思われる。更に加えて、太子薨後の推古三十一年（六二三）、新羅の太子の貢であった金塔、舎利、大小の灌頂幡等がすべて本寺に納められ、その荘厳を増し、続々と渡来した外来の使節や高僧等が上陸第一歩にまず四天王寺に参詣されたことが想像される。

しかし、その後、承和三年（八三六）に塔廟が雷火に破壊されたことを災害のはじめとして、天徳四年（九六〇）の焼亡は極めて広範囲な災害を被ったし、近世では天正四年（一五七六）、石山合戦で信長による放火を始めとして、折柄の西風に煽られて堂塔四十棟が一夜のうちに焼失した。その有様は翌朝早くも現地を見聞した蜀山人の日記『芦の若葉』に詳しい。五重塔の二層目から火を吹き、享和元年（一八〇一）冬の雷火により、五重塔の二層目から火を吹き、

昭和に入って室戸台風により中門、五重塔が倒壊し、金堂が半傾斜する風害を受けた上に、七カ年の歳月を費やし総檜材を堅固に組み、善美の限りを尽くして再建された新塔も、昭和二十年三月十三日の空襲により、すさまじい火炎に包まれた青不動のように立ち尽くし、ついにその姿を闇に没した。わずか五カ年の命であった。

この時の災害は六時堂や本坊の南の全域を瓦礫の山と化し、遠く金剛・生駒の連山を望むという惨状で、前後七回以上に及ぶ四天王寺の災害史でもその最たるものであった。

昭和二十九年に復興奉賛会が結成され、高松宮殿下を総裁に奉戴した。

本格的な再建が始まる前に、完全な発掘調査により、創建時、ならびにその後の伽藍規模を明らかにすることを前提とした。これは国による大規模な学識経験者の学術調査であり、三年に及ぶ大事業であった。この結果、本伽藍は大要に於いて創建当時の礎石の位置をよく残していることを明らかにした。そこで草創時の礎石の位置に再建すれば、創建時の規模は正しく踏襲されるし、また、出土遺物を正しく採用すれば、創建時の細部まで、ある程度再現されるということが判った。鴟尾《しび》・瓦当・風鐸等はそれであるが、ことに講堂の軒が隅扇棰

であったことは建築史上、画期的な発見であった。

そこで本寺建築顧問藤島亥治郎博士は太子ご建立の当初の姿に復すべく原図を用意されたと共に、文化庁服部勝吉氏の斡旋により復興建築協議会が組織され、当時の軌道の権威者藤島博士、京大の村田治郎博士、藤原義一博士、構造専門の棚橋諒博士、当山建築顧問竹越建造氏等により、その原図に基づきそれぞれ蘊蓄を傾けた協議の末決定されたのが、新しい四天王寺復興の伽藍である。

ただし、建築基準法により本来の木造は不可能で、止むを得ず鉄・コンクリート等により耐震耐火で木造の形を再現したのであるが、それらは大林組の絶大な配慮・施工と金剛組の忠実な施工により、昭和三十三年起工以来みごとな姿を完成すると共に、本尊の造顕、内陣の荘厳、壁画もこれに伴い、昭和三十八年伽藍主要部のすべてが完成したのであった。

昭和四十三年の収蔵庫をはじめとする諸堂につづき、聖霊院の奥殿、絵殿、経堂等が昭和五十四年に完成するに及んで、寺の輪奐は更に整い、盛大な伽藍落慶供養が各宗本山管長により十日間に亘り連日行われたのであった。

思えば昭和二十年の焼亡以来、今日に及ぶ迄の伽藍復興は、四天王寺史中の最も画期的な事業であった。その経過を文と図と写真により一巻に収め、後世に永く伝えることは寺として重要なことである。伽藍復興の最初から現在まで、設計管理指導をされた藤島博士は、殆ど単身の努力で長年月を費やして資料の収集、記録の大成に尽くされ、この一冊にまとめられた。博士のご努力に対して深甚の謝意を表する。

聖徳太子のご冥感によりご創建当初の伽藍の再現を拝することが出来たことは、誠に有難い極みであり感激を新たにする次第である。

太子のご精神を奉戴して益々精進努力し、ご偉業を顕彰し奉ることを改めてここに誓うものである。

昭和五十六年三月一日

総本山四天王寺管長

その日は快晴であった。

私は朝早く目覚めた。普段は、こんなに早く起きた試しはなかったのだが、目覚めてしまったので、とにかくきちんと身支度を整えた。

突然、電話が鳴った。時計を見ると午前五時である。

受話器の向こうで、母の声がした。

父が、起きないという。

私は、仏壇の引き出しから、父がインドで菩提樹の実を拾って作ってくれた数珠を掴むと、すぐさま自坊の東光院へ車を飛ばした。

いつものベッドに父は瞑目していた。

私が傍によると、いきなり数珠がバラバラとほどけて、菩提樹の実が父の上布団に散らばった。

「あ、ごめんなさい」

生きている人に話し掛けるような、自然な言葉が出た。そうして、数珠玉を一つ一つ父の布団の上を捜して拾っていった。数珠の玉は、一つも紛失することなく百八つ揃った。私はそれをポケットに入れると、数珠なしで父に向かって合掌した。

父は、悦しそうに微笑んでいた。

きっと、伽藍復興の大法要を思い出していたのだろう。

五色の布の吹き流しが彩りを添え、その頬を、笙の風がゆるやかに撫でていたに違いない。

私は、心の中で呟いた。

「長い間、ご苦労さまでした。どうぞゆっくりお休み下さい」

一九九四（平成六）年三月三日。

四天王寺百一世管長・出口常順、示寂。享年九十五歳。

戒名　慈光心院常順法印大和尚。

出口常順年譜

歳は満年齢。「　」内は本文の小見出し。＊は四天王寺または社会の出来事

西暦	年号	歳	事項
一九〇〇	明治33	0	11月7日愛知県知多郡武豊町小向に生まれる。父・中川八平、母いくの四男、幼名・壹平。 ＊8・20小学校令改定交付（尋常小学校四年を義務教育とし、高等小学校2年併設を奨励）。
一九〇四	37		＊四天王寺東大門、国宝建造物（特別保護建造物）に指定。 ＊日露戦争〜05。
一九〇六	39	6	武豊尋常小学校入学。「藪の中」
一九一一	44	11	上阪、天王寺第一尋常小学校（現・大阪市立大江小学校）5年生に入学。 得度（戒師は四天王寺大僧正・吉田源應）、僧名・常順。
一九一三	大正2	13	天王寺中学に入学（中学5年制）。
一九一八	7	18	天王寺中学卒業。「三高受験」
一九二〇	9	20	第三高等学校に入学。「紅もゆる」
一九二三	12	23	京都帝国大学入学。　＊関東大震災。

一九二六	昭和1	26	京都帝国大学卒業、大学院入学。
一九二七	2	27	＊7月25日四天王寺住職吉田源慶大僧正示寂。
一九二八	3	28	東光院の名跡を継ぐ。7月4日～10月26日市川圓常外遊。「画帳を懐に」
一九三一	6		＊9・18満州事変。
一九三二	7	32	結婚、フランスに留学。＊木下寂善98世四天王寺住職に就任。＊満州国樹立（日中戦争へ）。「結婚、そしてパリへ」
一九三三	8	33	ドイツ・アカデミーへ留学。「菩提樹の下で」
一九三四	9	34	6月アメリカ経由で帰国。10月伽藍復興局・営繕課長を拝命。＊9・21室戸台風。「室戸台風来襲」
一九三五	10	35	8月1日長女・泰子誕生。＊1月22日雑誌『四天王寺』創刊号を刊行。
一九三七	12		「アルバムから」
一九三八	13	38	1月31日長男・正元誕生。7月21日泰子死亡。
一九三九	14	39	8月12日次女・善子誕生。
一九四〇	15	40	雑誌『四天王寺』編集発行人に就任。「昭和新五重宝塔完成」＊5月22～26日五重宝塔落慶大法要。

一九四一	16		＊12月7日〜45・9月2日大東亜戦争（太平洋戦争）。	
一九四二	17		＊7月23日四天王寺住職木下寂善大僧正遷化。9月19日武藤舜應99世四天王寺貫主に就任。	
一九四三	18		＊3月2日貫主武藤舜應遷化。4月30日田村徳海大僧正100世四天王寺貫主に就任。	
一九四五	20		＊3月13日第一次大阪大空襲。終戦。	「干し柿」「べんずりさん」
一九四六	21		＊四天王寺天台宗から独立宣言。	
一九四八	23		（＊23〜30年　伽藍復興第一期）	
一九五一	26	51	2月15日101世四天王寺管長に就任。　＊1月9日四天王寺管長田村徳海大僧正遷化。	
一九五二	27	52	9月26日〜六日間、沖縄慰霊行。	「沖縄へ」
一九五四	29			「聖霊院落慶」
一九五六	31		（＊31〜41年　伽藍復興第二期）	「ザボン」
一九六〇	35	60	トルファンの資料「高昌残影」を藤枝晃博士（京大）に委嘱。	
一九六三	38		＊四天王寺復興大法要。	「この世でなすべきこと」

一九六四	39	64	大阪文化賞受賞。
一九七八	53		＊聖霊院奥殿の建築に取り掛かる。
一九七九	54		＊聖霊院奥殿落慶大法要。　＊10月13日～22日四天王寺伽藍復興記念大法要。
一九八三	58	83	12月8日管長職を引退（以後三年輪番制とする）。　＊奥田慈應管長就任。
一九八七	62		＊1月31日奥田慈應管長退任、塚原徳應管長就任。　＊2月7日塚原徳應管長退任、槇場弘映管長就任
一九八八	63		＊奥田慈應師遷化。
一九八九	平成1		＊昭和天皇崩御によりどやどやの行事中止。
一九九四	6	94	3月3日示寂。

あとがき

「何でもいいから、思い出したところから書いたらいいよ」

私の文学の指導者で、文芸総合誌『イリプス』の責任編集者でもある倉橋健一先生の一言を支えに、父・出口常順の生涯を書き始めました。そして、創刊号（0号・一九九九年一〇月刊行）から終刊（一八号）まで計一九回にわたり連載しました。

創刊号が出るや否や、当時、NHK大阪情報担当チーフディレクターをしていた大塚融様から、「第一回のご尊父の日記、七月一七日の赤松雲〇は、南画家、赤松雲嶺とおもいます」「金剛治一棟梁の自殺について、文中、割腹となっていますが、当時の新聞記事では、ノドを剪定バサミで突いたことになっています」等々、丁寧なご指摘のお手紙を頂戴しました。なかでも「白装束に身を固め」という新たな事実など、有り難いご教授も頂きました。

八号が終わったところで、私の兄の長男で、当時、京都大学大学院文学研究科思想文化学専攻哲学専修助教授（現・京都大学大学院文学研究科哲学専修教授）の出口康夫から、Eメールが届き、

「お祖父ちゃんが、粟田口から三高へ通学していた時期（大正期）には、平安神宮の赤い大鳥居（昭和一桁代に建設）はまだなかった筈です」など、他にも、いろいろ間違いを指摘してくれ、その点ではたえず冷や汗をかく思いで、とにかく書き継いできました。

当時三高同窓会常任理事だった海堀様からも貴重な資料を提供していただき、かつ事実訂正もしていただきました。同会の三輪様にもお世話になりました。

大阪教育大学附属天王寺中学校時代の恩師・安井司先生にも、色々ご教授頂きました。

書き終えてから、十年の余りの時間が経ちました。

協力してくれた兄・出口順得（第百十世四天王寺管長）も、すでに他の世に教化を遷し、今年で三回忌になります。

近年、またしても倉橋先生が、『笙の風』を本にするよう勧めて下さり、やっと決心がつきました。版元にご紹介いただいた元毎日新聞社の古野喜政様、およびお世話になった東方出版会長の今東成人様、編集部の北川幸様にお礼を申し上げます。また、これまで戦後空襲で炎上した四天王寺再建にご協力いただいた皆様方に深甚の敬意を表するとともに、父や兄への私なりのささやかな供養にでもなればと思っております。

平成三十年十一月七日

出口善子

出口善子（でぐち・よしこ）本名 由利善子
1939年、出口常順、春子の次女として生まれる。
府立大阪女子大学（現・大阪府立大学）卒、眼科医師・由利喜章と結婚。
俳句結社「六曜」代表。句集『羽化』など六冊出版、よみうり文化センター俳句講師。

笙の風——出口常順の生涯

2018年12月25日　初版第１刷発行

著　者——出口善子

発行者——稲川博久

発行所——東方出版㈱

〒543-0062　大阪市天王寺区逢阪２-３-２
Tel. 06-6779-9571　Fax. 06-6779-9573

装　幀——森本良成

印刷所——亜細亜印刷㈱

落丁・乱丁はおとりかえいたします。

ISBN978-4-86249-351-4